本书是国家社科基金项目"我国与'一带一路'沿线国家农产品贸易障碍因素诊断与发展潜力研究"（编号18BJY151）的阶段性研究成果

外向型农业

基于竞争力理论的浙江实证研究

Export-Oriented Agriculture:
Empirical Research on Zhejiang Province Based on Competitiveness Theory

刘春香　谭晶荣◎著

ZHEJIANG UNIVERSITY PRESS
浙江大学出版社
·杭州·

图书在版编目(CIP)数据

外向型农业：基于竞争力理论的浙江实证研究 / 刘春香，谭晶荣著. —杭州：浙江大学出版社，2022.12
ISBN 978-7-308-23100-8

Ⅰ. ①外… Ⅱ. ①刘…②谭… Ⅲ. ①农业经济—外向型经济—竞争力—研究—浙江 Ⅳ. ①F327.55

中国版本图书馆 CIP 数据核字(2022)第 179001 号

外向型农业：基于竞争力理论的浙江实证研究
WAIXIANGXING NONGYE:JI YU JINGZHENGLI LILUN DE ZHEJIANG SHIZHENG YANJIU
刘春香　谭晶荣　著

策划编辑	吴伟伟
责任编辑	丁沛岚
责任校对	陈　翮
责任印制	范洪法
封面设计	末末美书
出版发行	浙江大学出版社
	（杭州市天目山路 148 号　邮政编码 310007）
	（网址：http://www.zjupress.com）
排　版	浙江时代出版服务有限公司
印　刷	杭州宏雅印刷有限公司
开　本	710mm×1000mm　1/16
印　张	19
字　数	250 千
版 印 次	2022 年 12 月第 1 版　2022 年 12 月第 1 次印刷
书　号	ISBN 978-7-308-23100-8
定　价	98.00 元

前　言

为加快农业经济发展方式转变，推进农业产业结构调整，进一步推动农业大国向农业强国、传统农业向现代农业转型，本书将竞争力的一般理论引入农业领域，着眼于产品竞争力与产业竞争力层次，构建了外向型农业竞争力来源的层次结构模型。利用显性比较优势指数、相对出口优势指数、显性贸易优势指数、显性竞争力指数、产业内贸易指数和出口竞争力指数等，基于农业竞争力的内涵与影响因素，建立了外向型农业产业竞争力的综合评价指标体系，通过与其他地区进行比较，实证测度了浙江外向型农业产业的竞争力。

全书共分十章。第一章为导论，主要介绍研究背景与意义、国内外研究现状以及主要研究方法。第二章为竞争力理论概述，主要介绍竞争力的理论内涵、竞争力的主要理论模型以及外向型农业竞争力研究可以借鉴的相关理论等。第三章为外向型农业竞争力理论，在介绍外向型农业相关概念的基础上，基于中国农业企业竞争主体的缺位，着眼于产品和产业两个层次，构建了外向型农业竞争力来源的层次结构模型，为后面的实证分析奠定了理论基础。第四章在介绍了我国外向型农业的发展现状的基础上，着重分析了山东省、河南省、四川省、江苏省等省份的外向型农业的发展现状。第五章主要介绍了浙江外向型农业发展现状，包括浙江发展外向型农业的优势、浙江农产品贸易和浙江农业利用外资情况，并总结了浙江外向型农业的发展特点。第六章选取了较为常见的六个指标，实证分析了浙江外向型农产品的竞争力现状。第七章则基于外向型农业的层次结构模型，构建了外向型农业产业竞争力评价指标体系并对浙江进行了实证研究。基于第八章的国际、国内经验借鉴，第九章主要从继续实施农业"机器换人"、强化农业科技创新、提高外向型农产品发展质量、提升农业劳动者素质等角度提出了提升浙江外向型农业竞争力的对策。第十章为结语，是对本书基本结论、主要创新点的总结，同时也进行了研究展望。

综合来看，目前理论界出版的系统研究外向型农业竞争力的论著尚不多见，希望本书可以为学者们进行相关研究提供有益的借鉴和参考。

目 录

第一章　导　论

外向型农业是将优质的农产品出口到国际市场，利用外资发展农业并参与农业对外交流与合作。发展外向型农业，顺应世界农业发展趋势，有利于国际农业竞争与合作，增强我国农业影响力。浙江作为"一带一路"倡议的践行者，也是农业"走出去"政策的坚定实施者，选择外向型农业发展模式是必然的。因此，浙江外向型农业稳定发展与否，不仅关系着浙江200多万农户的收入来源，还关系着众多消费者的消费福利，关系到浙江农业生产，进而关系到浙江经济的稳定发展。

因此，对浙江外向型农业竞争力进行专题研究，有利于提升浙江科技强农、机械强农的信心，有利于相关农业企业改变经营方式，提升生产效率。

第一节　研究背景与意义

一、研究背景

改革开放40多年来，浙江农业走出了一条具有浙江特色的跨越式发展路子，取得了令人瞩目的成就，全省农业面貌发生了重大的变化。特别是近年来，浙江农业重点围绕"产业强基础、发展上水平"战略，坚持统筹兼顾、重点推进，通过实施基础设施建设，推进农业生产安全和农产品质量安全管理，发展农业主导产业，农业规模不断扩大，产业结构不断优化，产业管理不断加强，发展水平不断提高，农民收入稳步增长，实现了农业经济的稳步发展。目前，浙江农副产品出口优势明显，近 5 年来出口额实现增长 60.2%，2020 年达 98.9 亿美元。浙江省农产品出口额约占全国总出口额的 10%，茶叶出口额占全国出口额的 40% 以上，水产品出口额稳定在 130 亿元左右。浙江已与全球 200 多个国家和地区建立农产品贸易关系。

虽然浙江农业产业多而杂，但素以效益见长。在浙江农业现代化的进程中，诸如"红专粮油"这样的社会化服务组织，起到了举足轻重的作用。通过"机器换人"共享服务模式，小农户无须大投入，就能享受到优质、高效的机械化服务。

虽然浙江省外向型农业得到了持续快速发展，农民收入稳步增加，但综观国际国内省内的宏观经济形势，浙江外向型农业仍面临着来自外部环境压力和产业自身问题的双重挑战。从外部环境压力来看，农业的生存发展空间正受到越来越严重的挤压，既有传统渔场缩小、农产品生产面积减少等物理空间挤压，也有农业资源衰退、水域环境恶化等发展优势挤压。而从产业自身发展情况来看，则至少存在着经营体制机制滞后、产业发展方式粗放、科技创新和社会服务不足等三大突出问题。

不可否认，农业农村仍然是浙江省现代化进程中的短板弱项，存在农业基础还比较薄弱、粮食等重要农产品保供压力较大、耕地等农业资源保护面临挑战、乡村产业链现代化水平还不高、农村基础设施仍然是重要短板、农民持续增收新动能亟待培育等问题。此外，新冠疫情防控常态化带来强基保供和保安促稳的双重压力,科技变革加速带来农村劳动力转移难度加大和新技术应用边缘化的双重挑战,人口结构变动带来农村劳动力兼业化和乡村人口老龄化的双重制约,城乡差距带来要素继续外流与要素成本上升的双重约束。

提升外向型农业竞争力有助于农产品质量安全水平的提升,有利于农业的增效和农民的增收。但是理论界对外向型农业竞争力的研究较少,实证研究和比较研究就更为少见。简言之,对外向型农业竞争力进行专题研究,有利于提升我们科技强农、机械强农的信心,有利于相关农业企业改变经营方式,提升农业效率。因此,为了客观定位浙江外向型农业竞争力现状,本书将综合应用比较优势和竞争力相关理论,结合可持续发展等理论,对浙江外向型农业竞争力进行较为系统的研究。

二、研究目的

本书的主要研究目的是在理论和实证两个层面对外向型农业竞争力研究做出一定的贡献。在理论层面上,本书试图在对竞争力理论和比较优势理论等相关领域的理论成果进行梳理的基础上,将竞争力的一般理论引入农业领域,结合我国农业发展与农产品贸易的具体特征,建立一个适用于外向型农业竞争力分析的系统框架,提出并尝试解决一些在外向型农业竞争力研究中客观存在但被忽视的重要问题。在实证层面上,本书一方面试图解决一些实际问题,另一方面也是对理论研究提出的框架体系与分析思路的应用和验证。因此,实证研究力图在理论框架内,采用理论研究部分提出的框架体系,对浙江农产品竞争力和浙江外向型农业产业竞争力进行具体测定,并为浙江省进行农业科技推广、提高农业从业人员素质等提供理论和实证依据。

简言之,本书是对浙江外向型农业竞争力进行的专项研究。其目的是通过对浙江外向型农业竞争力进行指标测度，使人们对浙江外向型农业竞争力的状况有一个比较客观的认识。同时，在实证研究和横向比较的基础上，提出全面提升浙江外向型农业竞争力的对策。

三、研究意义

本书试图在竞争力理论的基础上，建立外向型农业竞争力的分析框架，据此对浙江外向型农业竞争力的现实状况进行实证分析，并提出各项可行性对策，该研究具有较强的理论意义和政策意义。

（一）研究浙江外向型农业竞争力的理论意义

第一，竞争力理论问世时间虽然较长，但许多理论研究着眼于宏观层次，即对国家竞争力进行研究；对产业竞争力的理论研究较少，且多数针对工业或工业的某个细分产业，尚欠系统性；对外向型农业竞争力的理论研究较少，且多数着眼于农产品竞争力层次，即只分析农产品的比较优势或劣势，全面系统的研究比较缺乏。因此，本书的理论意义在于，通过建立外向型农业竞争力的理论模型和综合评价指标体系，将竞争力理论行业化、特色化，综合比较优势理论与竞争力理论，解决竞争力理论研究产业层次与产品层次的有机结合问题。

第二，建立测度浙江农产品竞争力的比较优势指标体系，突破以往对农产品竞争力只进行单一测度的局限。通过测度浙江外向型农业产业的竞争力，将研究层次从产品引向产业。

第三，基于外向型农业竞争力的内涵与影响因素，建立起外向型农业产业竞争力的综合评价指标体系，打破竞争力理论研究的大宏观框架。结合专家评价法和层次分析方法确定各指标的权重，使得对浙江外向型农业产业竞争力的综合评价比较客观、可信。同时，通过对比其他地区外向型农业产业的竞争力，更好地了解浙江外向型农业产业竞争力的水平与地位,并为制定增强浙江外向型农业竞争力的对策提供理论依据。这一步的实质在于,通过从产业发展环境的角度衡量浙江外向型农业竞争力,将研究从实证分析引入规范分析,为本书的各项对策与建议提供理论依据。

(二)研究浙江外向型农业竞争力的政策意义

第一,通过比较优势测定模型,引入时间分析序列,对浙江农产品竞争力进行动态分析,可以更好地了解浙江农产品目前的比较优势并预测其未来的竞争优势,为适时调整农产品生产方式提供理论依据。从长期来看,还可以为农业结构调整做准备。

第二,通过建立综合评价指标体系,采用横向比较的办法衡量浙江外向型农业产业竞争力,以更好地了解了浙江外向型农业在全国的地位,也可以更清晰地看到浙江外向型农业的优势与劣势所在,从而为浙江农业政策的调整与实施提供决策依据。同时,该研究可为政府决策提供参考,同时也可为具体的农业生产经营活动提供参考,增加农户的经济收入,提高农业产业的劳动力就业水平。

第三,本书提出的提升浙江外向型农业竞争力的各种对策,如继续实施农业"机器换人",强化农业科技创新,提高外向型农产品发展质量,促进农业经营组织创新,提升农业劳动者素质等,也具有较强的现实与借鉴意义。

第二节 农业领域竞争力的研究现状

第二次世界大战结束后,特别是 20 世纪 60 年代以来,随着国际经济竞争日益激烈,为捍卫各自经济利益、扩大发展空间和解决国际摩擦,一些国家和国际组织纷纷成立专门的研究机构,对各国的国际竞争力进行分析与评价,这也大大推动了农业领域竞争力的研究。

一、国外研究现状

近年来,针对国际竞争力及其具体评价方法的研究成为各个国家尤其是发达国家学者、企业和政府机构的研究热点。鉴于农业发展的重要性,20世纪后半叶以来,国外的经济学家、农业经济学家及企业管理学界的研究者和大型农业企业管理者,开始对农业(食品)产业国际竞争力表现出持续和强烈的兴趣。他们从多个角度对农业(食品)产业的国际竞争力进行研究,从而推动了国际竞争力理论在农业领域的广泛运用。

(一)运用国内资源成本系数分析农业(农产品)的竞争力

由于成本是决定农产品(农业)国际竞争力最重要的因素,国外许多学者倾向于从成本角度来分析农业领域的竞争力问题。其中国内资源成本系数是争议最少的一种方法,因此使用频率较高。

早在1961年,Arrow等(1961)就讨论了比较优势在资源配置中的含义。他认为,如果某国生产一单位某种农产品的社会机会成本,即最优生产配置中全部生产要素的成本价值小于这种农产品的边际价格,则农业资源配置是有效率的,该农产品生产和出口具有比较优势。尽管他们运用的概念是比较优势,但其思想为后来国内资源成本分析方法的建立奠定了基础。

Bruno(1972)在其论文中讨论了国内生产成本的评价方法。他认为,如果一国生产某种农产品所消耗的国内要素机会成本与这种农产品所获得净收入的比值小于汇率,那么这种农产品的生产和贸易具有比较优势。Pearson(1973)在建立比较优势DRC法时采用了这一观点。

Balassa 等(1972)讨论了国内资源成本法与有效保护率的有关问题,并创造性地提出了国内资源成本的含义,即在经济活动中,每增加一单位贸易额所投入的贸易性要素的影子价格。

Pearson(1973)运用 DRC 法考察了埃塞俄比亚、象牙海岸、坦桑尼亚和乌干达等四个非洲国家地区咖啡生产和出口方面的比较优势,认为乌干达、埃塞俄比亚和坦桑尼亚在咖啡生产上具有较强的比较优势,象牙海岸具有微弱的比较优势。

Pearson 等 (1976)从成本的角度分析了粮食生产的比较优势。他们得出的结论是,在很多国家,粮食生产的比较优势在很大程度上来自国内保护。[①]

Murphy 等(1987)运用 DRC 法对爱尔兰、丹麦、荷兰、德国、法国、比利时、英国、意大利乳品业的国际竞争力进行了分析。其结论是:比利时、荷兰以及爱尔兰乳品业的比较利益最高。值得一提的是,在分析过程中,Murphy 指出了 DRC 法有三方面的局限性:第一,DRC 法的分析是静态的,它没有考察时间的变化对一国比较优势的影响。因此,在分析中应测定不同时期的 DRC,考虑时间变化的因素。第二,典型的比较利益指的是贸易前的比较成本。在缺乏相关资料的情况下,应该尽可能地用非自由贸易条件下最近的资料替代。第三,当市场不完善时,市场价格并不总是与 DRC 法中的影子价格相接近。因此,估计生产要素的机会成本是一项艰巨的任务。

澳大利亚的安德森(Anderson,1992)运用国内资源成本系数分析了中国的比较优势,认为收入的增加、农村市场的开放、出口纺织品的迅速增长,使粮食、饲料和纤维的消费也急剧增长,中国的比较优势

---

① 为了研究的方便,Pearson 等(1976)假设价格等于成本,所以他们认为"价格"可表示在生产某一产品时,每追加一单位的资源投入可以赚取的或节省的外汇,用来表示该产品生产上的国内比较优势或受到的保护。

已经由农业转向轻工业制造。中国农业比较优势的下降，可能导致进口水平的增长，宏观干预政策将成为中国经济全面增长中确保农业占有适当地位的必要保障。

同样是对中国农业的分析，Lu（2001）却认为中国应该减少政策干预，以维持农业发展。他对中国、美国和德国部分地区的六种大宗作物的生产成本进行了对比，并对中国这六种作物的生产、消费和贸易状况，以及加入世界贸易组织后可能出现的变化做了分析。其结论是：中国农业生产从总体上说并不具有国际竞争力，中国农业生产的劣势主要来自政策干预所引起的系统性劣势和资源结构造成的生产力水平低下。加入世界贸易组织对中国农业的影响是多层次的，但肯定会加快其市场自由化进程和降低目前的关税保护水平。他认为中国必须减少政策干预，实行农业政策改革，调整农业结构，充分利用世界贸易组织条款，从整体上提高农业生产效率，降低农业生产成本。

Master 等（1995）讨论了国内资源成本分析法，并提出用社会成本利润率指标来考察农业比较优势。他们以 1990 年肯尼亚的农业收成作为分析和检验对象，认为社会成本利润率指标在考察可替代生产活动时更为准确。

Schimidhuber 等（2002）分析了加入世界贸易组织对中国农业国际竞争力可能产生的影响。其研究表明，中国将对大多数农产品实行关税减让，对粮棉油等大宗农产品实行关税配额制，放宽农产品贸易和流通的市场准入条件，在农产品进口的动植物检疫方面减少技术壁垒的承诺会影响粮棉油等大宗农产品的生产，特别是玉米、小麦、大豆、油料和棉花的生产。如果进口配额完全使用，到 2004 年，中国进口玉米和小麦的总量将接近 1700 万吨，相当于中国年产量或消费量的 3.5% 左右；到 2005 年，小麦和玉米的进口总量可能达到 2500 万吨，相当于年产量或消费量的 5%，而食用油和油料的进口数量将分别为 1300 万吨和 900 万吨。他们认为,油料和棉花的进口将对国内生产造成严重冲击。减少国家对粮食流通的干预可能产生更深远的影响,进口数量也可能超出关税配额的数量限制。

Fang(2002)对中国几大地区和美国中部地区的玉米、大豆、生猪的生产成本和要素生产率进行了比较,得出的结论是:美国在玉米、大豆的生产成本上具有相对优势,在生猪生产上则处于相对劣势。美国在土地生产率和劳动生产率上均远远高于中国,但由于美国地租日趋提高,中美两国在土地成本上有接近的趋势。由于劳动生产率低,中国劳动力价格低的优势还没有体现到劳动成本中,降低劳动成本的前提是中国的非农部门能够提供足够多的就业机会。

Kannapiran 等（1999）采用国内资源成本系数和效益成本分析法,对巴布亚新几内亚小农场林产品在货币贬值前和贬值后的比较优势和竞争力进行了评价。他们在该研究中假定以影子价格和影子汇率计算的结果代表比较优势,而以市场价格和市场汇率计算的结果反映国际竞争力。检验结果显示,总的来说货币贬值提高了该国林产品的竞争力。四种被检验的林产品中有三种的比较优势和国际竞争力情况一致,只有一种不一致,而这主要是因为货币贬值对四种产品的影响程度不同。

Gorton 等(2000)在对保加利亚和捷克的农业国际竞争力进行研究时,以国内资源成本系数作为比较优势的反映指标,以显性比较优势系数为竞争力的替代指标,计算了两国农产品的比较优势和竞争力。研究结果显示,两者的计算结果并不一致,说明比较优势并不一定能反映产品的实际贸易竞争情况。生产中存在的降低成本的干预政策以及欧盟国家严格的贸易限制,是造成扭曲的主要原因。

Gorto 等(2001)运用国内资源成本系数分析了波兰八类农产品的国际竞争力,认为 1996 年至 1998 年间波兰的谷物生产比畜牧业更具竞争力，其中油菜籽和马铃薯最具竞争力。此外，他们还运用国内资源成本系数分析了中东欧国家农业的国际竞争力，认为这些国家的状况基本上与波兰相同。

Mon 等（2002）运用 DRC 法计算了缅甸国内四个地区绿豆与黑豆的国际竞争力，以及政策变动对其竞争力的影响。他们还利用敏感性分析计算了几个主要因素（如边界价格）变化对这两种产品国际竞争力的影响。

Cvetković（2017）运用 RCA 指数分析了塞尔维亚农产品的出口竞争力。Yu 等（2007）分析了美国夏威夷州 11 种主要农产品的显性比较优势。以上学者得到了比较一致的结论是：控制产品生产成本在一定程度上可以增强农业的国际竞争力，而且做到这一点是比较容易的。但 Kennedy 和 Harrison 却不这么认为。Kennedy 等（1999）在对法国、德国、意大利、英国、美国的糖业竞争力分析中，以总成本和成本要素的历史数据为基础，构造了总成本和成本要素变动趋势的联立方程模型。模型假定总成本变化为国际竞争力变化的指示器，据此他们分析了各成本要素在总成本年际变化中的贡献，以及不同因素通过成本要素对总成本和国际竞争力造成的影响。其研究得出的结论是：依据报告期内各国总成本变化的结构性因素，由于各成本要素存在此消彼长的关系，以及成本要素背后不确定因素的影响，要通过控制某个成本要素来取得国际竞争力并不是一个容易达到的目标。

（二）运用比较优势指数等测定农业（农产品）的贸易竞争力

贸易竞争力是农业和农产品国际竞争力的重要表现，因为国际竞争力同时涉及市场竞争与国际比较。因此，国际市场份额、进出口贸易额、显性比较优势指数及产业内贸易指数等常被用来反映农业或农产品的贸易竞争力。

Deardorff（1979）认为，在一定的条件下，在充满了各种商品的现实世界里，比较优势法则对所有商品（而不是两种商品）仍然是有效的。因此，他引入了著名的比较优势链（the chain of comparative advantage）概念。他按照生产要素密集度大小将商品进行排列，列出一个国家所有出口大于进口的商品，并运用等成本线分析方法，证明了比较优势法则的有效性并不局限于两个国家和两种商品，它对所有最终产品都是适用的。应该说，Deardorff 的理论进一步促进了理论界对农产品比较优势的研究。

Aiginger（1997）以国际贸易标准分类（standard international trade classification，SITC）为基础，分别计算了德国与日本、美国、欧盟其他国家、瑞士双边贸易中的进出口数量和金额，得到进出口单位价值，并以进出口单位价值差和净贸易流为依据，形成质量价格分析矩阵，对德国农业产业对不同出口市场的竞争力和竞争类型做出判断。Gehlhar 等（2000）也采用相同的方法对德国进行过类似的研究。

Leishman 等（1999）运用显性比较优势指数对阿根廷、澳大利亚、新西兰、南非、英国和乌拉圭等六个主要羊毛出口国的牧羊业的国际竞争力进行了评价，认为澳大利亚与新西兰牧羊业的国际竞争力相对较强。他还选择了资源条件上近似的牛奶产量和适宜干旱半干旱地区种植的小麦产量作为绵羊养殖的机会成本，用工业增加值代表工业化水平，对六国羊毛的贸易绩效指标进行回归分析。其得出的结论是：机会成本影响生产决策，并由此产生国际竞争力。

Carter 等（1999）运用比较优势指数等测定了中国 1980—1996 年的农产品贸易及其变化。他们把中国所有产品分成三类[①]，认为农产品贸易相对于其他两类产品有比较稳健的增长，其贸易结构的变化与中国的经济改革是分不开的。

---

① 他们把产品分成农业产品、其他主要产品与工业产品。

Chen（2000）用中国农产品进出口量值的时间序列来反映贸易模式的变化，对改革开放以来中国农产品国际贸易与要素禀赋特征之间的联系进行了研究。他得出的结论是：虽然政策干预对自由贸易的扭曲一直存在，但随着中国改革开放以来市场日趋开放与自由，中国农产品国际贸易模式的变化越来越符合中国的要素禀赋特征，即中国主要出口劳动密集型农产品，主要进口土地密集型农产品，且这种趋势越来越明显。

Wang（2002）研究了中国三个省份，即浙江、江苏和广东的粮食市场改革，认为这三个省份是中国粮食改革效果最好的省份，其粮食竞争力相对较强。

Rozelle 等（2003）较为系统地研究了中国的农产品贸易与政策，认为中国加入世界贸易组织会进一步促进其农产品贸易的发展。

Rosen 等（2004）、USAID（2014）分析了中国农业的竞争力及其来源。他们的分析表明，中国农业并不像许多人认为的那样是中国经济增长的负担，因为中国正在使其农业成为具有竞争力的部门。中国的农民也正在向新型农民发展，将提供最好的农产品。

Strubenhoff（2018）分析了俄罗斯 2016 年农业和农产品的竞争力及未来的发展前景，认为俄罗斯需要进行纵向的农业结构调整，而且国内政策不应扭曲农产品贸易，俄罗斯应该发展农产品期货市场，并增强农村金融机构对农业的支持力度。

（三）对生产率、技术进步与农业（农产品）国际竞争力关系的研究

Lau（1994）采用汇总后的生产函数对美国、德国、法国、英国和日本等五国的技术进步和经济增长的关系进行了分析。研究结果认为，技术进步是工业化国家经济增长最重要的来源之一，并指出农业技术进步对提高农业国际竞争力同样重要。由于技术进步是资本推动型而非劳动或产出推动型的，因此资本丰裕国家农业国际竞争力的提高

更多地依赖于技术进步。但是,他承认由于计算方法上的问题,其对技术进步贡献的估计可能包含了一些投入要素质量提高提供的贡献。

Kalaitzandonakes 等(1994)在分析美国佛罗里达州蔬菜产品的竞争力时发现,行业的全要素生产增长率与行业面临的竞争压力水平呈明显的正相关关系,并认为竞争压力通过刺激技术效率、规模经济和技术进步推动了蔬菜产业生产率的增长。竞争压力对生产率增长的推动作用是结构型的,而非仅仅是加快了增长速度。

Cho 等(2000)研究了生产率与农业国际竞争力之间的关系,发现一般情况下生产率与农业国际竞争力成正比,因此各国尤其是发展中国家应该通过加快农业技术创新提高农业生产率,从而提高农业国际竞争力。

Aldona (2002)研究了 10 个中东欧国家加入欧盟前农业的生产效率和竞争力。其结论是:尽管自 1990 年开始,这些国家开始了农业转型,但并不成功。而且,这些国家还没有充分发挥其农业的潜力——丰富的自然资源没有得到最好的利用。因此,尽管付出了艰辛的努力,但这些国家农业的国际竞争力仍不强。

Eng(2004)从粮食生产领域中的劳动生产率入手,分析了东南亚国家能长期占据国际粮食贸易市场绝大部分份额的原因。在他看来,某些东南亚国家低成本的劳动力加上低产出的生产技术的组合比另外一些人口密集程度更高的国家的劳动产出率更高。因此,他的结论是:较高的劳动生产率水平是缅甸、泰国和越南粮食生产的比较优势所在。

(四)对政府支持与农产品(农业)关系的研究

在利用 DRC 评价一国农业资源配置效率和比较优势水平的基础上,Pearson 与同事合作建立了一个更为综合的分析框架——政策分析矩阵[①]，用于分解各项农业干预政策的效应(Pearson et al.，1981)。近年来，PAM 模型在各国农业政策的分析中得到了广泛应用，也成为许多国际研究机构分析农业政策干预和市场失灵对农业部门影响的重要方法之一。

Kannapiran 等(1999)运用 PAM 模型对巴西小农场林产品的竞争力进行了分析，主要是对该国农产品价格支持政策和预算支持政策的效果进行了评价。分析显示，这类政策或许意图良好，或者是迫于某些利益团体的压力所做出的，但它们保护了低效率的经营者，使农业产业无须面对国际竞争带来的挑战而赢得竞争优势。他们认为，尽管这些政策会给国内农业带来好处，但对农产品贸易自由化却可能带来不利影响。

Fang 等(1999)运用 PAM 模型评价了中国农业的竞争力及政府保护农业的影响。根据他们的分析，中国农业有一定的竞争力，而且政府在其中起到了重要作用。他们认为，目前中国的粮食自给政策是昂贵的，加入世界贸易组织后，中国将更多地依靠世界市场的粮食和含油种子以生产可供出口的农产品。

Mohanty 等(2002)利用 PAM 模型评价了印度棉花生产的竞争力。他们利用 PAM 模型分析了印度五大棉区的棉花以及与棉花争地的其他作物如谷物、甘蔗与花生的生产效率，并对棉花比较优势进行了敏感性分析。

Westcott 等(2001)对美国政府支农政策与农民收入及农产品竞争力的关系进行了研究。根据他们的研究，1995—1998 年美国政府

---

① 政策分析矩阵又被称为 PAM 模型(the policy analysis matrix)。它是一个用来测定政府政策对企业经济活动的盈利能力的影响的政策分析矩阵，模型的基础是用影子价格和市场价格之差来反映政策的影响。在很多分析里面，政策被当作一个市场外生因素，但是 PAM 模型假定政府政策是内生因素。这个模型也被逐步应用到农业国际竞争力的分析中。

对农业的支持平均每年高达 789 亿美元,其中市场价格支持每年超过 163 亿美元,而根据产出、面积或牲畜数量以及投入等向农民支付的补贴数额每年也超过 166 亿美元。这些直接支持可以在提高农民实际收入、刺激生产的同时降低美国农产品的市场价格,因此可以间接提高美国农产品的国际竞争力。与此同时,美国政府对农业科技、基础设施和市场促销等一般服务的支出每年超过 245 亿美元,对提高美国的农业生产率从而降低单位成本具有重大意义。事实上,美国的农业现代化在很大程度上依赖于政府的长期支持。此外,该研究表明,1999 年美国农民生产和出售玉米、小麦、大豆和水稻所获得的实际收入分别高于市场价格的 12.8%、16%、18.3% 和 29.5%。也就是说,如果没有美国政府的支持,就会出现美国农民实际收入的下降,或者是美国农产品市场价格的上升,而这两种情况都会大幅度降低美国农产品的国际竞争力。

Olga Melyukhina 研究了七个非经合组织成员国家,即保加利亚、爱沙尼亚、拉脱维亚、立陶宛、罗马尼亚、俄罗斯和斯洛文尼亚的农业支持水平与其农业国际竞争力的关系。根据他的研究,这几个国家的农业支持水平很高,多数国家超过了 70%,在 1991—1994 年转型初期,支持水平大幅度下降,1995—2000 年支持水平较为适中,并有适度上下波动。而且,农业支持与农业国际竞争力总体上呈同方向变动(转引自范小建,2002)。

Reiljan 等(2005)研究了爱沙尼亚加入欧盟前农业的发展情况与竞争力。其研究表明,自 1991 年开始,爱沙尼亚农业生产开始持续减少,原因是政府忽视了农业的重要性,没有对农业进行保护。因此,既缺乏内部资金,又缺少外资的爱沙尼亚农业同时面临三个问题:一是缺乏从大规模农业向小规模转移所需要的现代技术与工具;二是失去了传统的贸易市场及俄罗斯;三是面临来自欧盟的受补贴农产品的不公平竞争。因此，爱沙尼亚加入欧盟后为其农业发展注入了活力，因为欧盟实行的是共同农业政策。但是，爱沙尼亚加入欧盟前农业生产的减少也降低了其在整个欧盟农业生产中的份额。

（五）农业（农产品）竞争力研究的其他视角

Breimyer（1960）提出了所谓的"三种农业经济"，[①]这一理论框架逐渐被应用到后来的农产品国际竞争力分析中。他的这种对农业经济活动的划分为后人对农产品与农业国际竞争力的研究提供了便利。

Piercy（1982）曾将影响农产品竞争力的非价格因素分为两大类：一类是与产品自身相关的品质因素，包括产品的设计、质量、外观、包装以及其他物理特征；另一类是各种显性和隐性的服务，包括帮助消费者进行产品选择并提供建议、培训和售后服务等。其观点在当时较为先进，为农产品提升竞争力提供了新的思路。

Jayne 等（1989）研究了食品安全与农业国际竞争力的关系，认为食品安全政策的实施会提高农产品的质量，最终提高农业的国际竞争力。

Abbott 等（1990）根据农业——食品产业各环节及其产品与最终消费品之间的关系，将农业经济活动划分为四种类型。这四种农业经济活动可以大致描述为：①无差异初级产品生产，该类生产活动的过程与最终消费品的使用特征之间几乎没有联系或者联系很少。②差异性初级产品生产，生产、加工过程与最终消费品的使用特征之间可能存在一定联系。③由初级产品向半加工产品转化。④由初级产品和半加工产品向消费品转化。[②] 在对农业竞争力进行实证研究时，他

---

① 所谓"三种农业经济"，是指初级农产品生产、将饲料转化为动物产品、食品产品的市场营销。

② 需要注意的是，作者的这种划分是建立在以下基础之上的：贸易和非贸易性原材料的潜在可替代程度；初级产品与消费品的最终使用特征之间的联系；加工技术对产品的相对重要性；经济活动的最终增加值。

们还从农业和农产品的实际特征出发,对农业竞争力的决定因素进行了较为具体的分类描述。他们认为,影响农业竞争力的因素包括要素禀赋和自然资源、技术、投资、人力资本、管理技能、产品特征、企业策略和市场结构、原材料供应、营销和运输渠道、基础设施和外部性、制度环境、贸易政策等。根据他们的分析,以上因素在四种农业经济活动中的重要程度是不一样的。

为了研究出口市场特征对贸易模式和农产品竞争力的影响,Michael(1994)采用一系列指标来代表美国食品产业重要出口市场的需求特征,并以此为解释变量。他采用回归分析方法,对不同加工程度的美国农产品的出口市场结构进行了研究。影响美国农产品出口渗透能力的市场因素被分为经济因素和非经济因素两大类,经济因素包括以 GDP 表示的收入水平、外汇储备、外债、国际收支余额、税率等;非经济因素包括文化因素、法律因素以及政治因素。其研究结果显示,模型对高价值农产品(包括加工的和未加工的)解释程度比低价值农产品(包括散装未加工产品和中间产品)要好得多;非经济变量对美国农产品的出口结构有非常重要的影响,美国农产品在更接近其本土市场特征的外国市场上更容易取得竞争力。

Hobbs(2001)分析了丹麦猪肉产业在不具备资源禀赋优势的情况下,如何通过产业组织和产业内部创新取得了国际市场的竞争力。可以说,这是对波特产业国际竞争力评价方法的较好运用。该研究认为,丹麦猪肉产业通过生猪屠宰环节上的大规模、高度集中的合作,实现了生猪产业在纵向产业链上的多种创新,包括确保产品安全性和提供产品信息的产品追踪体系、专门市场条款等,这些措施大大提高了丹麦猪肉产业的国际竞争力。

Ramey(2002)研究了美国、加拿大、英国、澳大利亚牛肉产业的食品安全及其各自的国际竞争力,认为这些国家应该进一步改革,包括进行制度创新来增强食品安全与提高国际竞争力。

Lee 等(2004)研究了控制温室效应气体排放对美国农业的影响。他们认为，从短期来看，控制二氧化碳等气体的排放会增加农业部门尤其是林业部门的生产成本，但从长期来看，这种政策对美国农业是有利的。

Tyrchniewicz(2016)研究了控制温室效应气体排放对加拿大农业国际优势的影响。根据他的研究结果，加拿大农产品出口受到该制度的影响较小，2005 年其农产品出口份额可能达到全球农产品出口总额的 4%。而且，加拿大农业可以通过降低生产投入成本和及时公布废气排放量来保持其国际竞争力。当然，农民和农产品加工者需要更多地了解生产投入和成本结构以保持其竞争力。

二、国内研究现状

在加入世界贸易组织多年与经济全球化趋势不可逆转的背景下，许多国内学者对我国农业国际竞争力进行了研究。但是，总体来看，相对于中国工业竞争力的研究，针对中国农业竞争力的专项研究较少，而且研究多集中在产品层面，缺乏对整个农业产业的系统分析。从研究方法上看，以定性分析与规范分析为主，定量分析与实证分析相对较少。

（一）比较优势指标衡量中国农产品（农业）的优势与竞争力

许多学者认为，比较优势指标是衡量中国农业国际竞争力的重要指标。在实践中，较多地采用显性比较优势指数 RCA 和贸易竞争指数(trade competition，TC)。

吕为为(1993)用出口实绩比率测算法，评价了 1981—1992 年我国主要农业制成品的比较优势。他认为，在我国农业制成品中，茶叶、蔬菜、水果制品、大米、饲料、羊毛等农产品具有比较优势和竞争力；而动物油脂、咖啡及其代用品、小麦粉、乳制品等农产品具有比较劣势。

牛宝俊等(1996)运用显性比较优势指标方法分析了 1980—1991 年我国主要农产品的比较优势，认为我国农产品比较优势总体上呈下降趋势。

周孝昧(1996)采用灰色层次分析法，对农产品国际竞争力进行了分析与评价，在国内首次将农产品国际竞争力分解为价格、质量、品牌、销售、包装设计竞争力及其评价指标几个层次，并将技术竞争力作为总体竞争力函数的变量导入分析。这样的分析理论上是可行的，但评价指标数据的较难获取可能阻碍该方法的推广。

北京大学中国经济研究中心卢锋教授(1997)在对我国农产品的贸易结构进行分析时，认为过去 20 多年里，虽然没有人为与刻意安排，但是我国农产品进出口贸易结构的变动符合我国资源禀赋的特点。在对我国 SITC 两位数分类标准下的农产品的市场份额、贸易结构、生产成本进行分析后，他认为我国部分农产品，如肉类、水产品、水果等的国际竞争力在高工业化时期得到加强。其研究还认为，我国农产品贸易模式的变化及其经济合理性，为我国的食物政策提供了所谓的"第三种选择"[①]。

冯海发(1997)从价格优势角度分析了我国农业比较优势，并得出结论：在 WTO 框架下，我国粮食、棉花、羊毛、奶类已不具备竞争优势，油料、糖料、水果、水产品、肉类具有贸易竞争优势。

陈武(1997)用显性比较优势指数对我国经济比较优势进行了分析，发现在我国经济结构中，农业(资源密集型产业)比较优势在下降，

---

① "第三种选择"即重新检讨传统谷物自给自足的方针，逐步放松对谷物贸易的行政干预和控制，并以市场化改革和相关政策手段促进我国具有优势的农产品的出口，发展以食物换食物的粮食生产和贸易模式。

并由净出口国变成净进口国。个别农产品,如豆类、食糖、菜籽油、蓖麻油、鱼和渔类产品的比较优势上升,天然蜂蜜、肉及肉制品、脱脂羊毛、鲜肉及冷冻肉等畜牧产品也具有比较优势。

王福军(1999)利用贸易竞争指数对包括食品在内的八大类贸易农产品的国际竞争力进行了分析,认为我国大部分农产品正在丧失比较优势与价格竞争力。

李建平等(2000)运用显性比较优势指数对我国猪肉生产的比较优势进行了测算。顾国达等(2001)利用显性比较优势对我国10种出口畜产品进行研究后发现,我国畜产品的比较优势处于下降趋势。除了活猪和蜂蜜具有较明显的出口优势外,其他几种畜产品并没有优势或者处于优势逐步丧失的境地。

程国强(1999;2001)从进出口表现和国内资源成本两条曲线分析了我国农产品的竞争力。其研究表明,在贸易表现方面,我国农产品外汇收入的90%以上来自非粮食产品,其中包括经济作物产品、园艺产品和畜牧产品。我国农产品的主要出口市场是亚洲和欧洲,占总出口值的80%以上;主要进口市场是北美和亚洲,占总进口值的50%以上,出口市场的集中程度比进口高。

钟甫宁等(2003)用 NSP_j、DRC、ERP 三种比较优势测定方法对我国农业生产比较优势进行了测定和分析,结果表明,稻谷比较优势虽然下降但依然具有比较优势;小麦、玉米失去比较优势,因此主张部分进口。他们还进行了区域比较优势分析,提出了主产区粮食生产区划建议。

陈永福(2001)对我国蔬菜出口的贸易绩效、贸易结构以及世界蔬菜市场的价格波动特征进行了分析,认为在对日蔬菜出口中,无论是保鲜品种还是冷冻品种,我国的竞争力均不及美国,后者的差异更大。我国对日蔬菜出口的优势主要还是来自与日本生产品种接近、距离近等因素产生的低成本优势,但国内企业间的恶性竞争不仅使企业本身在盈利上处于不利地位,还导致了进口国的"反倾销抵制"。孙琛等(2001)对中国水产品的研究表明,中国水、海产品的国际竞争力具有明显优势,加入世界贸易组织后名义关税率的降低不会对水产业形成太大冲击。

余鸣(2002)采用显性比较优势法与净出口指数法对我国活畜、畜产品、畜牧相关产品等各种畜产品的比较优势进行了全面测定,并在此基础上用综合指标法对我国畜牧业国际竞争力的七种影响因素进行了定性分析,从政策、标准法规、产业组织(要素)、产业联系(市场)、产业结构(调整与升级)等方面提出了发挥中国畜牧业比较优势、提高国际竞争力的对策。

孙立新等(2002)研究了我国主要农产品的比较优势,认为我国的大豆生产相对具有比较优势,而其他许多土地密集型农产品则正在丧失比较优势;相对来说,我国的劳动密集型农产品依然具有比较优势,是我国较有竞争力的农产品。

厉为民(2004)通过显性比较优势指数进行了国际比较,认为我国农业的国际竞争力呈下降趋势,但畜牧业有一定的比较优势;同时指出,人口密集的欧洲之所以成为农产品的净出口地区,很大程度上是由于高比重的畜牧业的支撑。

张淑荣等(2007)分析了美国、巴西、阿根廷大豆产业的产量及进出口量,并运用国际市场占有率、贸易竞争指数和显性比较优势指数对各国大豆产业的国际竞争力进行了比较分析。

林大燕等(2014)在传统的 H-O 模型中引入季节要素,并通过扩展的 AIDS 模型进行理论检验,实证结果表明季节要素是影响我国大豆进口市场结构的重要因素。

官梅(2004)研究了中国油菜产业的国际竞争力并提出了相应的

对策。作者认为，白菜型油菜和芥菜型油菜起源于我国，经历史演变，油菜种植资源十分丰富，我国各省份均有油菜栽培，我国在杂交油菜的研究与应用方面处于国际先进水平。同时，作者认为我国的油菜产业还存在着诸如劳动生产率低、品种缺乏竞争力、加工规模小、出口量小的问题，并就此提出了相应的对策。

谭涛等（2012）经研究得出结论：一国转基因商业化程度对其大豆出口具有显著影响，一国生物技术创新能力越强，则该国大豆出口能力越强。

刘馨阳等（2014）采用比较优势度[①]、国内资源成本系数[②]、社会净效益[③]、有效保护率[④]等指数对我国主要农产品的比较优势和地区优势进行了分析，认为糖料、园艺产品、畜产品、烤烟、大米等产品具有比较优势，而油菜籽、棉花、小麦、玉米则不具备国际竞争力。

袁祥州等（2015）运用集中率（CR）、格鲁贝尔—劳埃德指数（G-L）、竞争优势指数（TC）、贸易互补性系数（TCI）等指标，在分析中国与加拿大农产品贸易增长和结构特征的基础上，进一步分析中加农

[①]　比较优势度是国内资源成本系数（DRCC）的变形，等于1与国内资源成本系数的差额，以此来衡量农产品生产的有利或不利程度。

[②]　DRCC反映的是生产要素、劳务和产品能在各国间自由流动时，一国生产农产品为获取一单位影子收入需投入的成本。如果DRCC<1，则表明该农产品生产产出大于投入，该农产品具有国际竞争力；如果DRCC>1，则表明农产品生产产出小于投入，缺乏国际竞争力。如果DRCC=1，则表明该农产品产出等于投入，处于国际竞争力的平衡点。

[③]　社会净效益（net social profit，NSP_j）表示一国充分利用国际国内资源从事j类农产品生产活动所获取的收益。如果$NSP_j>0$，则该国j产品生产有利可图，资源配置具有一定效率，从国际分工的角度看该国适合发展j产品生产；如果$NSP_j<0$，则该国j产品生产无利可图，资源配置缺乏效率，应尽量减少或放弃j产品生产；如果$NSP_j=0$，则该国j产品生产处于利益平衡点，资源配置效率为0，可视情况发展j产品生产。

[④]　由于农业保护的普遍存在，部分农产品的比较优势可能会因生产与贸易扭曲而失真，可利用有效保护率（effective rate of protection，ERP_j）来分析农产品生产的潜在比较优势。如果$ERP_j>0$，表明j产品受到正保护，其现有国际竞争力高于潜在国际竞争力；如果$ERP_j<0$，表明j产品受到负保护，其现有国际竞争力低于潜在国际竞争力；如果$ERP_j=0$，表明政策措施对j产品没有正面或负面效果，其比较优势得到真实反映。

产品的竞争优势及其贸易互补性变化。结果表明,中加农产品贸易以中国从加拿大进口为主;中国主要从加拿大进口谷物和油脂油料等土地密集型产品,主要向加拿大出口动物产品和园艺产品等劳动密集型产品,贸易集中度高,且主要为产业间贸易,基本反映了中加双方的农业资源禀赋特征;由于农产品竞争优势变化及贸易互补性上升,中加农产品贸易有着较大的发展潜力。

郑松伟(2015)利用标准显示性比较优势指数 NRCA 和拉菲指数 LFI,从产业间贸易视角和产业内贸易视角两个角度测度了中国对日韩分类农产品贸易比较优势,发现园艺类农产品和水产品贸易比较优势呈现强化趋势,而大宗类农产品贸易比较优势呈现弱化趋势。

佟光霁等(2016)利用显示性比较优势指数(RCA)和标准显示性比较优势指数(NRCA),以及贸易互补性指数(TCI)和产品互补指数(CI)分析了中俄农产品贸易比较优势和贸易互补性的变化特征。研究结果显示,中国农产品整体比较优势在下降,俄罗斯农产品整体比较优势在上升,并已超过中国;中国的水产品、园艺产品、烟草及饮料,俄罗斯的水产品在对方市场具有比较优势;中国对俄罗斯农产品贸易互补性在增加,水产品、园艺产品、动物产品互补性明显;俄罗斯对中国农产品贸易互补性高于中国对俄罗斯,大宗农产品、水产品互补性明显。

付明辉等(2016)采用 GL 指数和 RCA 指数,研究了 2000—2014 年中国与"一带一路"沿线国家和地区农产品贸易的产品结构、区域结构、产业内贸易和比较优势。研究结果表明,中国与"一带一路"沿线国家和地区农产品贸易迅速增长,但不稳定;农产品出口结构优化速度较为滞缓,进口结构高度集中;中国对蒙俄和东盟依赖程度较大;中国与"一带一路"沿线国家和地区农产品产业内贸易水平不高;双边农产品贸易的发展空间和潜力巨大,但这种发展空间是非对称的。

陈叶盛等（2016）认为，由于国家加强宏观调控，抑制价格过度上涨，使进口玉米价格优势明显，刺激了玉米的大量进口。中国玉米逆差的原因在于国内市场供需情况紧张，市场无法满足大量的消费需求，而国内外玉米价格倒挂在这一贸易格局的改变中起到了至关重要的作用。Jin 等（2003）通过分析中国的贸易模式，预测中国对玉米的需求仍会不断扩大。由此从生产、消费两个方面入手，提出了维持玉米供求的相关建议。刘兴强（2013）对未来玉米的消费和发展趋势进行了分析，提出玉米产业将呈现高科技、高产出、高效益的新趋势。

韩敬敬等（2017）采用 RCA 指数、TCI 指数和经常市场份额模型，从贸易比较优势、互补性和增长潜力三个方面对 1995—2015 年中国与哈萨克斯坦农产品贸易发展进行了实证分析。研究结果表明，中哈两国具有出口比较优势并存在农产品类别相互交叉、差异性较大的情况；中国出口与哈萨克斯坦进口的互补性强且整体呈上升趋势，而哈萨克斯坦出口与中国进口的互补性较低且呈波动状态；中哈农产品贸易增长中既有市场扩大效应，又有竞争力提升效应，双边贸易增长潜力大。值得关注的是，在 2011—2015 年第四时间段内，哈萨克斯坦出口拉动效应最明显的是竞争力提升效应，其国内农业竞争力正逐步提升。

苏钟萍（2018）通过运用 RCA 指数和竞争力指数，分析中美两国谷物类农产品的贸易互补性和竞争性，并为两国充分发挥农产品贸易优势，调整农产品贸易政策提出了一些建议，以实现互利共赢。

徐艳（2018）分析了中国与"丝绸之路经济带"沿线国家农产品贸易格局、结构及比较优势演化，发现中国与沿线国家的农产品贸易规模不断扩大，总体农产品进口额超过农产品出口额，长期处于贸易逆差的局面；中国出口沿线国家的农产品主要以第 0 类农产品为主，第二类农产品为其次；中国与沿线国家不同区域的农产品贸易比较优势差异明显,比较优势主要集中在亚欧经济带。

(二)对中国农产品(农业)的成本与价格分析

王秀清等(1998)从生产成本的角度研究了中国生猪生产的国际环境与优势,认为中国生猪生产具有较高的成本优势和较强的国际优势。王秀清(1999)研究了中国粮食生产的国际竞争力,其分析表明,由于中国人均耕地较少,土地的产出率较低,而粮食生产的其他成本如农药、化肥的费用增加,因此中国粮食生产的国际竞争力不强。

黄季琨等(2000)主要从生产成本和价格的角度对中国大宗农产品、畜牧产品、水果蔬菜这三类农产品的比较优势进行了研判。他们以农产品价格作为价格竞争的体现物,并认为价格是由生产成本和流通费用两部分构成的,其中前者是竞争力产生差异的主要原因,后者反映体制对价格竞争力的影响。其研究认为,中国在猪肉、鸡肉、水果、蔬菜等产品上具有价格优势,而在大宗农产品上不具备价格优势。大宗作物的价格劣势主要来自:劳动投入量太大造成的可变成本太高且难以降低;我国农业特有的成本外开支大约占了生产成本的10%,这就不可避免地提高了生产者价格,而发达国家农业生产者不仅没有这项负担,反而能获得一定的补贴;如果考虑土地机会成本,中国大宗农产品的生产成本可能会更高。

彭廷军(2000)运用比较优势指数、国内资源成本系数分析了我国农产品的比较优势,得到的结论是:①除小麦外,我国粮、棉、油料等农产品的国际竞争力从1995年开始下降。1990—1994年中国农产品的比较优势和社会净收益基本为正值,但自1995年以来,稻谷、玉米、棉花、大豆、油菜籽等农产品的比较优势度和社会净收益出现了一定程度的下降。到1997年,稻谷、玉米、棉花、大豆、油菜籽的比较优势度和社会净收益已明显下降,其中玉米、棉花、大豆、油菜籽已趋于缺乏国际竞争力。这客观地反映出自20世纪90年代以来,中国农产品的比较优势已由土地密集型产品转移到劳动密集型产品上。②我国大部分农产品的现有国际竞争力高于其潜在国际竞争力。目前大部分农产品的国际竞争力被拔高，减少农业保护将使农产品生产和贸易在一定程度上受到冲击。③国内资源机会成本上升是导致我国农产品比较优势下降的主要原因。我国农业生产资料价格上涨，与农产品国内市场价格接近并超过国际市场价格的事实相符。

徐志刚（2001）采用资源成本系数对我国农业的比较优势进行了总体分析、部门分析和区域分析，虽未推进到国际竞争力层面，但其多角度分析的方法很值得借鉴。这种方法的优势在于能从不具有总体比较优势的行业中发掘出具有比较优势的子行业，从不具有比较优势的国家中发掘出具有比较优势的区域，为行业、区域产业结构调整提供良好的依据。其研究利用计算机软件技术，在建立数据库的基础上建立了比较优势测定体系模型，为产业结构调整等决策咨询参考的快速反应提供了可能。

国家统计局课题组（2002）从加入世界贸易组织前后价格变化的可能性出发，对我国主要农产品在市场开放后的竞争力情况进行了预测。该研究认为，在加入世界贸易组织之前，国产小麦、玉米、大米、棉花、食糖价格已经大幅度下降，下降的幅度达到了在国内市场上对进口产品有竞争力的水平。国内、国际市场呈现出一种国外产品难以进口、国内产品难以出口或难以增加出口的相对均衡的局面。因此，该研究建议我国应充分考虑世界贸易组织有关协议。在一定范围内，国家仍可调控国内农产品价格，但调控的难度和代价会增加。加入世界贸易组织增加了国内农产品价格受到冲击的可能性，但也保留了控制冲击的手段。

袁伯涛（2003）认为，农产品成本过高，削弱了我国农业的国际优势。根据他的分析,与其他国家相比,我国农业成本中的"中间消耗"[①]为41.69%,低于其他国家;"税金"与其他国家相比相差不大。导致我国农业成本高最为突出的因素有三:一是"期间费用"[②]高(为4.1%);二是"成本外费用"[③]高(为11.27%);三是"人工费用"[④]过高(为32.89%)。作者认为,以上三种费用过高是造成我国农业缺乏国际竞争优势的重要原因,因此他提出了许多主张以降低我国农业成本,增强农业竞争力:第一,改革农村税费及其他制度,降低管理费用和成本外费用;第二,降低农产品交易成本,例如构建高效的农产品市场信息网络,提高农民的收益水平;第三,扩大农产品生产经营规模,提高劳动生产效率。

胡小平等(2003)从生产成本、国内市场价格、流通费用三个方面分析了中美两国小麦的市场竞争力。他们认为,"长期以来,我们形成了一种误解,把美国农业生产技术上的优势等同于经济效益上的优势,一说起美国小麦的竞争力不如我国,似乎很难接受"。其研究结论是:未来5年到10年,中国小麦在本国市场上将对美国小麦保持很强的竞争优势。在WTO农业规则对出口补贴日益严格的约束下,美国小麦无力大规模冲击我国市场。对此,孟丽等(2004)的看法有所不同。她们运用国内资源成本系数与回归分析方法研究了中美小麦生产成本和市场价格的差异及形成的原因,认为"中国小麦单位面积生产成本高于美国,但单位产品生产成本却低于美国,原因是中国小麦生产力水平相对高于美国";"中国劳动力投入变化对小麦单产影响显

---

① "中间消耗"是指生产过程中发生的直接费用和折旧及农机修理等间接费用。

② "期间费用"是指土地承包及管理和销售环节发生的费用。其中管理费指村干部补贴和村务办公费,销售费是指生产单位、农户与销售产品有关的运输费、装卸费、包装费、用工费和广告费。

③ "成本外费用"指村提留、乡统筹、农民义务工和劳动积累工支出和其他成本外支出,均为税后支出。

④ "人工费用"指单位农产品所消耗的人工费用。虽然我国农业劳动者的报酬较低,但由于我国每个劳动力所生产的农产品数量较少,因而造成每单位农产品中所含的人工费用较高。

著,但影响程度较低。美国劳动力投入变化对小麦单产影响不显著,这表明中国小麦生产以劳动力密集型为主,但劳动力投入已处于较高水平,再增加劳动力投入对提高小麦单产作用较小;而美国小麦以机械化生产为主,较少的劳动力投入就能满足机械化生产的需要,过多的劳动力投入对小麦单产的提高不起作用"。

司伟等(2004)从生产成本的角度研究了中国糖料生产成本的差异与原因,其分析结果表明,中国糖料生产的成本在增加,所以糖料生产的优势正在丧失。

翁凌云(2010)使用计量模型研究了现行政策下中国玉米的发展趋势。颜雨欣等(2016)通过中国玉米国际竞争力测度分析,说明中国玉米国际竞争力与美国等国家进口依存度具有相关性。杨艳涛等(2015)研究中国玉米进口量与国际市场价格的相关性分析了国际市场价格对中国玉米进口量的影响。马述忠等(2012c)以玉米为例并利用五个主要出口对象国的面板数据,对我国粮食出口的市场实力进行了实证检验。从欧美发达国家出口垄断、国内玉米生产成本及我国玉米的价格贸易条件三个方面对我国玉米出口市场实力较弱的原因进行了分析,并提出了相应的对策建议。

侯石安(2013)运用国内资源成本系数分析了我国主要农产品的比较优势与国际竞争力,发现我国许多农产品已不再具有比较优势或者处于比较优势下降阶段,因此他主张应加大财政支农力度,并改善我国农业生态环境,以此来增强我国农产品与农业的国际竞争力。

刘志雄(2014)认为铁路运输能力是影响国产大豆竞争力的一个重要因素,通过对进口大豆和国产大豆价格的对比,研究发现运输瓶颈对国产大豆竞争力的负面影响较为显著,对进口大豆竞争力的影响十分微小,并进一步分析了铁路运输瓶颈对大豆运输方式的影响。

郑松伟(2015)认为,近10年来的统计数据显示,随着中国对日韩农产品出口规模的不断扩大,中国农产品对日韩出口份额占中国农产品出口总额的比重却呈现逐年下降的趋势。经分析,该比重的下降与中国对日韩农产品贸易比较优势的变动相关。分析中国对日韩农产品贸易现状,发现中国对日韩农产品贸易集中度高,园艺类农产品和水产品占据七大类农产品出口的半壁江山。同时,中国对日韩农产品贸易也存在出口占比下降以及进出口结构匹配性不足等问题。

许为等(2016)基于 CEPII-BACI 数据库 1995—2013 年 HS-6 位数贸易数据,采用分布动态法,从比较优势流动性和向高附加值产品转换升级两个方面,实证分析了中国农产品比较优势在"量"和"质"上的动态变化。研究发现中国农产品比较优势具有较强的流动性,主要表现为大部分优势农产品的比较优势呈现下降趋势,尤其在加入世界贸易组织之后呈现出加速下降态势,且下降幅度高于其他主要出口国,2013 年仅 14.5% 的农产品具有比较优势;劣势农产品的比较优势尚未得到改善,形成新的比较优势概率较低;农产品比较优势集中在低技术含量、中低档质量的产品上,向高附加值产品升级转换缓慢。

董晓波等(2016)基于 1312 个企业与水稻种植户的交易数据,实证研究了转换成本对农产品成交价格的影响,发现企业转换成本对成交价格有显著正向影响,农户转换成本较低是企业"溢价"收购的前提;成交价格主导方在企业;规模较大的、经营特色品种的企业转换成本较高,"溢价"收购可能性较大;对农户的增收效应较为明显。这些结论支持了其 Hoteling 模型关于"价格离散"的理论推断,有利于政府制定有效的农业产业化政策,实现精准扶持,真正促进农民增收。

周振正(2017)以"丝绸之路经济带"倡议为背景,对中国与"丝绸之路经济带"沿线 20 个国家的经济发展特征、农产品贸易关系进行了分析,并基于农产品贸易成本的视角,采用 Novy 改进的引力模型,测算了 2003—2014 年中国与"丝绸之路经济带"沿线 20 个国家的双边农产品贸易成本,分析了农产品贸易成本的变化特点。其研究结果表明,中国与各个国家的农产品贸易成本有较大差异。至 2014 年,中国与德国、波兰、法国的贸易成本较小,与克罗地亚、约旦和希腊的较大。其中,中国与孟加拉国、波兰和德国的双边农产品贸易成本下降幅度较大,分别为 76.55%、47.35% 和 44.87%。其全样本实证分析结果显示,贸易伙伴的制度水平、中国与贸易伙伴是否签订区域贸易协定及贸易伙伴互联网使用情况皆与双边农产品贸易成本有负向关系,贸易双方人均 GDP 差距对中国与贸易伙伴双边农产品贸易成本有正向关系,影响程度从高到低。其分样本分析结果显示,在影响中国与较发达国家农产品贸易成本的因素中,双方地理距离的系数符号与预期不符,与全样本分析不符,贸易伙伴制度水平、与贸易伙伴是否签订区域贸易协议、贸易双方人均 GDP 差距以及贸易伙伴互联网使用情况对农产品贸易成本均具有显著作用,其影响程度从高到低。中国与发展中国家比较分析结果显示,发现贸易伙伴制度水平的符号与预期不一致,也与全样本结果相反。只有两国的地理距离、贸易伙伴互联网使用情况及贸易双方人均 GDP 差距对双边农产品贸易成本有显著影响,影响程度依次减小。马述忠等(2017)基于 G20 国家的经验,分析了对外直接投资逆向技术溢出对全球农业价值链地位提升的影响。

贾伟等(2017)通过构建世界八区域两部门 CGE 模型,并利用 2002 年和 2010 年中国区域投入产出数据,研究了贸易成本对中国各地区农产品贸易增长的影响。研究发现:①中国农产品贸易成本存在显著的地区差异,但差异总体呈下降趋势;②贸易成本对中国各地区农产品贸易增长存在显著的负向效应,该效应在中国西北、西南和华中地区的表现较为明显;③贸易成本主要影响双边农产品贸易,而对第三方农产品贸易的影响并不大;④在其他条件不变的情况下,贸易成本下降对中国区际农产品贸易和农产品对外贸易增长的贡献分别为 35.79% 和 39.87%;⑤农产品对外贸易成本下降扩大了农产品贸易逆差,区际农产品贸易成本下降则缩小了农产品贸易逆差。

张聪颖等(2018)利用陕西八个苹果基地县的苹果户调查数据研究发现,随着农户经营规模扩大,苹果单位生产成本呈现下降趋势,规模经济效应凸显,但尚未达到理论上的适度规模经营水平;苹果生产成本较高与农户要素投入不合理有关,尤其是化肥、有机肥两种要素。研究结果显示,陕西苹果生产需持续推进适度规模经营,以降低生产成本;依托农村农业信息网络,注重披露要素及其技术特性与使用方法,引导农户优化要素投入;以提升陕西苹果国际竞争力为契机,关注规模经营对苹果生产成本及其结构的影响,及时调整苹果生产与出口策略。

邵凡宇等(2018)通过多地实地调研分析得出:目前有机农产品和普通农产品的成本效益差异主要在于人工成本、土地成本、物料与服务费和绿色防控成本,进而提出加大政策扶持、提高附加值、合理布局、革新生产技术等措施来提高有机农产品成本效益。

(三)主张多角度提高农产品(农业)国际竞争力的分析

在不完全竞争的国际市场中,农产品完全依靠比较优势得到的利益会越来越少。孙东升(2001)和庄丽娟(2004)认为,长期以来我国农产品单纯依据资源禀赋优势参与国际竞争,逐渐陷入了"比较优势陷阱",所以许多学者开始将竞争优势理论引入农业领域。越来越多的学者认识到单纯依靠比较优势发展农业是不够的,开始主张多角度提升我国农业的国际竞争力。乔娟(2001)为中国农产品国际竞争力的分析构造了一个相对比较完整的研究框架,这个框架包括反映竞争结果的国际竞争力现实指标、国际竞争力的直接和间接影响因素以及国际竞争力的深层影响因素几个层次。竞争力的现实指标采用市场占有率等以进出口数据为基础的指标;用生产者价格指数的时间序列比较反映价格竞争力情况；用品种结构、质量安全、生产规模、加工程度等指标的国际比较说明非价格竞争力情况。利用该框架，她对中国主要家畜及肉类产品、中国主要新鲜水果的国际竞争力情况进行了实证分析。但其研究方法也存在一定的问题，如生产者价格指数的时序数列分析在其价格竞争力的判断中占有决定性的地位，但该指标序列是一个纵向时间序列，虽然能较好地说明一国生产成本的年际变化，但在横向上缺乏可比性，不足以用来进行价格竞争力的国际比较。

姜怀宇（2002）在分析了我国农业发展过程中存在的问题的基础上，针对中国已经加入世界贸易组织的现实提出了加强我国农业国际竞争力的对策，如迅速转变我国农业现行管理体制与健全法制，按照比较优势原则建立扬长避短的农业产业结构，加大对农业科技的投入，加快农业科技成果的推广与应用等。

唐忠等（2003）认为，应该加大国内支持力度，以提高中国农业的国际竞争力；于永维（2003）、杨雍哲（2003）、刘春香等（2009）则研究了提高中国农产品国际竞争力的对策，包括进一步提高农产品质量，加快农业结构调整，积极发展农业产业化经营，促进农业经营体制创新等。

柯炳生（2003）认为，农产品国际竞争力是由多方面因素构成的，总体上看，可以划分为价格竞争力、质量竞争力和信誉竞争力三个方面。他认为，这三个方面是相辅相成的，任何一个方面的缺失、缺陷和不足，都会对农产品竞争力产生突出的影响。在理论梳理的基础上，作者分析了中国农产品竞争力的现状。根据其分析，我国某些农产品，如蔬菜、水果和花卉以及绝大部分畜产品和水产品具有绝对的价格优势；而我国农产品在质量竞争力方面则具有一些明显的不足之处，如大宗农产品的主要问题是专用性不强，品种多而杂，不能满足大规模加工企业和现代化市场的需求。在水果蔬菜产品方面，主要是外在形态、口感和农药残留方面存在问题。在信誉竞争力方面,我国农产品更是面临许多不利因素,如我国农产品加工企业规模较小,品牌效应不强;一些中小企业急功近利,只顾眼前利益,不注意长期的市场培育,导致农产品的信誉竞争力较差。最后,作者提出了加强中国农产品国际竞争力的各种对策,如加大政府对农业的支持力度,加快农业管理体制改革等。

戴思锐对农产品竞争力进行了系统分析,认为农产品竞争力是在交易过程中所表现出来的一种对市场的占有能力。与国外农产品比较的市场占有能力称为国际竞争力,与国内农产品比较的市场占有能力称为国内竞争力。作者认为,农产品对市场的占有能力,主要由三个因素决定:一是农产品对市场需求的适应能力;二是农产品的质量和价格;三是农产品营销服务的质量和水平。农产品竞争力的形成要素主要包括资源禀赋、生态环境、农业装备及基础设施、技术、组织与管理,其中,技术是提高农产品竞争力最重要的手段(转引自杨雍哲,2003)。

尹成杰(2003)分析了农业国际化进程日益加快的背景下中国农业面临的机遇和挑战,并提出了提高中国农业国际竞争力的各种对策。他认为,农业竞争力是农业生产发展水平的最终体现,是农产品生产、加工、流通能力的综合反映,农业竞争力的强弱取决于农业生产结构、农民组织化程度、农产品市场体系建设、农产品质量卫生安全水平、农产品科技含量、政府对农业的扶持以及农业经营管理体制等因素。因此,他认为中国应该大力推进农业结构战略性调整,提高农业发展水平;积极发展农业产业化经营,促进农业经营体制创新;不断加快农业科技进步,提高农产品科技含量;加快农产品质量标准体系建设,提高农产品质量卫生安全水平;充分利用世界贸易组织农业规则,加大国内农业支持力度,以增强中国农业的竞争力。

李翠霞等(2003)认为,中国农产品生产的劣势主要表现在环境污染严重导致农产品质量下降,农业生产率低导致农产品成本过高;中国农产品生产的优势主要体现在畜产品在国际市场上具有较强的价格竞争优势,中国绿色食品的开发使农产品的国际竞争加强。他们主张通过加强政府的宏观支持力度,加快农业生产结构调整,加大农业科技投入,推进农业产业化进程,发展农产品深加工,尽快实现产业升级,完善市场体系建设等提高中国农产品的国际竞争力。

钟甫宁(2003)研究了农产品竞争力与公共政策的关系,认为农产品市场从产品性质上看是经济学意义上的竞争市场,但从政策的角度看,农产品市场尤其是农产品国际市场却不能看作经济学意义上的竞争市场。因此,他认为政府对农业长期有效的支持是建立、保持和提高农产品比较优势的重要因素。从国际比较的角度看,政府对农业和相关服务的实际财务支持,包括直接、间接拨款和转移支付。焦守田(转引自杨雍哲,2003)也认为,政府对农业的支持在提高农产品国际竞争力中非常重要。根据他的分析,国际上政府常用的扶持本国农产品提高国际竞争力的手段可以分为经济手段和非经济手段。因此,他主张中国政府用足"绿箱政策",加大对出口创汇农业的支持力度;一切为了促进出口,加大对出口农产品生产销售的服务作用;围绕国际农产品市场需求及新的消费时尚,进一步调整农业产品结构和改进农产品生产加工技术,发挥好促进及引导作用;维护好农民和企业的利益,发挥好政府的保护作用。

万舟(2004)认为我国虽然是农业大国,但并不是农业强国。他认为中国应该加大科技投入力度和政府支农力度,以进一步提升我国农业的国际竞争力。庄丽娟(2004)认为,长期以来,我国农业单纯依据资源禀赋优势参与国际竞争,逐渐陷入了"比较优势陷阱"。而且,我国加入世界贸易组织以后,农业将在世界贸易组织所构建的国际农产品贸易框架下参与国际分工与竞争,所以农业国际竞争力成为决定竞争胜负的根本力量。

刘春香等(2004),闫国庆等(2004)运用显性比较优势指数、显性贸易优势指数、相对出口优势指数、产业内贸易指数和国内资源成本系数等来考察我国农产品的比较优势与竞争力,发现我国劳动密集型农产品依然具有比较优势,而土地密集型农产品正在丧失比较优势。因此,他们认为,应该以比较优势原则为基础优化我国农产品的进出口结构,并且在比较优势的基层上培育竞争优势,如依靠农业科技进步,减少生产要素投入,降低生产成本,提高价格竞争优势;改善农产品品质,提高农产品非价格竞争优势;重视产业内贸易的发展,动态规划农业产业等。

李杏等(2004)运用显性比较优势指数等分析了我国主要农产品的出口竞争力,认为土地密集型农产品已基本失去比较优势因而不再具有竞争力,劳动密集型农产品则依然具有竞争力,因此他们主张我国应加强对农业的支持与保护力度,加快产业结构调整。

游士兵等(2004)根据中国农业的发展现状,在借鉴波特钻石模型的基础上建立了综合评价体系,对我国各个省份农业的国际竞争力进行了评价。评价结果显示,山东省农业最具国际竞争力,其农业竞争力的综合指数为108.68,其次是河南省和山西省。

刘春香等(2005)从我国政府对农业支持的现状入手,分析了政府支持对提高农业国际竞争力的作用,并为提升中国农业国际竞争力提出了若干政府支农政策。

游士兵等(2005)从实证的角度研究了农业竞争力的测度方法。他们先对农业竞争力的内涵进行了定性分析,在这一基础上提出了一个测度农业竞争力的理论模型,并利用这一模型对各省份2001年的农业竞争力进行了实证分析和排序。本书的结论是:我国各省份的农业竞争力各构成要素发展比较均衡，但总体水平还比较低，东部地区农业发展水平显著高于中西部地区。

许咏梅（2006）认为，作为茶叶的发源地，中国是世界最大的茶叶生产国、消费国和出口国之一。随着国际农产品市场的进一步开放以及国际市场的竞争日益激烈，中国的茶叶出口地位也发生着变化，呈下降趋势。国际贸易壁垒的加强进一步限制了中国茶叶的出口，使中国茶叶的出口价格大幅度降低，而且出口量和出口金额都受到不同程度的影响，中国茶叶的国际竞争力水平受到严重威胁。

郑军等（2010）运用层次分析法（AHP 法），遵循"要素—结构—绩效"研究范式，构建了生态农业竞争力评价指标体系，共确定了 5 个 1 级指标、22 个 2 级指标和 66 个 3 级指标。结果表明：对生态农业竞争力 1 级指标而言，影响最大的是主体层，之后依次是效益层、产品层、要素层和组织层。

钭一土等（2011）为提升浙江省农业竞争力，考虑资源基础、生产要素投入、经营效果和发展环境 4 个方面因素，建立了包含 15 个指标的农业竞争力评价指标体系，并采用专家调查法确定了各指标权重。在此基础上，利用 2008 年统计数据对浙江省和下属 11 个市的农业竞争力进行了评价和分析讨论，同时提出了提升浙江省农业竞争力的相关措施与建议。

此外，赵海燕等（2013）研究了美国、加拿大、日本和欧盟所采用的农业模式的现状和特点。胡晓云（2021）研究了中国农业品牌；李雪松（2018）研究了分权、竞争与中国现代农业发展的关系。典型的代表作还有：乔娟（2006）为中国农产品国际竞争力的分析构造了一个相对比较完整的研究框架。黄季琨（2000，2001，2003），柯炳生（2003），陈卫平（2005），林毅夫（2008），温铁军（2009），黄祖辉（2010）等对农产品国际竞争力的各个方面进行了深入探讨。

（四）对中国农产品的产业内贸易分析

此外,还有部分学者运用产业内贸易的相关理论分析了我国农业（农产品）的竞争力。潘文卿（2000）从贸易优势（对外贸易比较优势）和产业内贸易的角度分析了中国农产品的比较优势和竞争力情况。[①]其研究结果表明,自20世纪90年代以来,我国农产品外贸总体优势正在弱化;土地密集型农产品劣势显现,劳动密集型农产品优势尚存;农产品产业内贸易日益发达。基于此,他认为21世纪我国须实施农业比较优势战略,而实施农业比较优势战略应注重农业结构战略性调整,重视产业内贸易发展,并动态规划农业产业发展。他强调,外贸优势的实际含义在于进出口差额越小（产业内贸易水平越高）,贸易越活跃,贸易部门获利越大。它与生产部门以获利为目标的生产（比较）优势（即以出口为导向的国际竞争力或竞争优势）是两个截然不同的概念;进出口差额越小,则贸易被认为越不活跃。

罗余才（2002）将我国农产品分成16类,认为我国农产品贸易中存在产业内贸易现象。他发现,1992—2000年我国农产品产业内贸易水平的总体趋势是先降后升,即在1992—1994年呈下降趋势,而在1995—2000年呈上升趋势。而且,农产品产业内贸易主要集中在劳动密集型产品上,而粮食等土地密集型农产品的产业内贸易比重在下降。根据分析,他认为劳动密集型农产品依然具有优势,而粮食等土地密集型农产品的优势则在下降。

宋玉华等（2004）运用实证研究方法,通过考察国际贸易标准分类中我国13种农产品的产业内贸易情况,分析了自20世纪90年代以

---

① 他指出,中国农产品对外贸易优势可通过反映出口产品国际竞争力水平的竞争力指数和产业内贸易指数来衡量。一般来说,竞争力指数＞0,表示该产品具有竞争力或比较优势;竞争力指数＝0,表示该产品具有中性竞争力或比较优势;竞争力指数＜0,表示该产品缺乏竞争力或不具有比较优势。产业内贸易指数越高,表明产品的产业内贸易水平越高,产品越具有贸易优势。

来我国农业产业内贸易的整体水平和现实结构。得到的结论之一是我国农业产业内贸易的总体水平较低，农业总体竞争力不强，表明我国农业仍旧是按照传统的比较优势理论参与国际贸易的。今后我国应该丰富农产品品种、发展农业规模经济，以扩大农业产业内贸易的比重，提高农业竞争力。得到的结论之二是我国农业产业内贸易以水平型产业内贸易为主，垂直型产业内贸易所占比重相对较小，因此我国农产品需要进一步提高质量和科技含量。

吴宏等（2009）从产业内分工的角度出发，通过产业内贸易指数、Bruelhart 边际产业内贸易指数、贸易竞争力指数以及 Azhar 和 Elliott（2006）提出的边际质量指数，对中美农产品产业内贸易发展现状、中国农产品对美竞争力状况和中美产业内贸易结构等进行了实证分析，并根据相应的结论提出不断提高两国农产品产业内贸易水平、改善农产品贸易结构的对策。

（五）国内相关研究的特点与局限

从以上对中国国内农业领域国际竞争力研究中的分析来看，国内相关研究的主要特点是：①理论上基本以传统贸易理论中的比较优势理论为基础；②紧密结合中国加入世界贸易组织这一重大事件及其带来的市场开放对中国农业与农产品贸易的影响进行分析。

总体来看，国内学者对我国某个区域农业竞争力的研究相对较少，如丁孟春（2019）以东北地区饲料加工业为例，研究了农业企业市场竞争力；王丽丽（2018）研究了河北省休闲农业产业竞争力，刘平青等（2017）研究了辽宁农产品出口产业竞争优势和企业成长。对浙江农业竞争力的系统研究则非常少，目前相关论著都是从某个角度阐述浙江农业，且与笔者研究的内容差距较大，如陈国胜（2019，2020）从温州强村样本角度来研究浙江的乡村振兴战略和温州特色"三农"发展之路；浙江省农业厅（2018）研究了浙江农业的"三新"技术及其应用；

王斌(2015)研究了浙江绍兴会稽山古香榧群;潘伟光(2003)对近年来浙江省农产品出口遭遇的技术性贸易壁垒的成因及对策进行了分析;董银果等(2018)基于出口企业问卷调查分析了 SPS 措施对浙江省农产品出口的影响。此外,端木斌等(2001)分析了加入世界贸易组织对浙江省农产品贸易产生的影响;丁珏(2009)从比较优势和竞争优势角度出发对浙江省农产品出口竞争力进行了测度。

诚然,上述论著为本书提供了有益的借鉴,但综合来看,对浙江外向型农业竞争力进行整体测度的专著极为少见。基于以上分析,本书想要做到的是:在引进和梳理国外最新发展的国际竞争力理论的基础上提出一个系统的分析框架和实证平台,并在所掌握数据和精力允许的范围内应用这一理论分析框架对浙江外向型农产品与农业产业竞争力进行量化的实证测定,为推动国际竞争力的一般理论在农业领域的应用尽绵薄之力。

第三节 研究方法与结构安排

本节将具体介绍本书的基本思路、指导研究方法、预期的创新点和结构安排。

一、基本思路

(一)比较优势、竞争优势与外向型农业竞争力

比较优势理论源于解释国际贸易原因和贸易利益的主导理论,经历了从古典贸易模型到新古典贸易模型的发展,已形成较为完善的体系。由于比较优势理论假设条件不完全符合现实,而且囿于精微的研

究,因此逻辑推理上很完美的比较优势理论在现实中遇到了很多困难。例如,它不能解决产业结构低度化、出口附加值低等问题,不能消除发展中国家贸易条件恶化和贫困化增长的现象。如前所述,国内对农业竞争力的研究多倾向于农产品比较优势的分析,因而无法解释以下几个具有代表性的问题:①完全按照机会成本的大小进行国际交换的结果是农业长期陷入低附加值环节,贸易条件恶化。②完全按照动态比较优势提升产业结构的结果是虽然有可能进入高附加值环节,但主要依赖于发达国家的技术进步,自我创新和发展能力有限,不能从根本上改变贫困化增长的状况。③传统比较优势逐步丧失的现实,高新技术的采用使得欧美等发达国家以低价将大量过剩农产品推向国际市场,中国农产品比较优势与发达国家相比呈下降趋势。④发展中国家具有绝对优势的农产品却无竞争优势,如发展中国家目前只在几种热带水果和一些原料贸易中发挥绝对优势;而我国广东具有绝对优势的珍稀产品如荔枝、龙眼却连进入国际市场都很难。

综上所述,农业产业的比较优势与竞争优势之间既有联系又有区别。①农业比较优势建立在完全竞争、不存在规模经济的条件下,而竞争优势充分考虑了需求条件、竞争状况和相关产业的影响,更加贴近现实。②农业比较优势是在生产过程中形成的低成本优势,主要与土地、劳动力、资本、自然资源等基本生产要素有关,是构成竞争优势的一部分;而农业竞争优势不仅与基本生产要素有关,更与农业产业组织与制度、农产品品牌与营销能力、技术进步和政策支持等高级要素相关。③竞争优势理论主张天生的禀赋仅是影响一国竞争优势的要素条件中的低级要素,更重要的是培养高级要素和特定化要素,因此国家要通过干预政策来提升农业的国际竞争力;比较优势理论则反对任何形式的政府干预。④竞争优势理论主张产业政策应该注重提高其国际竞争力,重点扶持具有潜在竞争优势且对其他产业有显著带动作用的产业,尽管这些产业目前并不具有比较优势,但却是具有外部经济效应的产业。

(二)比较优势理论与竞争优势理论相结合:外向型农业竞争力的分析框架

一般认为,建立在完全竞争和规模报酬不变基础上的比较优势理论能解释产业间分工,而基于不完全竞争和规模经济条件下的竞争优势理论可解释产业内国际分工。国内理论界就此展开了比较优势和竞争优势的争论。林毅夫(1999)就曾指出,对比较优势与竞争优势关系的错误认识对国家(或地区)经济发展路径的选择具有潜在的危害性。对农业产业国际竞争力的分析也有把两者割裂开,甚至用竞争优势取代比较优势的情况,因此有必要研究农业国际竞争力的理论分析框架,以探求提升农业国际竞争力的现实途径。

迈克尔·波特(Michael Porter)的国家竞争优势理论认为,竞争力的强弱取决于如何主动培育和创造竞争优势。因而,从理论和实践的结合上,研究经济全球化背景下农业国际竞争力问题已是当务之急。实际上,基于国家竞争优势理论的钻石模型,已把不同国家不同产业的比较优势和不同国家同一产业的市场竞争优势有机地综合在一起。不仅继承了自然禀赋产生比较优势的观点,而且揭示了非自然禀赋产生比较优势的可能性和现实性,进一步扩展了比较优势理论。随着科学技术的发展和农业的专业化、规模化经营,尤其是政府行为的干预,导致现实的国际农产品市场已偏离了完全竞争。因此,竞争优势理论实质上并未脱离比较优势的理论框架,仅用比较优势或竞争优势解释国际竞争力都难免失之偏颇,都将导致理论对实践的错误指导。

因此,本书把比较优势和竞争优势结合起来,考虑到农业产业的特殊性,必须强调政府及其他因素的影响力,由此建立了一个拓展的外向型农业竞争力分析框架。这个框架可简单表述为：在不完全竞争和规模经济条件下，价格竞争优势决定农产品的比较优势，非价格竞争优势决定外向型农业产业的竞争优势。在政府的推动下，竞争优势和比较优势的有机结合共同决定外向型农业的竞争力水平。

本书的分析框架见图 1-1。需要说明的是，浙江外向型农产品竞争力的分析之所以单独放在第六章，是因为从比较优势指标本身的大小就可以判断农产品是否具有竞争力。而对浙江外向型农业产业竞争力的衡量则涉及众多指标，且计算结果本身的大小不能直接用来判断外向型农业竞争力的强弱。因此，只能在第七章采用综合分析与横向比较的办法来衡量。

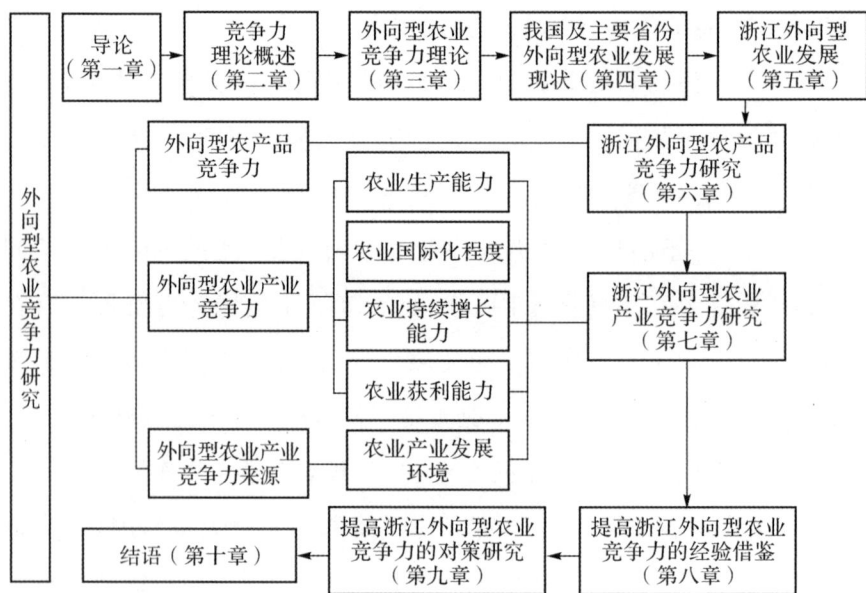

图 1-1 本书的分析框架

二、指导理论与研究方法

（一）指导理论

本书研究的是当代国际经济学的一个前沿问题，即农业竞争力问题，并在此基础上研究外向型农业竞争力与其影响因素之间的关系。专题研究浙江外向型农业竞争力，对促进农业结构调整，指导浙江农产品国际贸易实践，明确浙江农产品国际分工，优化浙江农产品贸易结构，实现浙江农业从传统农业向现代农业转变等意义重大。

本书坚持马克思主义的辩证唯物主义和历史唯物主义，运用国际经济学、国际贸易、产业经济学等学科的相关理论，着眼于竞争力的产品竞争力与产业竞争力层次，构建了外向型农业竞争力的研究框架。然后，运用该理论框架，从比较优势角度对浙江外向型农产品的竞争力进行分析；并对浙江外向型农业产业竞争力的现实情况进行综合分析与评价，试图从总体竞争力不强的农业中发现具有竞争力的产品或部类。在实证分析的基础上，以影响浙江外向型农业竞争力的主要因素为研究对象，提出提升浙江外向型农业竞争力的对策，即需要提高农业技术创新水平，加快农业结构调整，促进农业产业结构升级，加大政府对农业的支持力度，提高劳动者素质等。

（二）研究方法

本书在对西方国际竞争力理论进行"扬弃"的基础上，采用实证分析与规范分析相结合、定性分析与定量分析相结合、具体分析与抽象分析相结合，立足于加入世界贸易组织后中国农业发展和农产品贸易的现实，借助数学、统计学和计量经济学等学科的研究方法，构建理论分析模型，对农业国际竞争力进行系统分析。具体来说，将采用以下研究方法。

1. 相关理论借鉴与引申相结合

笔者查阅了国内外著名学者有关竞争力的大量理论文献，同时参阅众多相关书刊上关于竞争力的最新理论文献，借鉴其中的部分理论研究成果，并在此基础上做进一步探讨和引申，以期运用比较完整的竞争力理论来实证研究外向型农业竞争力问题。

2. 理论分析、实证分析与规范分析相结合

本书在对竞争力理论进行基本介绍的基础上，借鉴该理论中的相关模型来分析浙江外向型农业竞争力的现实情况，并在实证研究的基础上提出可行对策，以期为农业政策的实施提供理论依据。

3. 具体分析与抽象分析相结合

本书在经济全球化的现实背景下研究浙江外向型农业的竞争力问题，测度浙江外向型农产品与农业产业国际竞争力水平及其决定因素的影响力。

4. 数学、统计学和计量经济学方法相结合

本书需要整理和处理大量的统计数据，因此需要运用数学、统计学和计量经济学的方法来对浙江外向型农业竞争力进行定量分析。

第二章　竞争力理论概述

竞争力研究是随着生产力的发展，以及人类对国际竞争、国际分工、国际贸易等经济现象认识的不断深入而逐步发展起来的。自20世纪下半叶以来，竞争力研究的进程十分迅速，竞争力的内涵和外延不断扩大，理论体系也日趋完善。

第一节　竞争力的理论内涵

竞争力是一个综合且复杂的概念。随着生产力的发展和科学技术的进步，竞争力的内涵和外延都发生了很大变化，遂成为多层次、多角度的概念。

一、国内外关于竞争力的定义

竞争力的内涵较为复杂，目前学术界尚未形成统一的认识。

美国《关于国际竞争能力的总统委员会报告》指出，国际竞争力是在自由良好的市场条件下，能够在国际市场上提供好的产品、好的服务的同时又能提高本国人民生活水平的能力。

世界经济论坛（World Economic Forum，WEF）指出，竞争力是指企业主目前和未来在各自的环境中以比它们在国内和国外的竞争对手更具吸引力的价格和质量来进行设计、生产并销售货物以及提供服务的能力和机会。

经合组织在《科技、技术与竞争能力》报告中指出，国家经济的国际竞争能力是建立在国内从事外贸企业的竞争能力之上的，但是又远非国内企业竞争能力的简单累加或平均的结果。

原世界经济论坛常务理事长葛瑞里教授认为，国际竞争能力是指企业和企业家设计、生产和销售产品和服务的能力，其产品和服务的价格和非价格的质量等特性比竞争对手具有更大的市场吸引力。这种能力既产生于企业自身的管理和效率，又受国内、国外和部门与行业环境的影响。实际上，竞争力也就是企业和企业家在适应、协调和驾驭外部环境的过程中成功地从事经营活动的能力。

瑞士洛桑国际管理开发学院（International Institute for Management and Development，IMD）指出，竞争力是指一国创造增加值从而积累国民财富的能力，并且通过协调如下四对关系而实现其竞争力。这四对关系是：资产与过程、引进吸收能力与输出扩张能力、全球经济活动与国内家园式经济活动、经济发展与社会发展。

波特（2001）在《竞争战略》中认为："一个产业的竞争状态取决于五种基本竞争力量……这些力量汇集起来决定着该产业的最终利润潜力。"在波特看来，产业竞争力与产业的最终利润潜力或产业利润率是一致的。

中国社科院工业经济研究所课题组在《中国工业竞争力》中认为，竞争力归根结底就是各国产业或同类企业之间相互比较的生产力。从一国特定产业参与国际市场竞争的角度看，特定产业的竞争力就是该产业相对于外国竞争对手的生产力的高低。据此，他们把产业竞争力定义为"在国际自由贸易条件下(或在排除了贸易壁垒因素的假设条件下),一国特定产业以其相对于他国的更高生产力,向国际市场提供符合消费者(包括生产性消费者)或购买者需求的更多产品,并持续地获得盈利的能力"。

樊纲(1998)指出:"竞争力指的是一国产品在国际市场上所处的地位……最终可以理解为'成本'概念,即如何以较低的成本提供同等质量的产品,或者,以同样的成本提供质量更高的产品。"

二、本书对竞争力的认识

综上所述,目前国内外理论界对"竞争力"的定义不一。各种定义尽管存在差异,但大多只是强调的角度有所不同,其基本的含义是一致的,归纳起来主要有以下几种定义。

第一种定义较为强调生产力的比较,认为国际竞争的实质就是生产力的竞争,竞争力的核心就是生产力的高低。因此,产业竞争力实质可以定义为:在国际自由贸易条件下(或在排除了贸易壁垒因素的假设条件下),一国特定产业以其相对于他国的更高生产力,向国际市场提供符合消费者(包括生产性消费者)或购买者需求的更多的产品,并持续地获得盈利的能力。

第二种定义强调了产业的有效供给能力,指出产业竞争力就是某一产业在区域之间的竞争中,在合理、公正的市场条件下,能够提供有效产品和服务的能力。有效产品和服务必须符合如下条件:首先,这些产品和服务必须能被市场所接受;其次,它与市场上其他产品和服务是有区别的;最后,它必须是区域内部该产业现有生产能力所能承担的。因而,产业竞争力是产业的供给能力、价格能力和投资盈利能力的综合。

第三种定义侧重于国际竞争的市场条件,认为"自由和公平的市场条件"是各国比较产业竞争力的前提条件，因为现在各国之间的贸易壁垒还没有完全破除，国家对各产业的扶持力度也不尽相同。如果不排除这些条件，在比较产业竞争力时是很难做出公正的评判的。因而，产业竞争力是指一国特定产业在自由和公平的市场条件下，争夺有利的生产条件和销售条件，在竞争中获得最大利益的能力，它是产业国际竞争优势的表现。

综上所述，本书把竞争力概括为"一个国家在世界市场上参与经济竞争并不断增加财富的能力"。其含义包括以下四个方面：第一，竞争力的主体是一个国家；第二，竞争的范围是经济领域；第三，竞争的空间是世界市场；第四，竞争力涉及一个国家的诸多方面，如科技水平、基础设施条件、政府行为、企业家素质和劳动者的工作态度等。

三、竞争力的层次

波特（2002）在其《国家竞争优势》一书中说明了竞争力的层次问题，本书认为，竞争力是一个多层次、多角度的集成概念，可以分解为国家竞争力、产业竞争力、企业竞争力和产品竞争力四个层次（见图 2-1）。

（一）国家竞争力

国家竞争力是指国家通过有效地协调竞争力资产与竞争力过程、引进吸收能力与输出扩张能力、全球化经济活动与本地经济活动、经济发展与社会发展四对关系，来创造增加值从而积累国民财富的能力。简言之，国家竞争力就是一国实现国民经济持续高速增长的能力。

（二）产业竞争力

产业竞争力是指"在开放和公平竞争的国际经济环境中，一国特

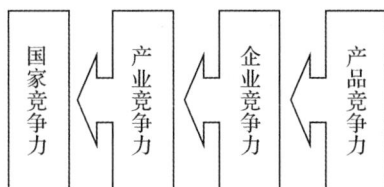

图 2-1　竞争力的层次

定产业向国际国内市场提供符合需要的货物或服务产品,并取得经济效益的产业整体实力"(中国人民大学竞争力与评价研究中心研究组,1999)。产业竞争力研究的中心问题是各国及各产业的竞争优势比较。竞争优势和人们熟悉的比较优势的区别在于前者所涉及的主要是各国同一产业的比较关系,后者涉及的主要是各国不同产业间的比较关系。

(三)企业竞争力

企业竞争力是指企业作为市场经济最基层的行为主体,开拓国际市场、占据国际市场并以此来获得利润的能力。企业参与国际竞争的根本目的是通过占领并扩大市场来获取更多的利润,因此企业竞争力集中体现在企业的产品在国际市场上所占有的份额的高低,而且这个份额是以盈利为前提的。

(四)产品竞争力

产品竞争力是竞争力研究的终端层次,不论是国家还是产业或企业,其国际竞争最终都要通过产品来完成其价值实现,产品是市场主体之间相互竞争的物质载体。产品和企业、产业之间联系非常密切。一个特定的产业就是生产某类产品的生产活动、组织机构和政策制度的组合;而企业的运营更是围绕特定产品进行开发、设计、生产、营销和相关辅助活动的整个过程。

（五）不同层次竞争力概念之间的联系

国家竞争力、产业竞争力、企业竞争力和产品竞争力四个层次各有侧重但又相互联系。国家竞争力着重强调一个国家在国际贸易、国际金融、国际投资中的地位，强调一国所能提供的基础设施，所能达到的整体科技水平、社会发展水平、当前经济发展状况，以及政府行为、政府干预等因素为国际资本流动创造的客观条件；产业竞争力和企业竞争力则更强调产业或企业的经营行为、管理行为、劳动成本、企业家素质、劳动者的工作态度等因素的国际比较；产品竞争力更强调产品本身的优势，是企业竞争力和产业竞争力的基础。企业竞争力可以奠定整个产业和国家的竞争力，因为一个产业或国家的经济实力的持续增长必须以企业在国际市场上的竞争力的提升为前提。但是，企业竞争力的提升又离不开国家竞争力和产业竞争力增强的保障。

产业竞争力、企业竞争力和产品竞争力之间的关系则更为密切。企业是产业国际竞争的实体，产品是产业国际竞争的最终比较物。产业、企业、产品在国际竞争中的相互关系表现为：第一，产业国际竞争的实体是产业内的企业，企业在追逐利润的过程中，通过利用国家资源，采取竞争战略，不断地提升生产率来造就所在产业的竞争力；第二，产业和企业的国际竞争必须以产品为载体，以降低生产成本、提高产品质量、增加产品特性、改善产品技术、提高生产效率等方式来赢得竞争优势；第三，产品竞争力是产业竞争力和企业竞争力在市场上的最终体现，产业和企业的国际竞争直接表现为产品的国际竞争。可以说，产品在国际市场上的竞争力反映了企业的竞争实力，有竞争力的企业群体又组成了具有竞争力的产业，而高生产率的优势产业群将最终带动国家生产力的增长，形成国家竞争优势；反过来，国家竞争优势有助于形成产业和企业发展的良好环境，从而促进产业竞争力和企业竞争力的进一步提升，这又将表现为特定产品的竞争力提升。

第二节　竞争力的主要理论模型

关于竞争力的理论模型有很多,本节重点介绍波特的钻石模型、亚拉威(Alavi)的竞争力理论模型、Cho 等的九因素模型与中国工业经济研究所的工业竞争力模型,这些模型对农业竞争力研究模型的建立具有较强的借鉴意义。

一、波特的钻石模型

(一)基本内容

迈克尔·波特,哈佛大学商学院教授,被誉为当代全球竞争战略的最高权威。他将产业经济学和企业战略管理两大研究领域结合起来,把产业组织理论引入战略管理研究,发表了著名的"竞争三部曲"——《竞争战略》《竞争优势》和《国际竞争优势》,并以此为标志系统地提出了竞争优势理论。波特力图揭示竞争优势与比较优势之间的关键区别,"比较优势理论是长期以来在国际竞争分析中处于主流和控制地位的一种理论,而我则力主竞争优势才应该是一国财富的源泉。比较优势理论一般认为一国的竞争力主要来源于劳动力、自然资源、金融资本等物质禀赋的投入,而我认为这些投入要素的作用在全球快速发展的今天日趋减少。……取而代之的是,国家应该创造一个良好的经营环境和支持性制度,以确保投入要素能够高效地使用和升级换代"(波特,2002)。

波特在《竞争优势》和《竞争战略》两本书中指出,一个产业内部的竞争状态取决于五种基本竞争作用力(见图 2-2),这五种作用力综合起来决定着该产业的最终盈利能力。对不同的产业而言，这些作用力的强度不同，因此导致产业的盈利能力也不相同。同时，波特还提出了三种企业发展战略，即总成本领先战略、标新立异战略和目标集聚战略，并论述了企业如何在实践中创造和保持在产业中的竞争优势的问题。

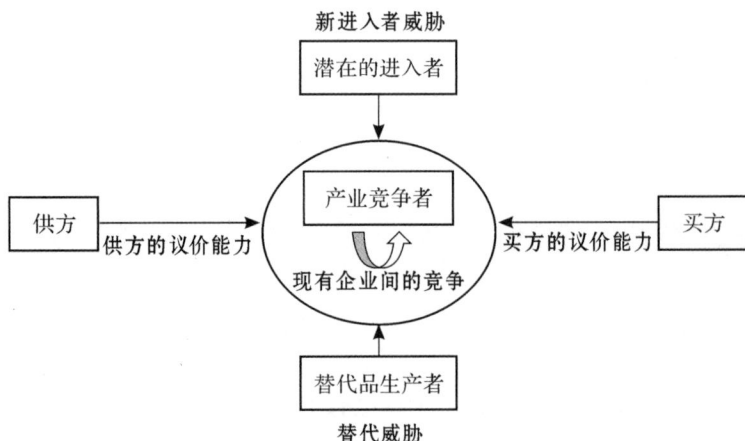

图 2-2　驱动产业竞争的五种作用力

波特(2002)在《国家竞争优势》一书中，通过研究考察许多国家特定产业发展和参与国际竞争的历史，认为一国的特定产业是否具有竞争力取决于生产要素，需求条件，相关产业与支持产业，企业策略、企业结构、同业竞争等四个关键因素，以及机会、政府行为两个辅助因素，这六个因素构成了产业竞争力的钻石模型(见图 2-3)。波特还认为，由以上六个因素构成的竞争环境决定了一个国家某个产业是否具有竞争力或是否处于优势地位。其中，除机会因素可视为外生变量外，其他因素之间都是相互作用的，即每个因素都能强化或者削弱其他因素的表现。

1. 生产要素

生产要素是指产业的生产活动所需要的基本的物质条件和投入

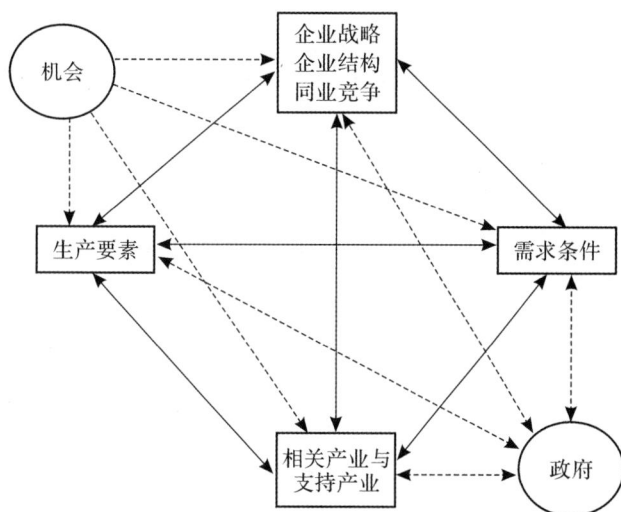

图 2-3 波特(2002)的钻石模型

要素,一般包括天然资源、人力资源、知识资源、资本资源、基础设施等。竞争力的创造不仅与生产要素的数量有关,还与生产要素的质量有关。也就是说,取决于各种生产要素被应用时所发挥的效率与效能。

波特根据生产要素的性质与作用对其进行了两种划分。第一种划分方式是将其分为初级生产要素(basic factor)和高级生产要素(advanced factor),其中初级生产要素包括天然资源、气候、地理位置、非技术与半技术劳动力、融资等。一般情况下,这类生产要素只需要被动地继承或者通过简单的投资就能拥有;高级生产要素的取得则需要在人力和资本上进行大量而持续的投资,主要包括现代化通信基础设施、受过高等教育的人力资源以及一些研究机构。初级生产要素的重要性在产业竞争力的创造过程中不断降低,而高级生产要素则变得越来越重要。产业或企业若要以独特的产品或生产技术创造高层次的竞争力,则必须借助高级生产要素。但是,因为创造高级生产要素必须以初级生产要素为基础,所以初级生产要素的数量与质量依然是竞争力塑造的基础。

生产要素的第二种分类方式，是根据它们的专业化程度划分为一般性生产要素（又称为通用要素，generalized factor）和专业性生产要素（specialized factor）。一般性生产要素包括公路系统、融资、受过大学教育的员工等，它们可以被用于任何一种产业；而专业性生产要素则是指特殊技术人才、专业知识领域以及其他专门针对特定产业的投资而形成的资产等。建立在专业性生产要素上的产业竞争力比建立在一般性要素上的产业竞争力更为持久，但是专业性生产要素的投资风险也更高。波特认为，在建立国家竞争优势的过程中，高级生产要素和专业性生产要素的重要性比初级生产要素和一般性生产要素大得多。

2. 需求条件

按照波特的观点，这一关键要素主要是指本国市场需求的特征。在任何一个产业中，母国市场对竞争力的形成都具有相当重要的影响。波特认为，这种影响不仅来自显而易见的规模经济，而且，就产业竞争力的形成而言，国内市场的素质比其规模重要得多。具体来说，本国市场的素质主要包括以下内容。

（1）本国市场的性质

首先，本国市场的性质主要指本国的主力需求在整个国际市场细分结构中的位置，因为市场需求结构可以被细分为多个不同层次。如果一国对某一产业的主力需求有别于其他国家，则只要集中力量发展这一需求所在的产业环节，不论这个产业环节在整个产业中是否占有重要地位，都可以形成该国在这一特定产业环节上的竞争力。其次，如果本国市场拥有一批对产品和服务既内行又挑剔的本地客户，则会为企业带来追求高质量、完美产品和精致服务的压力，进而带动相关产业的发展并提升该产业的竞争力。最后，本国市场的需求类型是否属于预期型需求也非常重要。如果本地客户的需求在时间上领先于国际市场上的客户,且在未来能够带动各地同类型的需求,则它能协助企业掌握新产品信息与走向,刺激企业不断进行产品升级,增强企业所在新型产业环节的竞争力。

(2)本国需求的规模和成长模式

本国需求规模对于不同产业的影响是不同的,但总的说来,国内市场规模如同一把双刃剑。一方面,它能激励企业投资与再投资,有助于产业竞争力的形成;另一方面,庞大的国内市场为企业带来丰富机会的同时,也可能使企业丧失向外拓展的意志,从而成为不利于产业国际竞争力形成的不利因素。从成长模式来说,本地需求的快速成长与成熟总是有利于产业竞争力的提高。国内市场的提早需求使产业能够及早形成大规模生产的能力并提前积累经验,而本国市场的提早饱和则一方面迫使产业不断进行产品创新和升级,另一方面迫使产业从本土走向国际市场,以维持成长或消化其旺盛的生产能力。

(3)由本国市场向国际市场转换的能力

本国市场的一些特征也会影响到产业由国内市场转向国际市场的难易程度。如果某一产业拥有一批跨国型的国内客户,则可以降低行业在打开国际市场时面临的风险。换句话说,本国市场上国际化的下游产业有助于产业发展海外市场,提携产业参与国际竞争。另外,通过业务培训、观光旅游甚至移民潮等机会,国内企业也可以将国内需求以示范的方式推广至国外客户,从而使本国产业向外转移变得相对容易。

3.相关产业与支持产业

绝大多数产品在被最终消费之前都要经过多道生产工序和多个市场环节,因而企业不可能包揽从原材料准备到最终零售的所有环节。因此,相关产业与支持产业在产业竞争力创造过程中起到了相当重要的作用。如果产业与低于平均水平的上下游产业结盟，则会减弱其竞争优势。无论在市场链中产业之间的结构关系如何，高度发达的合作，尤其是与高于平均水平的上下游产业进行合作，对于一个产业持续地创新和升级以维持其优势总是必需的。

对一个产业来说，好的上游供应商应该能协助企业掌握新方法、新机会和新技术的应用，并与企业一起，致力于其加工和产品的发展，以提高产品质量，使企业的产品优于其他所有企业的同类产品。企业与其供应商之间的交流有利于产品创新。同样，企业也必须与最好的下游企业结盟，以保证在市场条件变化时其产品依然卖得出去。企业与其下游市场的紧密联系有助于企业及时了解市场变化，对其产品质量进行必不可少的提升，也有利于增强整个供应链的竞争力。

此外，有竞争力的本国产业，通常也会带动相关产业竞争力的提升，因为它们之间的产业价值相近，可以合作、分享信息，这种关系还能形成相关产业在技术、流程、销售、市场或服务上的竞争力。

4. 企业战略、企业结构、同业竞争

波特（2002）在分析这一要素时强调了不同国家在企业目标、策略、组织、管理以及其他企业特征上的差异非常大。因此，掌握国家的环境特色，使企业管理模式和组织形态符合本国的民族特征是一个产业获取竞争力的关键（见图2-4）。如人们对待权威的态度和人际交往的形式等因素，往往决定了一国的企业所选择的产权结构和规模；一个民族对风险和失败的态度则决定了高风险行业吸纳资本和人才的能力；不同国家的劳动力管理关系也有显著差别，美国的劳资关系以好斗闻名，而日本的劳资双方则强调和谐与一致性，这两种极端都可能对产业竞争力产生有利或者不利的影响。企业文化和企业管理的时尚总在不断变化，它们之间的差别总是决定企业和产业是否成功的重要因素。

波特认为,国际竞争是国内竞争的延伸,激烈的国内竞争和对抗会成为企业进步和创新的动力,竞争迫使企业降低成本(价格)、提高质量和服务、研发新产品和新流程。此外,激烈的国内市场竞争还加大了企业以出口追求成长的动力,这种动力往往使企业成为国际竞争中令人生畏的对手。

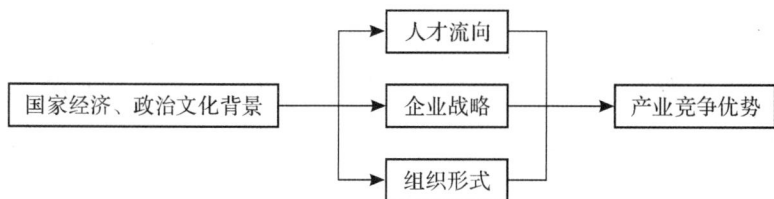

图 2-4　企业战略、组织形式与产业竞争优势

5.机会

一些偶然的事件和机会有时也会对一国的产业竞争优势产生影响,如纯粹的发明活动、重大的技术非连续性突破(如生物技术、微电子技术的出现等)、世界金融市场和汇率的重大变化、外国政府的政治决策、战争等。

偶然事件之所以重要,是因为非连续性使竞争地位发生变化,可能使以前的竞争优势失效,也可能为企业获得竞争优势提供机会。当然,各国能否利用偶然事件所提供的机遇来获得产业国际竞争优势,还取决于其他因素。同样的机遇,在不同的国家可能产生不同甚至相反的结果。

6.政府行为

政府对产业竞争优势的实际作用,主要通过其在资本市场、外资、生产标准、竞争条例等方面的政策影响上述四个关键因素。当然,政府政策的影响可能是积极的,也可能是消极的。一个尊重市场规律且具有较强预见性的政府,对促进产业竞争力的提高具有举足轻重的作用；反之，则非但不能促进产业竞争力的提高，还可能起抑制作用。

（二）总体评价

波特在《国家竞争优势》中指出，一国竞争优势的发展可以分成四个阶段，即要素推动阶段、投资推动阶段、创新推动阶段和财富推动阶段。不难看出，波特的国家竞争优势理论弥补了其他国际贸易理论的不足，较圆满地回答了理论界长期未能解答的一些问题，对国际经济理论的发展做出了贡献。与其他贸易理论相比，波特竞争力理论的贡献可以归纳为以下几点。

1. 提出了一个重要的分析工具

波特提出的国家竞争优势的决定因素系统，为我们分析各国竞争优势，预测其竞争优势的发展方向以及长远发展潜力提供了一个非常有用的分析工具。由于四个关键因素的范围、品质和交互作用的方式决定企业生产的产品和服务的种类以及生产的效率，而产品和服务的种类和生产效率又决定一国进入国际市场的产品、服务的价值和增长率，因此它们最终决定一国竞争优势的实力、构成和持久性。分析这些关键因素的范围、品质和交互作用的方式，将它们与其他国家的决定因素系统相比，我们就能发现一国的竞争优势在（或可能在）哪些领域，有多大，能否持久。

2. 强调动态的竞争优势

传统的比较优势理论强调的是静态的比较优势，注重的是各国现有的要素禀赋，如丰富的自然资源、廉价的劳动力等初级生产要素，因此不能解释日本、韩国等资源稀缺型国家在众多领域获得竞争优势而许多资源丰富的国家却长期落后的原因。波特从动态的竞争优势角度比较圆满地回答了这一问题：日本、韩国这类国家的竞争优势来自不断创造的要素优势。不断创造的要素优势比静态的要素优势更持久，其优势会随着时间的推移、知识的积累而增加，而靠静态的要素禀赋获得的竞争优势则会随着要素禀赋的消耗而减少。随着科学技术的迅猛发展，新能源、新材料的大量问世，初级生产要素的相对重要性进一步降低，动态竞争优势的重要性将进一步加强。

3.强调国内需求的重要性

国内需求对产业竞争优势的影响被传统的贸易理论所忽视，波特的理论则清楚地指出了国内需求同国家竞争优势之间的因果关系。国内买主的结构、买主的性质、需求的增长、需求结构的变化对一国的竞争优势有着决定性的作用。可以说，波特的理论弥补了传统贸易理论对需求的忽略，其观点被许多研究所证明。

4.强调国家在决定企业竞争力方面的关键作用

随着生产全球化的发展，许多学者认为国家在决定企业竞争优势方面的作用越来越小，认为企业可以摆脱国家的束缚，在全球范围组织经营，在成本最低的地方生产，在利润最高的地方销售；认为国际环境可以代替国内环境，有的学者甚至认为无国界时代已经到来。波特提出的国家竞争优势理论无疑是对上述观点的反驳，因为国内的决定因素（国内的需求、相关产业与支持产业、国内的竞争等）绝大部分是国外的同样因素所取代不了的。在全球化时代，国家的作用实际上是加强了而不是削弱了。波特的理论强调加强国家对产业竞争优势的培育和促进，对产业竞争优势的发展无疑具有积极意义。

此外，根据波特的国际竞争理论，处在不同发展阶段的国家，建立竞争优势的途径是不同的。因此，各国首先应就目前的情况正确评价自身的发展水平及在国际竞争中的地位，从而更好地规划本国的发展前景。同时，也应研究一国如何创造条件，从一个较低发展阶段向更高阶段过渡。这对发展中国家而言，尤其具有实践和指导意义。

二、亚拉威的竞争力理论模型

世界银行专家亚拉威（Hamid Alavi）在研究竞争力时，把影响一国竞争力的因素分为两大类，即促进竞争力的环境因素和企业内部因素。这两类因素既相对独立，也密切相关，它们的有机结合便构成一个国家的竞争力（见图 2-5）。

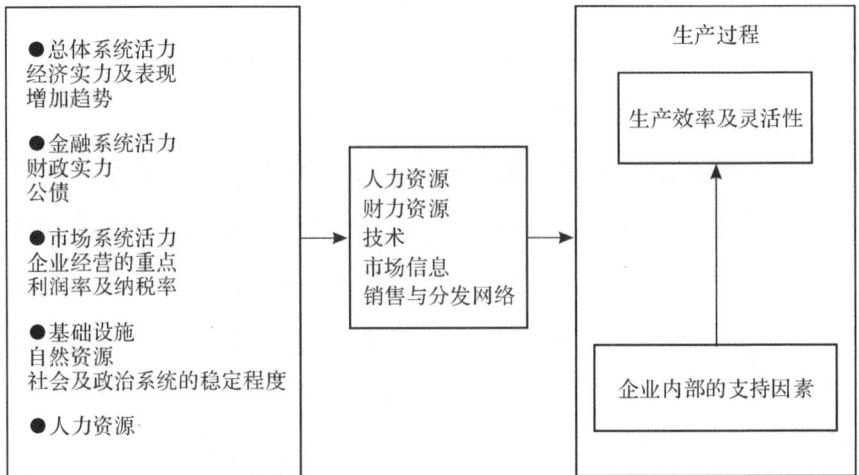

图 2-5　亚拉威理论模型中竞争力的因素

（一）促进竞争力的环境因素

从图 2-5 中可以看出，从宏观上促进竞争力的环境因素具体可以分成五类：①总体系统活力，包括一个国家的经济实力及具体表现，短期及中期成长的趋势、投资程度及贸易实力；②金融系统活力，包括一个国家的财政实力、公债、外汇、储备、利率、长期和短期借债机会；③市场系统活力，包括企业的经营重点、经营总额、利润率及纳税率，政府在经济中的参与程度、技术实力、经济的外向程度；④基础设施，包括桥梁、铁路、通信、能源网络等实物性的基础设施，自然资源，社会及政治系统的稳定程度，以及经济组织方面的基础设施，如从事技术创新与扩散的机构、承担风险的机构、开发人力资源的机构、鼓励出口的机构等;⑤人力资源,包括国民健康水准、教育程度、智力素质以及应变能力。

（二）促进竞争力的企业内部因素

这类因素主要是个体的,即属于公司层次。它主要包括:①生产效率及灵活性,包括管理水准、生产组织方式及劳动生产率;②企业内部为生产服务的各种支持因素,包括对员工的雇用及培训、内部金融及财政管理、信息处理、产品质量控制、产品设计及创新能力、市场开发能力。

总体的环境因素不仅直接影响生产过程所需要的各种投入,而且影响企业的生产过程,还通过影响企业内部为生产服务的各种支持因素对一个国家的竞争力产生影响。

三、Cho 等的九因素模型

Cho 等(2013)认为,波特的钻石模型主要用来解释发达国家的产业竞争力,这一理论应用于欠发达或发展中国家时,需要加以修正。他们认为,新模型应符合以下两个目的与要求:一是能够更好地评估欠发达国家的竞争力及其构成因素;二是能够说明一国如何增强其竞争优势。

在 Cho 看来,评估韩国的竞争力,需要考虑其在经济发展初期,政府和商业界必须从国外引进资金和技术,并创造促进经济增长的资源等因素。根据 Cho 的分析,韩国经济增长的重要引擎是大量受过良好教育、富有进取心、献身事业的人才。韩国的人才可以分为四类:工人,制订并执行经济计划的政治家与官僚,冒着极大风险制定投资决策的企业家,管理经营的职业经理和运用新技术的工程师。为评估他们对经济发展的贡献,Cho 等建立了一个九因素模型(见图 2-6)。

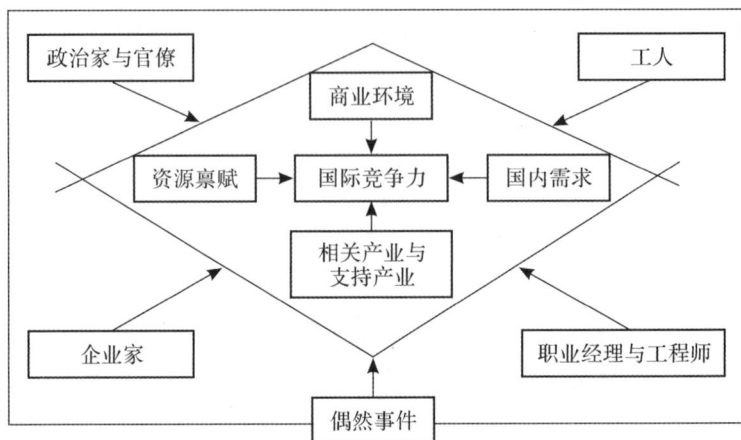

图 2-6　九因素模型

在这个九因素模型中,有四种决定竞争力的物理因素,即资源禀赋、商业环境、相关产业与支持产业、国内需求;同样也有四种决定竞争力的人力因素即工人、政治家与官僚、企业家、职业经理与工程师;外部偶然事件是竞争力的第九个因素。

九因素模型与波特钻石模型的区别主要体现在要素分类和辅助因素两个方面,钻石模型将自然资源和劳动力划入生产要素条件,九因素模型则将自然资源放在资源禀赋之下,同时将劳动力划入工人的范畴。

四、中国工业经济研究所的工业竞争力模型

中国社会科学院工业经济研究所金碚等从国产工业品的市场占有率和盈利状况,以及其直接和间接决定因素入手,建立了工业竞争力分析的基本框架。他们认为,尽管国际竞争可以表现在产出(包括服务,主要是工业品)之间、企业之间、产业之间或国家(或地区)之间,因而关于竞争力的研究包括产品竞争力、产业竞争力、企业竞争力和

国家(或地区)竞争力等各个领域,但最基础的层面仍是工业经济竞争,而工业经济竞争最终表现为工业品的国际竞争。因而,"广泛的工业品国际竞争形成各产业间的国际竞争,并构成国家(或地区)间经济竞争的基本内容之一"。根据这一观点,他们构筑了工业品竞争力的分析框架(见图 2-7),并建立了影响工业竞争力因素之间的逻辑关系,为定量分析提供了可能(金碚等,1997)。

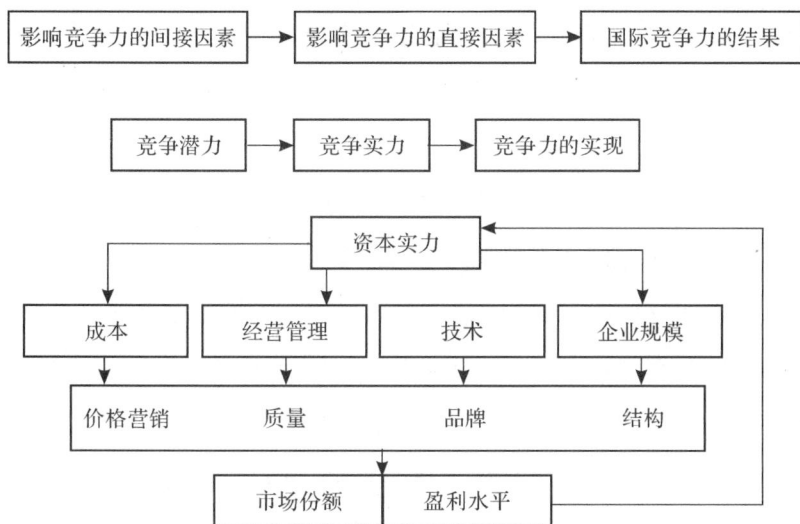

图 2-7　工业竞争力模型

尽管金碚等的研究模型是针对工业竞争力提出来的,但是他们把工业竞争力的影响因素分为间接因素与直接因素,对本书研究农业竞争力及其来源颇具借鉴意义。

第三节　外向型农业竞争力研究的理论借鉴

对外向型农业竞争力的研究涉及经济学、管理学、生态学、农业科学等多个学科领域,其中资源禀赋理论、比较优势理论、区位理论、可持续发展理论具有重要的指导意义。

一、比较优势理论

比较优势理论是在绝对优势理论的基础上发展而来的。16—18世纪，重商主义作为一种经济思想统治欧洲长达两个多世纪，其生存背景是以极度垄断和特许经营为特征的商业资本主义发展时期。随着手工业的发展，重商主义不再适应日益发展壮大的产业资本的利益和要求。英国古典经济学代表亚当·斯密在《国富论》一书中批判了重商主义，提出以"经济自由主义"为中心思想的绝对优势理论，他认为一个国家应专业生产自身具有绝对优势的产品以交换其他国家生产的具有绝对优势的产品，并最终达到使所有参与国际分工和国际贸易的国家增加物质财富的目的。亚当·斯密的绝对优势理论在18世纪的英国是具有进步意义的，但其理论并不能解释一个国家在两种产品的生产具有绝对优势，另一个国家在两种产品的生产具有绝对劣势，这两个国家是否仍有参与国际分工的必要。针对该理论的局限性，大卫·李嘉图于1817年提出了比较优势理论。

李嘉图的比较优势理论认为国际贸易的基础并不限于生产技术上的绝对差别，只要各国之间存在生产技术上的相对差别，就会出现生产成本和产品价格的相对差别，从而使各国在不同的产品上具有比较优势，使国际分工和国际贸易成为可能。每个国家都集中生产并出口其具有比较优势的产品，进口其具有比较劣势的产品，从而获得比较利益，因此，这一学说亦被称为比较利益理论。

李嘉图的比较优势理论被广泛应用于国际贸易和区域经济的分析中。他指出，国际贸易的基础并不限于生产技术上的绝对差别，只要各国之间存在生产技术上的相对差别，就会影响生产成本和产品价格，从而使各国在不同的产品上具有比较优势，即一国相对于另一国在所有产品的劳动生产率上都具有绝对优势（或绝对劣势）时，仍可能存在国际分工和国际贸易，其动因是追求生产和流通中的比较利益。比较优势理论的积极意义在于：一个国家不论处于什么发展阶段，经济力量是强还是弱，都能确定其相对优势，即使处于劣势中的国家也能在国际贸易中找到劣势中的相对优势。比较优势理论后来有了新的发展，日本的小岛清（Kiyoshi Kojima）提出了协议性区域分工理论，美国的弗农（Vernon）提出了产品周期理论，华裔经济学家杨小凯等建立了动态的、具有微观基础的内在比较优势模型。

比较优势是国际分工与区际分工的重要基础，分工即产业在不同国家或区域的布局。因区域的地理位置、自然条件与自然资源、人口与劳动力、社会基础不同，区域经济发展存在很大差异，由此导致不同区域之间比较利益和比较优势的存在。外向型农业是一个区域特性极强的产业，外向型农业竞争力的评价研究，应将比较优势理论作为重要的分析工具。

二、资源禀赋理论

20 世纪 30 年代初，瑞典经济学家赫克歇尔（Heckscher）和俄林（Ohlin）继承和发展了李嘉图（Ricardo）的比较优势理论，提出了解释国际贸易发生原因的要素禀赋理论。与李嘉图的分析不同，俄林认为国际贸易发生的原因不是各国生产技术的差异，而是各国在生产要素禀赋上存在的差异。不同的商品需要不同的生产要素比例，而不同的国家拥有的生产要素比例是不同的，当生产能够比较密集地使用其较充裕的生产要素的商品时，比较利益就会产生。俄林还将生产商品需要的要素从劳动力扩展到资金、技术和土地等，并认为除土地不能自由流动外，劳动力和资本都可以自由流动，国家或地区之间生产要素分布不均衡，是由自然条件、自然资源、交通运输条件、经济社会安定程度以及生产要素的供求关系等因素决定的。生产要素分布不均引起其相对价格差异，进而又引起商品相对价格差异，加上汇率因素，不同的国家和地区生产同样的商品就会有不同的价格。通常情况下，一个国家或地区会利用对自己有利的生产要素，生产商品并出口，同时，进口那些需要本地稀缺生产要素才能生产的商品。

资源禀赋理论原本用于解释国际贸易的现象，但其原理对要素禀赋差异引起的地域分工也同样适用。尤其是对渔业这样强烈依赖自然资源和自然条件的产业，因区域的地理位置和自然条件不同引起的资源要素的差异性，会极大地影响外向型农业的分工和布局。

三、新贸易理论

（一）人力资本论

克拉维斯（Kravis）、凯南（Kenen）、基辛（Kessing）等用人力资本的差异来解释里昂惕夫悖论（Leontief Paradox）。人力资本是指所有能够提高劳动生产率的教育投资、工作培训、保健费用等开支。该理论认为，H-O 理论学说关于劳动同一性的假定不符合实际，因为一国的人力资源是由教育水平、劳动熟练程度、职业、生活方式各不相同的人组成的，同本国的经济发展状况关系密切，所以各国的人力结构并不一样，不可能提供同质的劳动。因此，资本不仅包括物质资本，还包括人力资本，而且同物质资本一样，人力资本也需要通过储蓄和投资来形成。凯南对人力资本的测度方法是把熟练劳动收入高出简单劳动收入的部分资本化，并将这部分资本加到有形资本当中。

（二）研究与开发论

格鲁勃（Gruber）、梅达（Mehta）、弗农提出了研究与开发论。所谓"研究与开发"，是指经济发展过程中用于研究和开发各种各样新项目、新产品、新技术的投资,它通常用一种新形成的产品中有关研究与开发的指标加以衡量。在进行国别比较时,可以通过计算研究与开发费用占销售额的比重、从事研究与开发工作的各类科学家和工程技术人员占整个就业人员的比重,以及研究与开发费用占一国国民总收入或出口总值的比重等方法,来判断各国研究与开发在经济贸易活动中的重要性及其差别。

(三)技术差距说

技术差距说又称技术间隔说,是美国经济学家波斯纳(Posner)于1961年在《国际贸易和技术变化》一文中首先提出的。该理论认为,新产品总是在先进国家最早产生,然后进入世界市场。这时其他国家虽然想对新产品进行模仿,但由于同先进国家之间存在着技术差距,需要经过一段时间的努力才能实现。因而先进国家可以在一段时间内垄断这一产品市场,在国际贸易中获得比较利益。但是随着新技术向国外转移,其他国家开始模仿生产并不断扩大规模,先进国家的比较优势逐渐丧失,出口下降,以至于可能从其他国家进口该新产品。

(四)产业内贸易理论

所谓产业内贸易,是指一国同时存在进口和出口同类产品的贸易活动,或者说贸易两国彼此买卖同一部门所生产的产品。同类产品是指消费上能够互相替代而生产上又投入相近或相似生产要素的产品。国际贸易中产生同质产品的买卖,往往出于以下原因:一是产品的单价低而运输成本高,消费者愿意就近获得;二是转口贸易和复出口贸易的结果;三是产品具有季节性特点;四是价格被人为扭曲;五是存在经济合作和特殊技术条件的需求。按照产业内贸易理论,在人们日益追求生活质量的时代里,出口产品要真正能跻身世界市场,已不在于其生产要素禀赋的优势,而在于凭借它的某些特色来满足消费者的需求。

(五)规模经济理论

规模经济是指生产经营规模扩大产生的单位成本下降所带来的利益。一个国家享有规模经济的优势，其产品的成本就随着产量的增加而减少，从而得到了生产上的优势。这样它的产品在贸易活动中的竞争能力必然大大提高，从而占据贸易优势，取得易利益。

四、区位理论

区位理论是关于经济活动空间布局的理论，主要研究特定产业发展的区位选择问题。这一理论最早由德国古典经济学家屠能(Thunne)提出，用来分析不同农业农村部门理想的分布模式。在屠能的基础上，德国经济学家哈德(Luahaldt)提出了产业区位优化的定量模式——"区位三角形"，韦伯(weber)提出了工业区位理论，德国地理学家克里斯泰勒(Chriastell)和廖什(Losvh)将地理学的观点融入区位论并提出了中心地理论，后来发展成为产业的市场区位论。瑞典经济学家俄林将区位研究与地域分工和区际贸易结合，区位理论又融合了贸易理论，从而跳出屠能的微观范畴成为一门宏观理论，区位理论的发展为外向型农业竞争力的研究提供了更广泛的理论基础。

五、可持续发展理论

可持续发展理论的内容十分丰富，但最基本的是在经济发展中处理好人与自然的关系和人与人的关系。在经济发展中，只有科学合理地利用资源、保持可再生资源的永续利用、重视保护生态环境和生物多样性，才能使发展具有可持续的基础；只有实现发展机会的公平、发展成本的合理分摊和发展利益的公正分享，才能使发展具有可持续的社会保障。外向型农业作为对自然资源和生态环境依赖极强的产业，作为对国计民生具有重大影响的产业，其发展必须走可持续的道路。在外向型农业竞争力提升战略中，可持续发展理论应当作为基本的指导原则。

第三章　外向型农业竞争力理论

在借鉴国际竞争力一般理论的基础上,本章将具体阐述外向型农业竞争力的理论内涵,并分析外向型农业竞争的特点与外向型农业竞争力的来源,为本书对浙江外向型农业竞争力的实证分析奠定理论基础。

第一节　外向型农业相关概念的界定

一、农业的范畴界定

农业素有狭义农业和广义农业之分。狭义的农业指传统的种植业,包括粮食作物、经济作物和饲料作物;广义的农业即通常所说的"大农业",包括农、林、牧、副、渔五业。需要指出的是,本书所研究的农业是后者,即广义的农业,也是指新型农业,相当于"现代农业"或"农业产业"。所谓农业产业化,一般认为是以市场为导向,以提高经济效益为中心,对当地农业的支柱产业和主导产品,实行区域化布局、专业化生产、一体化经营、社会化服务、企业化管理,把产供销、贸工农、经科教紧密结合起来,形成"一条龙"的经营体制(曹建良,2000)。从农业产业化的概念中,我们可以概括出农业的基本含义及其特点。

（一）农业的基本含义

本书所指的农业是农产品的生产、加工和销售活动的总称。与传统的农业生产部门不同,现代农业是一个现代产业概念。严格地说,农、工、商分离状态下的农业不是真正意义上的产业,其基本性质是自给性和封闭性,生产是在自我封闭的自然经济圈内循环进行的。一方面,它所生产的产品大部分直接用于农业人口的消费,商品化率很低;另一方面,生产所需要的种子、有机化肥、饲料和人畜力主要由农业生产内部提供,外购率很低。国家对农业的宏观管理体制是按部门构建的,农业生产、农产品加工和购销分属于不同的部门管理。农业只是农业生产—农产品加工—农产品销售链条中最初级的环节,农民只能以低价出售有限的初级产品,维持较低的生产水平和社会地位。而农业产业化则是使农业走向现代化、农民致富的现代产业部门,它的形成是传统农业走向现代农业的标志。

因此,本书将农业定义为"农产品的生产、加工和销售的总称",是包括农、林、牧、副、渔的大农业,而且正在逐步实现生产、加工、销售的一体化,其范围比传统农业生产部门要广得多。

（二）现代农业的特点

以信息技术和生物技术为基础的高新技术是当今科技领域中最前沿的技术,是最具能量的生产力,它的发展打破了传统经济与现代经济、夕阳产业与朝阳产业之间似乎不可逾越的鸿沟,使得现代农业具有了许多新特点。

1.农业是人类赖以生存与发展的基础产业

农业以其产品的特殊性确立了在国民经济中的基础地位,因为食品永远是人类的第一需要。工业可以有"夕阳产业"与"朝阳产业"之分，农业则因其特殊性而成为"日不落产业"。而且，随着现代经济的发展，人们开始追求实际生活质量，农业的地位出现了工业化后的回归现象。人们要求食品安全、卫生，富有营养，要求服装天然、舒适，突出个性，要求居住地静谧、幽雅，空气清新，要求环境无污染等，这些"绿色食品""绿色产业""绿色消费""绿色环境"的实现主要是由农业来完成的。农业的基础地位并不随它在 GDP 中比重的下降而改变，如果忽视农业，不重视提高农业国际竞争力，受到削弱的将不仅仅是农业本身，而是整个国民经济。

2. 农业是新型产业、高科技产业

在传统观念中，农业是弱质产业、落后产业。现代农业的发展表明，一个产业的先进与落后并不取决于这个产业本身，而是取决于整个国家和社会的技术基础。早在 19 世纪后半叶，发达国家就用工业化技术武装了本国农业，使其有机构成超过了工业。现代生物技术和信息技术的发展，正在推进农业现代化和产业化，为农业国际竞争力的提升注入新的活力。

3. 农业是大产业

以往人们一直认为农业的活动领域单一，活动范围狭窄。以现代信息技术、生物技术为基础的现代农业的发展，空前拓展了农业的劳动对象和生产领域，农业已发展成为一个庞大的、宽广的、深化的"陆海空立体系统工程大产业"。21 世纪，农业领域可望空前发展，绿色农业"独木桥"将让位于绿色、蓝色、白色农业的"立交桥"；农业功能可望多元发展，不再局限于物质生产功能，而将承担起生产保障、生态建设、休闲生活服务、生物技术开发载体等多种功能；农业的主导生产地位将再次提升，农业将由资源支撑进入资本支撑和知识支撑的新时代。

4.农业与可持续发展密切相关

可持续发展已成为全人类普遍接受的观念,并逐步演变成各国的发展战略。农业则处在节省水源、能源、资源,进行耕地、水土、水源、水域、植被和野生动物等多项生态环境保护的最前线。因此,我们应该注重生态环境保护,以实现农业和经济的可持续发展。

二、农产品的范畴界定

广义的农产品通常是指农业生产和加工的所有成果,但是在国际贸易中,由于统计的需要,对参与贸易的农产品有特殊的界定。

依据世界贸易组织的界定,农产品贸易包含海关统计协调商品编码体系(HS)0—24章中除去鱼类的所有产品,再加上若干其他有关产品。之所以不包含鱼类产品,是因为在世界贸易组织内另有工作机构执掌鱼类的多边贸易问题。依据本书对农业的定义,鱼类产品显然应当包含在农产品范围内。因此,本书将农产品的范围界定为世界贸易组织定义的农产品加上鱼类产品。

现代国际贸易常用的统计体系主要有两个,一个是联合国颁布的"国际贸易标准分类"(SITC),另一个是海关合作理事会颁发的"协调商品编码体系"(HS)。显然,这两个系统对农产品的定义存在交叉,需要对之进行整理(见表3-1)。

表3-1　HS系统和SITC系统对农产品范畴的界定

HS系统(统计号与产品名称)	SITC系统(统计号与产品名称)
01章 活动物	00章 主要供食用的活动物
02章 肉及食用杂碎	01章 肉及肉制品
03章 鱼、甲壳动物、软体动物及其他水生无脊椎动物	02章 乳制品及禽蛋
04章 乳品;蛋品;天然蜂蜜;其他食用动物产品	03章 鱼、甲壳及软体类动物及制品
05章 其他动物产品	04章 谷类及其制品
06章 活树及其他活植物;鳞茎、根及类似品;插花及装饰用簇叶	05章 蔬菜及水果

续表

HS 系统（统计号与产品名称）	SITC 系统（统计号与产品名称）
07 章 食用蔬菜、根及块茎	06 章 糖、糖制品及蜂蜜
08 章 食用水果及坚果；甜瓜或柑橘属水果的果皮	07 章 咖啡、茶、可可、调味品及制品
09 章 咖啡、茶、马黛茶及调味香料	08 章 饲料
10 章 谷物	09 章 杂项制品
11 章 制粉工业产品；麦芽；淀粉；菊粉；面筋	11 章 饮料
12 章 含油子仁及果实；杂项子仁及果实；工业用或药用植物；稻草、秸秆及饲料	12 章 烟草及其制品
	22 章 油籽及含油果实
	29 章 动、植物原料
13 章 虫胶；树胶；树脂及其他植物液、汁	41 章 动物油、脂
14 章 编制用植物材料；其他植物产品	42 章 植物油
15 章 动、植物油、脂及其分解产品；精制的食用油脂；动、植物蜡	43 章 动、植物油、脂及蜡
	5921 淀粉、菊粉、面筋
16 章 肉、鱼、甲壳动物、软体动物及其他水生无脊椎动物的制品	93201 饲养业及食品加工业加工进口的原材料及出口产品
17 章 糖及糖食	9410 未列名活动物
18 章 可可及可可制品	
19 章 谷物、粮食粉、淀粉及乳的制品；糕饼点心	
20 章 蔬菜、水果、坚果或植物其他部分的制品	
21 章 杂项制品	
22 章 饮料、酒及醋	
23 章 食品工业的残渣及废料；配制的动物饲料	
24 章 烟草、烟草及烟草代用品的制品	
2905.43 甘露醇	512192 甘露醇
2905.44 己二烯酸剂	没有统计
33.01 精炼油类	5513 精油
35.01—35.05 类蛋白物质；改性淀粉；胶类物质	59221—59225 类蛋白物质、改性淀粉、胶类物质
3809.10 润饰剂	没有统计
3823.60 己二烯酸剂	没有统计
41.01—41.03 生革及皮	21 章 生皮及未硝毛皮
43.01　　　生毛皮	
50.01—50.03 生丝及废丝	261 丝
51.01—51.03 羊毛及动物毛	2681—2686 生毛皮
52.01—52.03 原棉，废棉，精梳棉	263 棉花
53.01 原亚麻	26511—26513 亚麻
53.02 原大麻	2652 大麻

三、外向型农业的范畴界定

(一)外向型农业的含义

外向型农业是一国或一个地区面向国际市场,借助国际分工来实现再生产的农业。其发展的出发点、立足点不是国内市场,而是国际市场,同国际市场进行广泛的生产要素和最终产品的双向交流,借助国际市场来完成再生产的循环活动;并建立起同国际市场需求变化相适应的生产结构、产品结构、技术结构和组织结构,形成符合国际规范、有利于双向交流的农业运行机制和宏观管理体系。

外向型农业有广义和狭义之分。狭义的外向型农业,就是人们通常所说的,以农产品出口创汇为目的的农业;农业的外向度是指当年农产品出口创汇额占全年农业总产值的比重。广义的外向型农业包括两个层次、两个方面,两个层次就是国外市场和区域外市场(对一个国家而言则只有一个层次),两个方面就是"引进来"与"走出去";农业的外向度是指当年农产品出口创汇额、外商投资的税收和境外投资利润占全年农业总产值的比重,以出口农产品及加工品而获得比较利益和进行生产要素国际交换,来促进本地区农业经济乃至整个国民经济发展为目标的专业化、社会化、商品化的农业生产体系。由于出口农产品是在开放和国际竞争条件下的商品生产和商品交换,因此外向型农业的实质就是外贸农业。作为一种对外贸易行为,外向型农业不仅要创汇,而且应当有利润。那种认为发展外向型农业就是发展创汇农业的观点是十分片面的,也是不符合客观规律要求的。

(二)发展外向型农业的理论依据

为了更好地发展外向型农业,理解外向型农业的内涵,我们必须进一步了解发展外向型农业的理论依据。

1. 比较优势原理

传统的比较优势是静态的,即通过出口本国生产成本相对较低的农产品,进口本国生产成本相对较高的农产品,从而增加本国的福利。现代贸易将比较优势动态化,认为一国在某一产品的生产上虽然暂时没有比较优势,但只要具有潜在优势,通过一段时间的发展仍然可以获得比较优势。

2. 资源共享

通过发展外向型农业可以充分利用各种国外资源。例如,可以广泛利用国外的各种直接投资和间接投资,弥补我国农业投入的不足;可以引进国外先进耕作技术和优良品种,弥补我国农业技术进步的不足;还可以通过出口劳动密集型农产品,进口土地密集型农产品,来改善我国土地资源不足、剩余劳动力较多的现状。

3. 社会生产的良性循环和国民经济平衡

社会化大生产条件下,国民经济各部门按比例发展是社会再生产过程良性循环的前提条件,但资源禀赋的差异以及各种自然灾害的发生,可能会导致国民经济各部门发展失衡。通过发展外向型经济,参与国际经济大循环,可以调整各部门发展水平,实现优势互补。

(三)外向型农业的基本特征

外向型农业的产业结构特征不同于主体农业(以满足国内市场为主的非外向型农业,其产品流向是内向的),有其自身的产业结构特征。

第一,外向型农业以国际市场上产品消费需求及其结构作为主要依据,国际市场上农副产品的消费需求及其结构决定了外向型农业的产品出口结构,从而决定着外向型农业各产业的形成。

第二,外向型农业的直接目标是创造更多的外汇收入,主要依据比较利益原则,重点是发展在国际市场上有竞争力的优势产业,这与主体农业强调的各产业的综合平衡发展明显不同。但优势产业是不断动态变化的,因此外向型农业的产业结构必须根据市场变化做出相应的调整。

第三,外向型农业是对整个国际市场而言的。供需总量有一个饱和度,但是对一个国家而言,农产品及其加工产品的对外贸易不存在供过于求的问题,在竞争中它可以凭借竞争优势在国际市场上占据一席之地。

第二节 外向型农业竞争力相关概念的界定

本书把农业定义为产业,显然外向型农业竞争力的研究属于产业国际竞争力的范畴。但是,由于外向型农产品竞争力是农业产业竞争力最直接的表现,因此农业产业竞争力还包括对外向型农产品竞争力的研究。

一、外向型农业竞争力的理论内涵

(一)外向型农业竞争力的范畴

外向型农业竞争力包括外向型农产品竞争力和外向型农业产业竞争力两个层次(见图 3-1)。

其中,外向型农产品竞争力是指一个国家(或地区)生产的农产品在国际市场竞争中占据和维持市场份额的能力,其竞争的主体是农产品。

外向型农业产业竞争力是指在市场经济条件下,外向型农业在竞争中保持持续增长并不断获利的能力,其竞争的主体是整个外向型农

```
┌─────┐     ┌─────────────────┐
│     │─────│ 外向型农产品竞争力 │
│ 外  │     └─────────────────┘
│ 向  │                        ┌───────────────┐
│ 型  │                   ┌────│ 农业生产能力    │
│ 农  │                   │    └───────────────┘
│ 业  │     ┌─────────────┤    ┌───────────────┐
│ 竞  │─────│外向型农业产业竞争力├────│ 农业国际化程度  │
│ 争  │     └─────────────┤    └───────────────┘
│ 力  │                   │    ┌───────────────┐
│     │                   ├────│ 农业持续增长能力 │
│     │                   │    └───────────────┘
│     │                   │    ┌───────────────┐
│     │                   └────│ 农业长期获利能力 │
└─────┘                        └───────────────┘
```

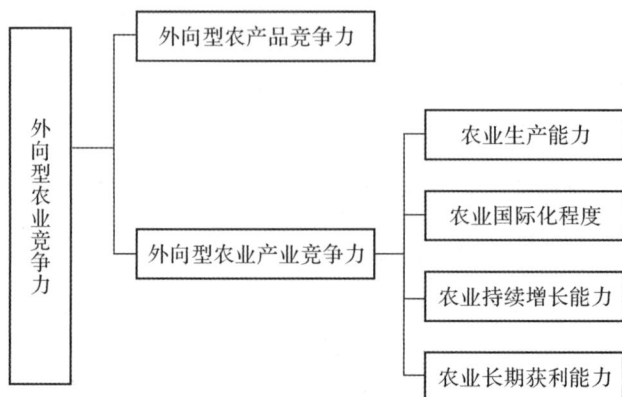

图 3-1　外向型农业竞争力的范畴

业产业,竞争的范围包括国内和国际两个方面。具体来说,外向型农业产业竞争力包括以下四个层面:一是外向型农业的生产能力。外向型农业的持续增长和获利都离不开外向型农业的生产能力。只有外向型农业的生产能力提高了,才能更好地参与国际贸易,才能获得更多的利益。二是外向型农业的国际化程度。随着经济全球化速度的加快,外向型农业主动或被动地卷入国际竞争。也就是说,外向型农业开始成为全球产业,并参与国际市场竞争。因此,外向型农业国际化表现为外向型农业的一部分产品可供出口,成为可贸易产品,在农产品进口方市场与其他农产品出口方进行竞争,这种竞争将直接关系着外向型农业的可持续发展。三是外向型农业的持续增长能力。持续增长是国际化的外向型农业在竞争中取胜的标志,也是外向型农业在竞争中取胜的根本保证。由于外向型农业的国际化,外向型农业只有战胜竞争对手,才能实现持续增长;同时,也只有保持不断增长的势头,才能提高外向型农业竞争力,在竞争中立于不败之地。因此,外向型农业的持续增长与外向型农业竞争力的提高是相辅相成的。四是外向型农业的长期获利能力。每个产业发展的目的都在于获得利益,而获利的目的促进产业的进一步发展,外向型农业也不例外。外向型农业不仅仅是一个国家的出口创汇部门,而是一个能够靠自我积累实现自主增长的独立发展产业,因此保持长期获利显得格外重要。只有保持长期获利,才能切实地保障农民的利益,提高农民的收入;也只有保持长期获利,才能不断增加积累,增强扩大再生产的能力,提高竞争力,在激烈的国际竞争中取得胜利。

(二)选择农产品和外向型农业产业作为研究对象的理由

首先,农产品是外向型农业内部产业分支的代表物,同时也能反映外向型农业实体的生产经营能力。产品虽然是个微观的概念,但不仅表现为一定的物理形态,同时还是特定产业和产业中企业参与市场竞争的实物载体。对农产品来说,这种联系更加密切。由于最终消费的食物产品与初级农产品之间的联系十分密切,一种农产品的生产和加工可以视为外向型农业的一个产业分支;而市场上每种食品产品又与从事该种农产品生产加工的经济实体密切相关,一定的产品总是要经由一个实体(可能是各种所有制结构的外向型农业企业,也可能是个体生产者或农户)来生产并转化为商品。因此,一定的农产品既体现了特定的外向型农业产业分支的所有特征,又体现了外向型农业生产经营实体的能力。

其次,外向型农业在与其他产业间的竞争中注定处于劣势,外向型农业产业竞争的意义在于外向型农业内部或农产品在不同市场上的竞争。也就是说,研究外向型农业产业竞争力实际上是研究外向型农业如何借助国内国际市场实现产业内的竞争。这种研究可以帮助我们找到外向型农业的优势与劣势,从而找到提高外向型农业竞争力的对策。

最后,在我国现有的外向型农业经营方式下,外向型农业竞争主体的缺位也迫使本书将外向型农业竞争力的研究对象定位于产品与产业(见图3-2)。自1978年实行家庭联产承包责任制以来,我国外向型农业生产一直以农户家庭为基本生产单位和经济实体。由于土地资源的制约和要素流动的阻滞，我国外向型农业至今仍停留在人均三分地的低水平、超小规模生产，这种小规模农户根本无法承担开放市场和全球贸易中竞争主体的角色。

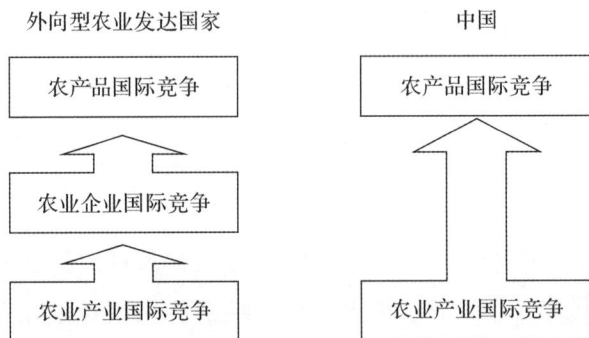

外向型农业发达国家　　　　　　　　中国

| 农产品国际竞争 | | 农产品国际竞争 |

↑

| 农业企业国际竞争 |

↑

| 农业产业国际竞争 | | 农业产业国际竞争 |

图 3-2　中国外向型农业竞争主体缺位情况

随着改革开放的不断深入，外向型农业竞争处于一个越来越开放的市场背景之下，国外外向型农业以大型农产品企业为主体进入中国市场。然而，无论是进入国际市场还是在开放的本土市场上，中国外向型农业在与国外外向型农业竞争时，都缺乏与国外外向型农业食品公司处于同一竞争平台的竞争主体。发达国家的外向型农业产业化龙头企业已经发展成为规模化、集团化、现代化的企业，而中国农产品加工企业虽然数量众多，企业规模却很小，与发达国家差距甚远。

（三）外向型农产品竞争力与外向型农业产业竞争力的关系

实际上，外向型农产品竞争力与外向型农业产业竞争力之间关系密切。首先，农产品竞争力是农业产业竞争力的直接表现，农产品是农业产业竞争的最终比较物。也就是说，外向型农业产业的竞争必须依托农产品这一载体，以降低农产品生产成本、提高农产品质量、增加农产品特性、改善农产品生产技术、提高农产品生产效率等方式来赢得产业竞争力。其次，农产品竞争力的提高依赖于整个农业产业竞争力的提高。农业发展环境的改善会提高农业产业竞争力,农业产业竞争力的提高又将表现为特定农产品竞争力的增强。

正因为农产品竞争力与农业产业竞争力之间关系密切,所以本书将在外向型农业竞争力理论的基础上,先分析外向型农产品的竞争力,进而分析外向型农业产业的竞争力,将分析从产品推向产业,并较好地解决产品竞争力与产业竞争力两个层次竞争力研究的结合问题。

二、外向型农业竞争的主要特征

外向型农业竞争服从竞争力理论的一般规律,但同时又有着鲜明的个性特征。农产品在生产加工过程、产品形态、市场营销和市场需求上所具有的特征,外向型农业生产的周期特征、对自然资源的依赖等都使得外向型农业竞争的研究不能采取与一般工业竞争力研究完全相同的研究方法和研究路径。具体来说,外向型农业竞争的特征主要体现在以下几个方面。

(一)高度的自然资源依赖是外向型农业竞争区别于工业竞争的首要特征

农业生产受到地区气候、水源、农产品品种等资源条件的硬制约,这是造成国家间农产品品种和质量差异的首要原因,并且是单个农业生产者乃至政府都无法控制和改变的,这一特征使得资源禀赋对外向型农业竞争具有比工业竞争重要得多的影响。由此可以看出,外向型农业内部的产业内贸易在很大程度上仍然取决于不同地区自然资源禀赋的差异,而制造业的产业内贸易是基于地区间相同的资源禀赋。

(二)农业科技推广对外向型农业竞争力具有重要影响

农产品生产具有较强的分散性与地域性,并且随着农产品的生长过程而表现出明显的季节性;农产品又具有易腐烂的特点,使用价值留存时间短,鲜活产品流通半径小。这些因素都导致了农产品供给与需求之间的矛盾。因此,必须加强外向型农业科技推广与技术创新,完善连接外向型农业生产与产后环节的产业链,使农产品生产、运输、储存、加工等环节紧密相连。

(三)外向型农业竞争力与政府的支持力度密切相关

政府对外向型农业支持的主要依据是农业的基础性和弱质性特点,经验表明,政府对农业的支持是提升外向型农业竞争力的重要因素。例如,美国、德国、俄罗斯、加拿大等国家是世界农产品出口大国,其农产品出口数量大,国际市场占有率高,产品质量好,加工度深,附加值高,市场竞争力强。其中固然有这些国家农业生产的规模化程度高、农业科技发达等客观因素,政府对外向型农业实施的各种保护和扶持政策也是重要原因。当然,不可否认,政府对外向型农业的支持也使得农产品贸易成为商品贸易中受政策扭曲程度最深的领域。

三、外向型农业竞争力的表征指标

根据前面的分析,外向型农业竞争力主要表现为农产品的竞争力、外向型农业的生产能力、外向型农业的国际化程度、外向型农业持续增长的能力和外向型农业的长期获利能力这五个方面。为了尽可能精确地定量分析外向型农业的竞争力,需要找出各自的表征指标。

农产品的竞争力是外向型农业竞争力的直接表现,可以运用显性比较优势指数、相对出口优势指数、显性贸易竞争力指数、产业内贸易指数和显性出口竞争力指数等指标来直接衡量。

外向型农业的生产能力是农业国际化与农业获利能力的基础,通常可以用主要农产品的产量,如粮食的生产能力、肉类的生产能力、奶蛋类产品的生产能力、水产品的生产能力和棉毛类产品的生产能力等来表示。

外向型农业的国际化程度表明了农业参与国际竞争的程度。国际化程度越高,外向型农业的国际竞争力越强。外向型农业的国际化程度主要表现为农产品的出口能力和国内农产品市场的开放程度,具体可用农业的出口依存度、主要农产品的出口量(额)占世界出口总量(额)的比重、主要农产品的出口在主要进口国市场上的份额、进口农产品及其加工制品在国内市场的份额等指标来表示。其中,农业的出口依存度是指主要农产品及其加工制品的出口量(额)占其产量(值)的比重;主要农产品的出口量(额)占世界出口总量(额)的比重、主要农产品的出口在主要进口国市场上的份额都可反映一国农业的出口能力。

外向型农业持续增长的能力是反映外向型农业在国际竞争中长期保持竞争优势的重要标志,一般可用主要农产品及其加工制品的产量增长率、主要农产品及其加工制品的出口增长率等指标来表示。可用农业和主要农产品及其加工制品的增长率及其变化趋势等指标反映农业本身的增长情况;可用主要农产品及其加工制品的出口增长率及其变化指标反映农业出口的增长情况。

外向型农业的长期获利能力是保证外向型农业稳定发展的充分必要条件,也是外向型农业国际竞争力的最直接体现。定量分析时,可以用各国主要农产品的人均生产能力与各种生产指数及人均生产指数来衡量。

第三节　外向型农业竞争力的来源分析

研究外向型农业竞争力的目的不仅仅在于客观地描述农产品与

外向型农业竞争的实际结果,更重要的是发现决定或影响外向型农业竞争力的因素,即寻找导致外向型农业竞争实际结果以及未来趋势的原因,从而找到提升外向型农业竞争力的方法。

一、外向型农业竞争力来源的层次结构模型

一般而言,决定外向型农业竞争结果的因素主要有两个:价格因素和非价格因素。与之相对应,外向型农业竞争力可分解为价格竞争力(通常通过农产品竞争力体现出来)和非价格竞争力(通常通过整个外向型农业产业的竞争力体现出来)。这两个因素又是由许多子因素决定的,如果我们把决定或影响外向型农业竞争力的各种因素的因果关系一直往前推溯,几乎涉及经济社会、政治、文化的一切方面。显然,我们研究的对象是一个因果关系错综复杂的庞大系统。然而,无论现实世界中影响外向型农业竞争力的因素有多复杂,任何研究工作都只能把握其中一部分的(被判断为最重要的)因素,并将其构成分析框架的一部分,而分析的视野则主要集中在这些主导因素上。

基于以上分析,我们需要科学地界定我们所研究的对象的边界,为外向型农业竞争力的研究确定一个经济分析范式。本书在借鉴波特的钻石模型、Cho 的九因素模型及中国工业经济研究所的工业竞争力模型的基础上,以外向型农业的产业特性为基础,构建了一个外向型农业竞争力来源的层次结构模型(见图 3-3),将本书的研究主要集中在外向型农业竞争力的直接来源、决定因素和影响因素的分析上。

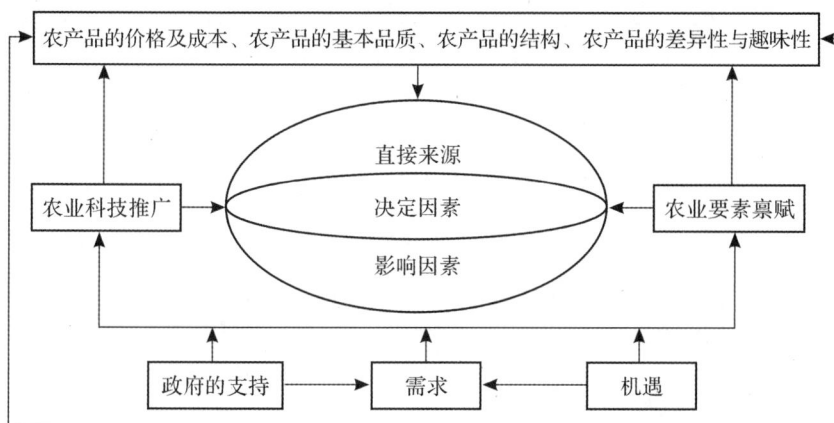

图 3-3 外向型农业竞争力来源的层次结构模型

二、模型分析

(一)外向型农业竞争力的直接来源

产业竞争力体现的是在市场竞争中的比较关系,因而产业竞争力首先表现在市场上。根据前面对外向型农业竞争力的理论内涵的分析,外向型农业竞争力的直接来源是农产品的竞争力,即农产品在价格、成本、质量、品牌和差异化等方面比竞争对手所具有的优势。这种在市场竞争中直接表现出来的农产品的竞争能力,被称为外向型农业的直接竞争力。外向型农业竞争力的直接来源主要包括农产品的价格及成本、农产品的基本品质、农产品的结构、农产品的差异性与趣味性等方面。

1.农产品的价格及成本

与工业产品一样,决定农产品竞争力的第一因素是产品的价格,即相同的产品,在同一市场上,价格更低的产品具有更强的竞争力。然而,成本是决定产品价格的基础,成本的高低决定了产品是否具有价格竞争优势和获利能力,只有通过技术进步和技术创新降低制造成本从而在制定较低的销售价格时，才能真正体现产品的竞争力。成本优势是企业可能拥有的两种竞争优势之一，成本对差异化战略极为重要，因为标新立异的企业必须保持与竞争者近似的成本，尽管质量、服务以及其他方面也不容忽视，但是贯穿于整个战略的主题是使成本低于竞争对手的关键(Simmonds，1981)。因此，无论是从用户选择的角度还是从企业获利的角度来看，农产品的成本与价格优势都是外向型农业竞争力的直接来源。

2.农产品的基本品质

基本品质是指消费者基于农产品的主要功能——食物消费功能对农产品本身做出的主观评价。虽然消费者个体的偏好与对品质的理解及体验各不相同，但是消费者对农产品品质进行评价的基本内容是相对稳定的。总的来说，影响消费者对农产品品质评价的主要因素包括以下几方面。

(1)质量

当前，竞争越来越集中于产品质量的竞争，随着人们生活水平的提高和对健康的追求，农产品质量越来越成为外向型农业竞争力的功能性要素。质量既是农产品在市场上实现交换的根本前提，也是生产企业实现价值的决定性因素。在其他条件相同的情况下，质量高的农产品具有较高的市场竞争力。当然，农产品质量是一个远比价格复杂的因素。一方面，农产品质量的评价不仅涉及其物理化性能和技术等级问题，还取决于用户对农产品质量的要求和认同。现代质量观已从符合转向满意，即衡量质量不仅仅是符合标准，而且要使用户满意，用户满意的农产品才是质量好的农产品。

(2)新鲜、营养及滋味

第一，农产品具有易腐烂的特征，农产品新鲜与否是营养价值、滋味、外观等因素的前提。消费者对新鲜程度的偏好对农产品市场位置、周转速度、保鲜与储运技术、管理水平等都提出了新的要求,尤其是增加了农产品跨国运输和参与竞争的成本。产品外观、生产日期、保质期是消费者了解农产品新鲜程度的主要途径。第二,对于绝大部分消费者而言,农产品的质量与其营养成分之间具有本质联系,因为农产品作为食品具有维持生命的基本功能。消费者对农产品营养性的追求与当今对健康生活方式的倡导相符合,这一趋势在较长时期内不会改变。第三,滋味通常指消费者在农产品消费过程中得到的嗅觉和味觉上的享受。经验表明,好的滋味通常能够掩盖农产品其他方面的缺点。例如,人们经常因为食物的美味而忽视了食品所携带的高热量和营养方面的缺陷及其对健康的损害。

(3)外观

消费者对农产品品质的基本把握是从第一印象,即农产品的外观开始的。农产品外观也是消费者了解农产品质量特征最重要的信息渠道。农产品的外观主要包括农产品的颜色、形状、大小、光泽等视觉特征。消费者对农产品外观评价具有主观性,因此生产者和销售者必须在农产品外观上力求完美。

3.农产品的结构

结构一词的含义非常宽广,就产业竞争力而言,结构不仅包含产业内部不同产品的结构,也包括从价值链角度划分的产业内部的不同环节,如研发、制造加工、服务等不同环节。因此,农产品结构既包括品种结构,也包括品质结构。优良的农产品结构是符合国际市场需求的结构,因此能直接提高外向型农业的竞争力。从我国的实际情况来看,农产品数量短缺的问题已经基本解决,但仍然存在品种单一、质量不高的问题。总体上说,我国农产品普通品种多,优质品种少,这就造成了大量低质农产品的积压和优质农产品的紧缺。

4.农产品的差异性与趣味性

按照西方经济学和当代国际贸易理论的观点,产品越具有差异性,消费者从产品的消费中获得的满足程度就越高。虽然传统观念上,农产品被当作无差异产品,但是随着人们消费个性化的增强,农产品及其制品也逐渐表现出差异性。而且,只有满足各种不同需求层次的用户,生产相应功能层次的产品,并且具有较高的性能/价格比,才能真正体现外向型农产品的竞争力。因此,外向型农产品的差异性与趣味性也成为农产品差异化经营和质量竞争的切入点。

（二）外向型农业竞争力的决定因素

从本质上来看,不同产业竞争力的决定因素是不同的,这种差异主要是由产业内在特性与产业发展阶段等具体情况引起的。通过对外向型农业特征的深入分析以及与外向型农业发达国家的比较,发现影响目前外向型农业竞争力的深层次原因主要来自农业科技推广和农业要素禀赋两个方面。也就是说,农业科技推广和农业要素禀赋是外向型农业竞争力的决定因素。

1.农业科技推广

（1）农业科技推广的内涵

农业技术是人类为了改造和利用生物有机体（包括植物、动物、微生物）,满足人类不断增长的需要,根据农业生产实践和自然科学原理,发展创造出来的各种工艺、操作方法和技能。农业科技推广是指农业科技成果的发明、创新与推广使用的整个过程。也就是说,农业科技推广是一个不断构思发明新的农产品、新的农业设备,进行农业新技术的研究、开发与应用的全过程;是一个引进、消化、吸收、模仿、改良、扩散农业新技术,重新组合原有农业技术的过程;也是一个应用先进的物质设备和有效、合理配置资源的手段,通过市场把农业新构想、新技术和原有生产要素（投入物）转变成新的农业和新的农产品,不断提高农业生产的社会经济、生态效益的过程。

（2）农业科技推广对提高外向型农业竞争力的作用

科学技术是第一生产力,技术进步和技术创新在提高外向型农业竞争力中发挥着关键的作用。当前,国外高新技术在外向型农业上的应用,主要有生物技术、电子技术、卫星技术、工程技术、机器人技术、激光技术和遥测遥感技术等。这些技术的应用已彻底改变了外向型农业的面貌,对促进外向型农业可持续发展产生了积极而深远的影响。

经验表明,无论是土地生产率的提高,还是劳动生产率的提高,都是以科技进步为原动力的。要提高农产品的质量竞争力,更需要科技发展作支撑。离开了农业科技进步的支持,农产品的质量就无从提高。农业生产结构的调整、农业产业化的推进,也都是以农业科技进步为前提的。在解决农产品贸易中的各种技术壁垒、食品安全和卫生检疫标准等方面的争端时,也需要发达的科技水平作保证。

2.农业要素禀赋

（1）农业要素禀赋的内涵

农业要素禀赋主要包括土地数量、农产品播种面积、农业基础设施、冷库与渔船数量、从业人员及素质等方面。

（2）农业要素禀赋对提高外向型农业竞争力的作用

在所有外向型农业要素禀赋中,从业人员的素质是最为重要的。"对农民进行人力资本投资"被美国诺贝尔经济学奖获得者西奥多·W.舒尔茨列为改造传统农业的三大对策之一,这个对策对提升外向型农业竞争力同样适用。大量实践也证明,提高外向型农业从业人员的科技文化素质,对提高农产品质量、降低生产成本、提高劳动生产率都有明显作用,而这些又都是农产品竞争力的重要基础指标。

（三）外向型农业竞争力的影响因素

1. 政府的支持

政府对外向型农业的支持指的是政府，为促进外向型农业发展，不断提高农业生产水平，巩固农业的基础地位，实现外向型农业的持续、稳定、健康发展而采取的一系列经济、法律、行政手段措施。它本身不带有歧视性，并不排斥外来的竞争，旨在改善外向型农业生产条件的基础上促进外向型农业的可持续发展。

尽管从当前世界各国的经济政策来看，总的趋势是减少政府干预，加强市场机制的作用。但是，由于外向型农业的特殊性，外向型农业的可持续发展依然需要政府的扶持。政府的支持对提高外向型农业竞争力的作用主要表现在以下几个方面。

第一，政府可以通过促进高级的专门要素的形成和加强农业科研建设来增强外向型农业竞争力。在各个国家，包括发展中国家和发达国家在内，政府的教育支出对教育事业的发展起着重要作用。政府对教育的投资越多，教育事业越发达，高级人才的数量就越多，质量就越高。此外，研究机构的发展在很大程度上也取决于政府的科研支出，那些研究机构发达的国家，往往也是政府科研支出占地较高的国家。现代化的外向型农业基础设施和高级通信系统的形成，也离不开政府的支持，在发展中国家尤其如此。

第二，政府可以加强农业公共性投资项目建设，以增强外向型农业发展后劲。由于财政资金是国家无偿分配的集中性资金，与银行信贷明显不同，财政支农支出的分配并不是把经济效益放在首位，使得那些社会效益好、经济效益较差的外向型农业公共性投资项目，如大江大河治理、水库建设、外向型农业开发、外向型农业生态环境改善、外向型农业科技教育等，都有机会获得财政支持。这是政府支持外向型农业的一个重要方面，不仅可以增强外向型农业发展后劲，提高外向型农业综合生产能力,从长远来看,最终将促进外向型农业竞争力的提高。

第三,政府可以通过各种措施支持外向型农业发展,其对外向型农业的投入具有导向作用。在世界贸易组织框架所允许的范围内,政府可以通过某些措施扶持外向型农业的发展。如对外向型农业进行"绿箱"补贴,对某些出口农产品实行出口退税和出口补贴等,这些措施都会对外向型农业竞争力的提高产生重要影响。

2. 需求

这里主要是指国内需求,按照林德的需求偏好相似理论,国内需求是一个行业及其产品是否具有国际竞争力的一个重要影响因素。国内需求的结构和状况制约和决定着出口贸易结构,因为企业的投资、生产和市场营销首先是从国内需求出发的。因此,国内需求状况的不同会导致各国竞争优势的差异。当国内需求占全球细分市场较大份额时,本国产品易于占据竞争优势。如果国内需求具有超前性,那么为之服务的本国企业和产品也就相应地走在了国际市场其他企业的前头。如果国内消费者比较挑剔,将会迫使当地生产企业在产品质量、品质和服务方面提高标准。在这种需求环境下成长起来的生产企业必然经过千锤百炼从而具有较高的竞争力。国内市场的先行饱和会导致产品价格下降,迫使当地企业进行创新和升级,积极开拓国际市场,不断提高竞争力。

3. 机遇

机遇的重要性在于,它们造成了非连续性,改变了各国的竞争地位,可能使不适应新形势的国家或企业失去竞争优势,也可能使能适应新形势的国家或企业赢得竞争优势。当然,一个国家或企业能否利用偶然事件所提供的机遇赢得竞争优势,还取决于其他因素,尤其是该国或企业把握市场机遇的能力。同样的机遇在不同的国家,也可能产生完全不同的结果。

对外向型农业来说，机遇主要是指非常好的气候（比往年都要好的适合农产品生长的天气，这是由农业生产的特殊性决定的，因为农业生产和加工的成果很大一部分取决于良好的气候）或重大的技术发明、世界形势的变化等。

（四）各主要因素之间的关系

实际上，外向型农业竞争力来源的层次结构模型中的影响因素和决定因素可以统称为外向型农业竞争力的来源因素。其中，需求与机遇属于外在因素，是较难改变的；而农业科技推广、农业要素禀赋、政府支持则是可以通过努力来改变的。

例如，政府支持既可以促进农业科技推广，也可以引导需求，还可以促进外向型农业从业人员素质的提高从而改变农业要素禀赋。政府还可以通过建立有效的制度，营造鼓励农业科技推广的环境，来推动农业技术进步和技术创新，甚至可以诱发政府主导的强制性农业技术创新。政府也可以通过财政政策来支持教育产业，从而提高外向型农业从业人员素质。

此外，机遇也可能改变需求要素，同时影响农业要素禀赋和农产品的质量。

第四章　我国及主要省份外向型农业发展现状

本章主要分析我国和新疆、河南、山东、海南等农业大省的外向型农业发展现状，为浙江提供发展外向型农业的有益借鉴。

第一节　我国外向型农业发展现状

一、我国农业生产情况

农业是以土地资源为生产对象的部门，属于第一产业，在我国经济中发挥着重要作用。近年来，中国进一步加大了农业的发展力度，一直保持着全球最大的农业经济体的地位。2020 年，我国农林牧渔业的总产值为 137782.17 亿元，其中农业总产值达到 71748.23 亿元，林业总产值 5961.58 亿元，牧业总产值 40266.67 亿元，渔业总产值 12775.86 亿元。[①]

---

① 除标记有来源的数据外，本章数据（包括图、表中的数据）均来自国家统计局，不另注释。

（一）种植业

全国各地加大了对粮食生产的支持力度，积极落实各项补贴政策，提高农民种粮积极性，粮食播种面积及产量均有所上升。国家统计局数据显示，2020 年，我国粮食种植面积达 11677 万公顷，比上年增加 71 万公顷，同比增长 0.61%；粮食产量达 66949 万吨，比上年增加 565 万吨，同比增产 0.9%。2015—2020 年我国粮食种植面积及产量如图 4-1 所示。

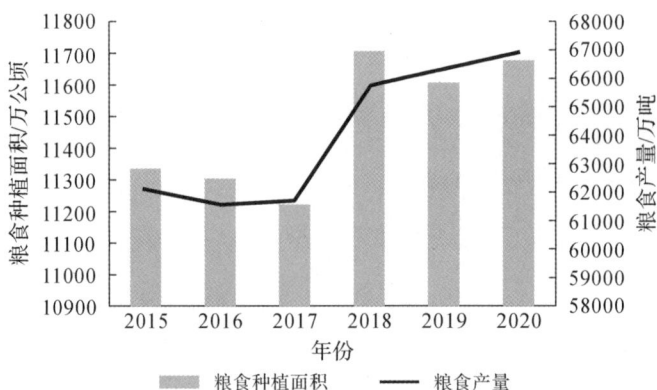

图 4-1　2015—2020 年我国粮食种植面积及产量

2020 年，我国稻谷种植面积 3008 万公顷，比上年增加 39 万公顷，同比增长 1.31%；小麦种植面积 2338 万公顷，比上年减少 35 万公顷，同比下降 1.47%；玉米种植面积 4126 万公顷，比上年减少 2 万公顷，同比下降 0.05%。2016—2020 年我国主要粮食品种种植面积如图 4-2 所示。

智研咨询发布的《2021—2027 年中国农业市场发展规模及投资前景趋势报告》显示，2020 年，我国夏粮产量 14286 万吨，比上年增加 126 万吨，同比增产 0.9%；早稻产量 2729 万吨，比上年增加 102 万吨，同比增产 3.9%；秋粮产量 49934 万吨，比上年增加 337 万吨，同比增产 0.7%。2015—2020 年数据详见图 4-3。

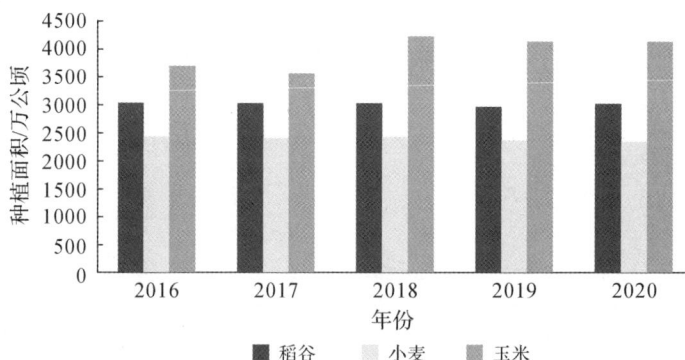

图 4-2　2016—2020 年我国主要粮食品种种植面积

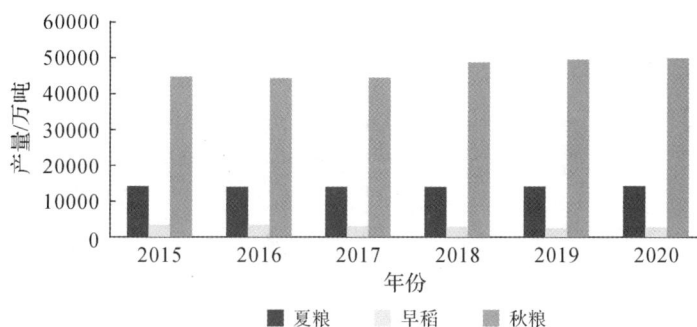

图 4-3　2015—2020 年我国粮食产量

2020 年，全国谷物播种面积 14.69 亿亩，比上年增加 176 万亩，同比增长 0.1%。谷物产量 61674 万吨，比上年增加 306 万吨，同比增长 0.5%，其中谷物单产 420 公斤/亩，每亩产量比上年增加 1.6 公斤，同比增长 0.4%。2015—2020 年我国谷物产量及增速如图 4-4 所示。

其中，稻谷产量 21186 万吨，比上年增加 225 万吨，同比增长 1.1%；小麦产量 13425 万吨，比上年增加 66 万吨，同比增长 0.5%；玉米产量 26067 万吨，比上年减少 10 万吨，持平略减。2015—2020 年数据详见图 4-5。

受种植效益和农业结构调整等因素的影响，棉花播种面积下降。2020 年，我国棉花种植面积 317 万公顷，比上年减少 17 万公顷，同比

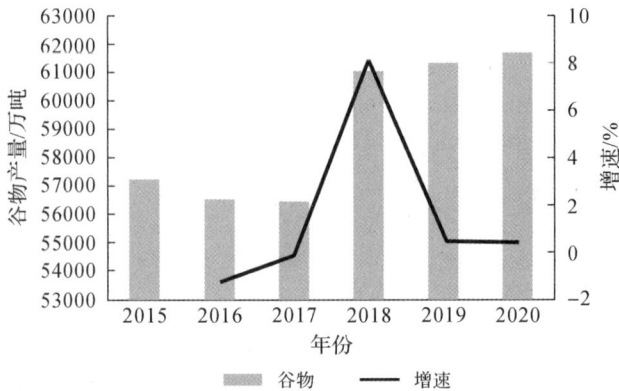

图 4-4　2015—2020 年我国谷物产量及增速

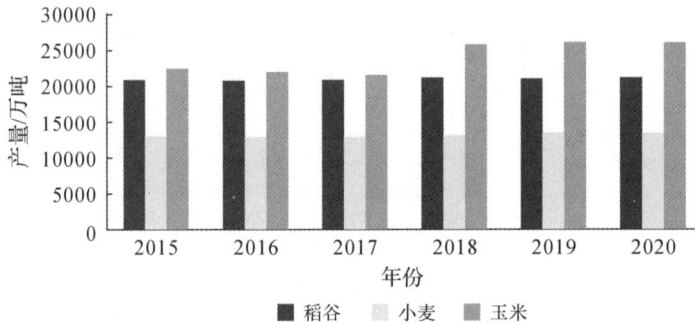

图 4-5　2015—2020 年我国谷物产量情况

下降 5.1%；棉花产量 591 万吨，比上年增加 2 万吨，同比增长 0.4%。2015—2020 年数据详见图 4-6。

　　我国持续加大国产油料种植面积，国产大豆、油菜籽、花生、葵花籽、亚麻籽等油料作物播种面积不断扩大。2020 年，我国油料种植面积 1313 万公顷，比上年增加 20 万公顷，同比增长 1.6%；油料产量 3585 万吨，比上年增加 90 万吨，同比增长 2.6%。2015—2020 年数据详见图 4-7。

　　我国糖料产业仍存在政策扶持不足、糖农积极性不高、科技支撑不足、产量效益不高、机械化普及率不足、规模化水平不高等问题。

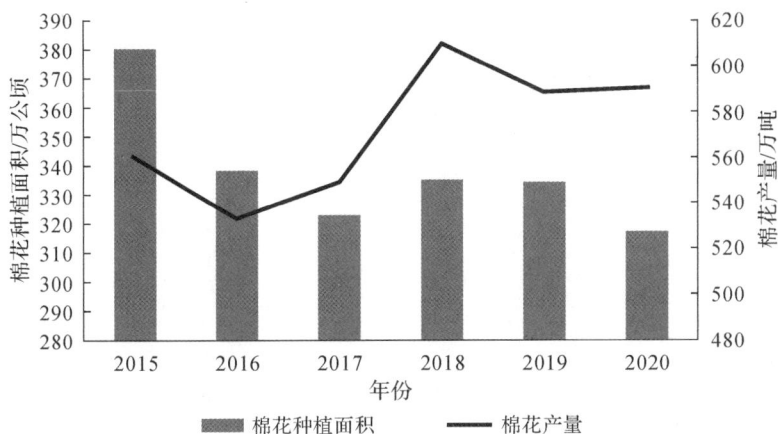

图 4-6　2015—2020 年我国棉花种植面积及产量

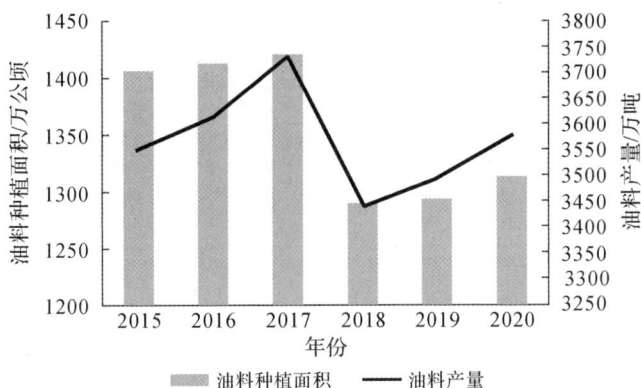

图 4-7　2015—2020 年我国油料种植面积及产量

2020 年,我国糖料种植面积 157 万公顷,比上年减少 5 万公顷,同比下降 3.1%;糖料产量 12028 万吨,比上年减少 176 万吨,同比下降 1.2%。2015—2020 年数据详见图 4-8。

随着我国茶叶需求量的不断上升,以及茶园面积的不断扩大,我国茶叶产量逐年上升。2020 年,我国茶叶产量 297 万吨,比上年增加 17 万吨,同比增长 7.1%。2015—2020 年数据详见图 4-9。

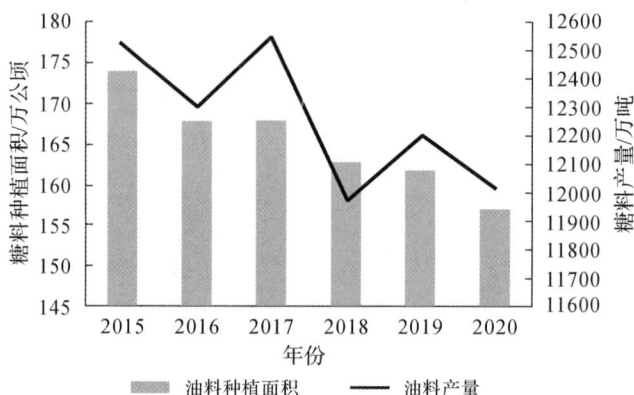

图 4-8　2015—2020 年我国糖料种植面积及产量

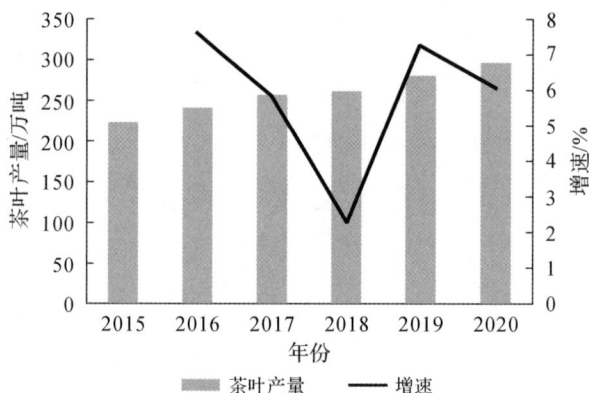

图 4-9　2015—2020 年我国茶叶产量及增速

（二）畜牧业

近年来，全国生猪存栏量先降后升，基础产能持续恢复，生猪出栏量逐年减少。2020 年，我国生猪存栏 40650 万头，比上年增加 9609 万头，同比增长 31.0%；生猪出栏 52704 万头，比上年减少 1715 万头，同比下降 3.2%。2015—2020 年数据详见图 4-10。

我国是肉类生产和消费大国，肉类总产量占世界总产量的 1/3 左右。受非洲猪瘟及新冠疫情影响，近两年我国猪牛羊禽肉产量均有所下降。2020 年，我国猪牛羊禽肉产量 7639 万吨，比上年减少 10 万吨，

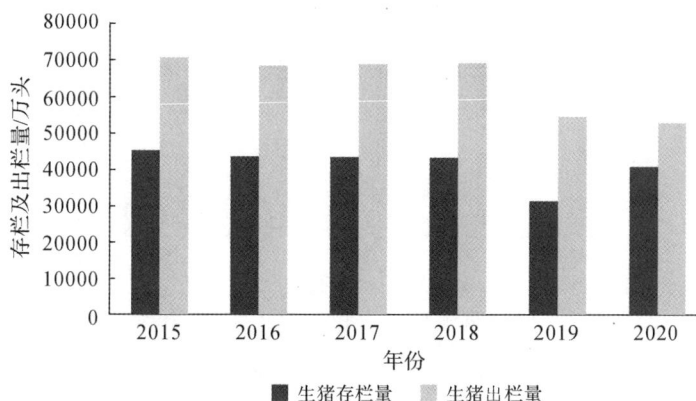

图 4-10 2015—2020 年我国生猪存栏量及出栏量

同比下降 0.1%。2015—2020 年数据详见图 4-11。

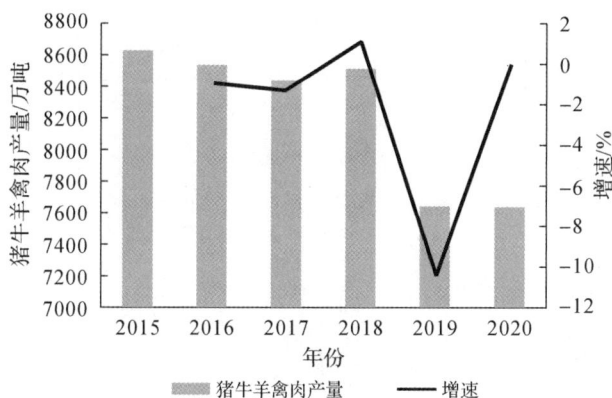

图 4-11 2015—2020 年我国猪牛羊禽肉产量及增速

其中,猪肉产量 4113 万吨,比上年减少 142 万吨,同比下降 3.3%;牛肉产量 672 万吨,比上年增加 5 万吨,同比增长 0.8%;羊肉产量 492 万吨,比上年增加 4 万吨,同比增长 1.0%;禽肉产量 2361 万吨,比上年增加 122 万吨,同比增长 5.5%。2015—2020 年数据详见图 4-12。

我国禽蛋主产区主要位于中东部,主要集中在山东、河南、河北、辽宁、江苏、湖北、安徽、四川、吉林、黑龙江等 10 个省份。2020 年,我

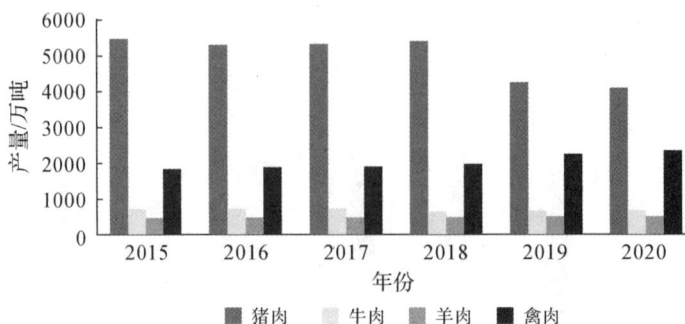

图 4-12 2015—2020 年我国猪牛羊禽肉产量情况

国禽蛋产量 3468 万吨，较上年增加 159 万吨，同比增长 4.81%。2015—2020 年数据详见图 4-13。

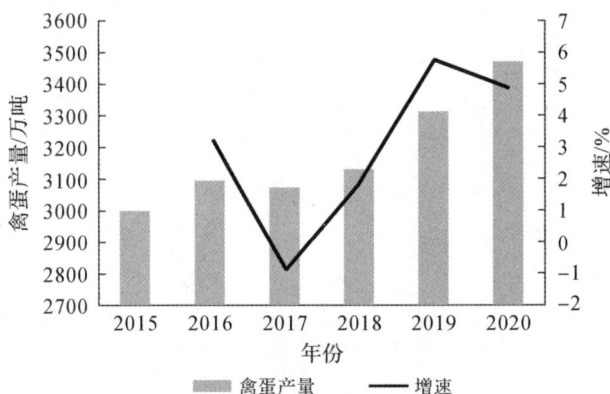

图 4-13 2015—2020 年我国禽蛋产量及增速

婴幼儿营养品关键原料主要是牛奶，2018 年以来，我国牛奶产量处于逐渐上升的状态。2020 年，我国牛奶产量 3440 万吨，比上年增加 239 万吨，同比增长 7.5%。2015—2020 年数据详见图 4-14。

（三）渔业

水产品产量包括全社会人工养殖的水产品的产里和天然生长的水产品的捕捞量，我国是世界上主要的水产品生产国。截至 2020 年底，我国水产品产量为 6545 万吨，比上年增加 95 万吨，同比增长

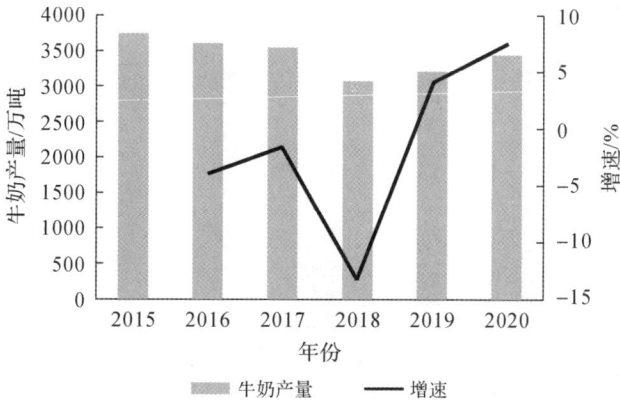

图 4-14 2015—2020 年我国牛奶产量及增速

1.0%。2015—2020 年数据详见图 4-15。

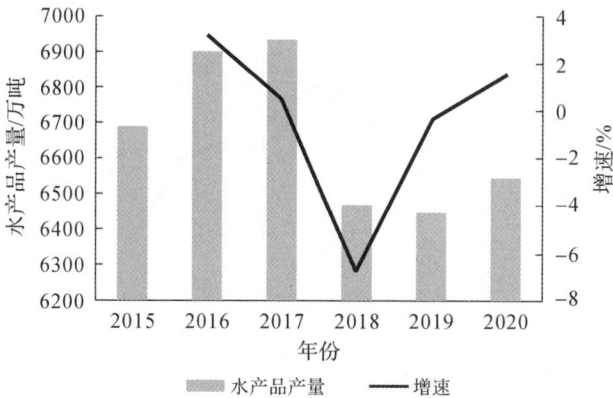

图 4-15 2015—2020 年我国水产品产量及增速

其中,养殖水产品产量 5215 万吨,比上年增加 165 万吨,同比增长 3.0%;捕捞水产品产量 1330 万吨,比上年减少 70 万吨,同比下降 5.0%。2015—2020 年数据详见图 4-16。

(四)林业

随着我国经济的不断发展、城市化进程的不断加快、居民消费能力的不断提升,各行各业对木材的需求量在不断增长。截至 2020 年底,我国木材产量为 8727 万立方米,比上年减少 301 万立方米,同比

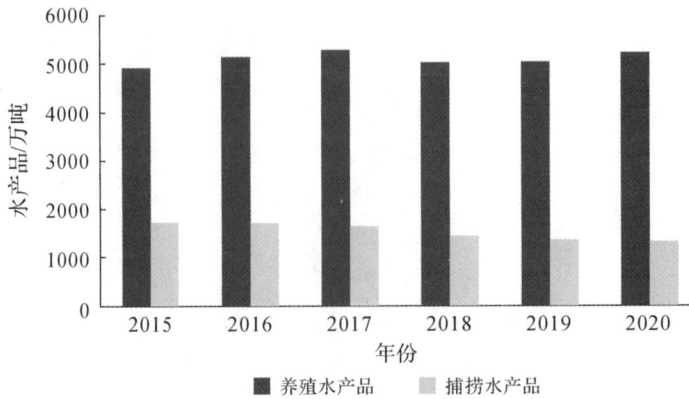

图 4-16　2015—2020 年我国水产品产量情况

下降 3.33％。2015—2020 年数据详见图 4-17。

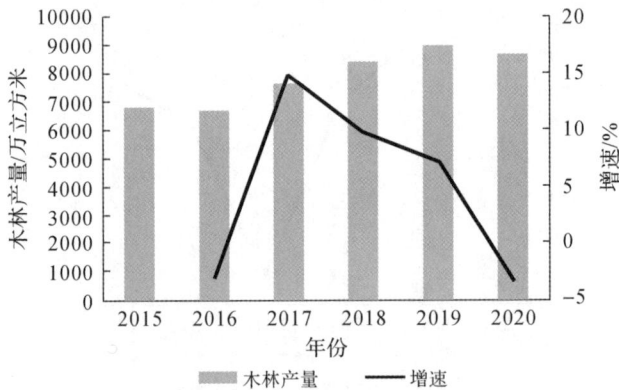

图 4-17　2015—2020 年我国木材产量及增速

二、我国农产品贸易情况

(一)进出口规模

1995—2020 年我国农产品的进出口贸易规模详见表 4-1。

表 4-1　1995—2020 年中国农产品贸易规模

年份	贸易额/亿美元				比上年增长/%		
	进出口总额	出口额	进口额	贸易差额	进出口	出口	进口
1995	268.7	146.9	121.8	25.0			
1996	251.4	143.0	108.3	34.7	−6.4	−2.6	−11.1
1997	250.5	150.5	100.1	50.4	−0.3	5.2	−7.6
1998	222.9	139.3	83.7	55.6	−11.0	−7.4	−16.4
1999	218.2	135.9	82.4	53.5	−2.1	−2.4	−1.5
2000	269.4	156.8	112.6	44.2	23.4	15.4	36.7
2001	279.0	160.5	118.5	42.0	3.6	2.4	5.2
2002	306.1	181.3	124.7	56.6	9.7	13.0	5.3
2003	403.8	214.1	189.7	24.4	31.9	18.1	52.0
2004	514.5	233.6	280.9	−47.2	27.4	9.1	48.1
2005	563.4	275.5	287.9	−12.4	9.5	17.9	2.5
2006	635.5	313.8	321.7	−7.9	12.8	13.9	11.7
2007	781.8	369.9	412.0	−42.1	23.0	17.9	28.1
2008	992.4	404.7	587.7	−183.0	26.9	9.4	42.7
2009	922.4	395.4	527.0	−131.6	−7.1	−2.3	−10.3
2010	1219.3	493.7	725.5	−231.8	32.2	24.9	37.7
2011	1555.9	607.2	948.7	−341.5	27.6	23.0	30.8
2012	1757.3	632.5	1124.8	−492.3	12.9	4.2	18.6
2013	1866.9	678.3	1188.7	−510.4	6.2	7.2	5.7
2014	1945.0	719.6	1225.4	−505.8	4.2	6.1	3.1
2015	1875.6	706.8	1168.8	−462.0	−3.6	−1.8	−4.6
2016	1845.6	729.9	1115.7	−385.8	−1.6	3.3	−4.5
2017	2013.9	755.3	1258.6	−503.3	9.1	3.5	12.8
2018	2168.1	797.1	1371.0	−573.9	7.7	5.5	8.9
2019	2300.7	791.0	1509.7	−718.7	5.7	−1.7	10.0
2020	2468.3	760.3	1708.0	−947.7	8.0	−3.2	14.0

注：正数为顺差，负数为逆差。下同。

　　据表 4-1,2017 年,中国农产品贸易全面增长,出口额 755.3 亿美元,比上年增长 3.5%;进口额 1258.6 亿美元,增长 12.8%;贸易逆差 503.3 亿美元,增加 41.2 亿美元。

　　2018 年,我国农产品进出口额 2168.1 亿美元,同比增 7.7%。其中,出口 797.1 亿美元,增长 5.5%;进口 1371.0 亿美元,增长 8.9%;贸易逆差 573.9 亿美元,增加 70.6 亿美元。

　　2019—2020 年,受新冠疫情、对外贸易出现下滑等影响,我国农产品出口需求有所减少,农产品出口额呈下降趋势。2019 年,我国农产品进出口总额 2300.7 亿美元,同比增长 5.7%。其中,出口 791.0 亿美元,减少 1.7%;进口 1509.7 亿美元,增长 10.0%;贸易逆差 718.7 亿美元,增加 144.8 亿美元。2020 年,我国农产品贸易总额 2468.3 亿美元,同比增长 8.0%。其中,出口 760.3 亿美元,减少 3.2%;进口 1708.0 亿美元,增长 14.0%;贸易逆差 947.7 亿美元,增加 229.0 亿美元。

（二）产品结构

本部分以 2020 年为例来说明我国农产品的贸易结构。

1. 谷物

谷物进口 3579.1 万吨,同比增长 99.8%,进口额 95.2 亿美元,同比增长 80.9%;出口 259.3 万吨,同比减少 19.9%,出口额 10.8 亿美元,同比减少 15.6%;净进口 3319.8 万吨,同比增长 1.3 倍。其中,小麦进口 837.6 万吨,同比增长 1.4 倍;出口 18.1 万吨,同比减少 42.1%。玉米进口 1129.6 万吨,同比增长 1.4 倍;出口 0.3 万吨,同比减少 87.3%。大米进口 294.3 万吨,同比增长 15.6%;出口 230.5 万吨,同比减少 16.1%。大麦进口 807.9 万吨,同比增长 36.3%;出口 78.4 吨,同比减少 75.1%。高粱进口 481.3 万吨,同比增长 4.8 倍;出口 2.1 万吨,同比减少 48.3%。木薯（主要是干木薯）进口 335.5 万吨,同比增长 18.2%。

2. 棉花、食糖

棉花进口 223.2 万吨,同比增长 15.2%;进口额 35.9 亿美元,减少 0.3%。食糖进口 527.3 万吨,同比增长 55.5%;进口额 18.0 亿美元,增长 60.7%。

3. 食用油籽、食用植物油

食用油籽进口 1.1 亿吨,同比增长 13.8%,进口额 432.7 亿美元,同比增长 12.7%;出口 104.3 万吨,同比减少 10.1%,出口额 16.0 亿美元,同比减少 5.0%;贸易逆差 416.7 亿美元,同比增长 13.5%。其中,大豆进口 10032.7 万吨,同比增长 13.3%;油菜籽进口 311.4 万吨,同比增长 13.8%。食用植物油进口 1169.5 万吨,同比增长 1.5%,进口额 87.2 亿美元,同比增长 17.6%;出口 17.2 万吨,同比减少 35.8%,出口额 2.0 亿美元,同比减少 26.9%;贸易逆差 85.2 美元,同比增长 19.3%。其中,棕榈油进口 646.1 万吨,同比减少 14.4%;葵花油和红花油进口 195.4 万吨,同比增长 59.0%;菜油进口 193.2 万吨,同比增长 19.6%;豆油进口 96.3 万吨,同比增长 16.6%。

4. 蔬菜、水果

蔬菜出口 149.3 亿美元,同比减少 3.6%;进口 10.4 亿美元,同比增长 8.2%;贸易顺差 138.9 亿美元,同比减少 4.4%。水果出口 83.5 亿美元,同比增长 12.1%;进口 110.4 亿美元,同比增长 6.5%;贸易逆差 26.9 亿美元,同比减少 7.7%。

5. 畜产品、水产品

畜产品进口 475.7 亿美元,同比增长 31.3%;出口 54.3 亿美元,减少 16.5%;贸易逆差 421.4 亿美元,增长 41.8%。其中,猪肉进口 430.4 万吨,同比增长 1.2 倍;猪杂碎进口 135.7 万吨,同比增长 19.8%;牛肉进口 211.8 万吨,同比增长 27.6%;羊肉进口 36.5 万吨,同比减少 7.0％；奶粉进口 133.9 万吨，同比减少 4.0％。水产品出口 190.4 亿美元，同比减少 7.8％；进口 155.6 亿美元，同比减少 16.8％；贸易顺差 34.8 亿美元，同比增长 77.7％。

分大类看，出口额居前 5 位的农产品依次为水产品、蔬菜、水果、畜产品和饮品；进口额居前 5 位的农产品依次为油籽、畜产品、水产品、植物油和饮品。

(三)市场结构

本部分以 2017 年的数据来说明我国农产品的市场结构。

2017 年，除南美洲外，中国对其余主要大洲的农产品出口均出现增长：对亚洲出口 486.4 亿美元，同比增长 2.4％；对欧洲出口 111.1 亿美元，同比增长 5.4％；对北美洲出口 96.1 亿美元，同比增长 4.6％；对非洲出口 30.8 亿美元，同比增长 16.3％；对南美洲出口 17.3 亿美元，同比下降 2.9％；对大洋洲出口 13.6 亿美元，同比增长 3.6％。

从各大洲的农产品进口全面增长。从南美洲进口 344.5 亿美元，同比增长 20％；从北美洲进口 312 亿美元，同比增长 5.5％；从亚洲进口 231 亿美元，增长 10％；从欧洲进口 190.7 亿美元，同比增长 4.7％；从大洋洲进口 150.9 亿美元，同比增长 33.8％；从非洲进口 29.4 亿美元，同比增长 4.3％。中国农产品贸易对亚洲和非洲为顺差，对其他大洲为逆差。对亚洲的贸易顺差最大，为 255.3 亿美元；对南美洲、北美洲的贸易逆差最大，分别为 327.2 亿美元和 215.9 亿美元(见表 4-2)。

表 4-2　2017 年中国农产品贸易区域分布

区域	贸易额/亿美元				比上年增长/%		所占比重/%	
	进出口	出口额	进口额	差额	出口	进口	出口	进口
合计	2 013.9	755.3	1 258.6	−503.3	3.5	12.8	100.0	100.0
亚洲	717.4	486.4	231.0	255.3	2.4	10.0	64.4	18.4
欧洲	301.8	111.1	190.7	−79.7	5.4	4.7	14.7	15.2
北美洲	408.1	96.1	312.0	−215.9	4.6	5.5	12.7	24.8
非洲	60.3	30.8	29.4	1.4	16.3	4.3	4.1	2.3
南美洲	361.8	17.3	344.5	−327.2	−2.9	20.0	2.3	27.4
大洋洲	164.5	13.6	150.9	−137.2	3.6	33.8	1.8	12.0

　　从区域贸易看,前三位出口地依次为日本、美国、韩国。前三位进口来源地依次为美国、巴西、澳大利亚。对日本、韩国、越南的贸易顺差排前三位,分别为 94 亿美元、38.4 亿美元、16.2 亿美元。对巴西、美国、澳大利亚的贸易逆差排前三位,分别为 235.3 亿美元、163.8 亿美元、79.9 亿美元。

　　与主要贸易伙伴之间的农产品贸易整体上继续保持良好发展势头。对东盟出口 158.6 亿美元,同比增长 3%;对韩国出口 47.7 亿美元,同比增长 2%;对澳大利亚出口 10.1 亿美元,同比增长 2.3%。从东盟进口 167.8 亿美元,同比增长 12%;从澳大利亚进口 90 亿美元,同比增长 34.4%;从新西兰进口 60 亿美元,同比增长 33.2%;从智利进口 22.2 亿美元,同比下降 3.8%;从秘鲁进口 17.5 亿美元,同比增长 66%。

三、我国农业利用外资情况

　　改革开放 40 多年来,外商直接投资(foreign direct investment,FDI)一直是我国经济社会发展的重要推动力。在农业领域,FDI 也在不断推进我国农业的现代化及产业化进程,投资规模和投资范围也在不断扩大。随着农业现代化的不断发展,我国农业利用外资的空间依然广阔。按照联合国贸发会议(UNCIAD)公布的数据,从 2016 年至 2020 年,我国农业利用外商直接投资的平均规模为 24.56 亿美元,在发展中国家中位居首位。

(一)我国农业利用外资规模

1.企业注册数呈 U 形

根据国家统计局发布的《按行业分外商投资企业年底注册登记情况(1997—2017 年)》,从外商投资的农业企业注册数而言,呈 U 形的变化。1997 年,外商投资的农业企业注册数量是 U 形的最高点,达到了 7896 家,之后连续 6 年呈下降趋势,到 2003 年达到了历史最低点,注册企业数量仅为 824 家。中国加入世界贸易组织之后,开始逐步放宽外商投资限制,进入中国农业市场的外商直接投资日渐增多,2016 年达到了 6521 家。2017 年出现小幅度下降。随着外资引进的日渐理性以及注重外商直接投资的质量,这种在个别年份出现下降的情况也是正常的,更能说明我国农业领域吸引外资更加重视质量、技术和智力的结合。

从注册资本的结构上看,1997—2017 年这 20 年间,外商注册资本额也呈增长趋势,年均增长率接近 10%。在中外合资的农业企业中,外商资本所占的比例一直比较高,1997 年达到 68.9%,1998—2000 年有所下降。从 2001 年开始,外商注册资本额呈现上升趋势,到 2015 年达到最高点,外商注册资本比例达到了 88.96%。可以预见,随着我国农业现代化的推进以及农业领域外商投资限制的逐步放宽,中外合资农业企业中的外商资本比重还会上升。

2.合同项目数呈倒 U 形

根据国家统计局发布的《中国统计年鉴》,1997—2017 年这 20 年间,农业领域利用外商直接投资的合同项目数呈现倒 U 形发展趋势。1997—2005 年,我国农业领域利用外商直接投资的合同项目数不断增长,2006 年之后开始下降,到 2016 年降到了历史最低点,仅为 895 个。合同项目数的下降并不意味着投资额度的下降,只是表明近些年我国提高了对外商投资农业领域的审批标准,筛去了一些技术含量不高,污染大且能耗高的外商投资项目,提升了我国农业领域引进外资的质量。事实上,我国农业领域利用外商直接投资的合同项目数与我国整体利用外商直接投资的合同项目数的变化趋势基本上是一致的,尽管有所波动,但整体趋势没有太大变化。

(二)我国农业利用外资结构

1.外商直接投资的来源地

从商务部发布的《中国外商投资报告 2018》中可以看到,2017 年直接投资我国农业领域的外资中,排在第一、第二位的是英属维尔京群岛和开曼群岛,日本、韩国、美国分别位居第三、第四、第五,占中国农业利用外资总额的比重分别为 2.4%、2.23%、1.8%,与 2016 年相比均有所下降。[①] 从我国农业利用外资的来源地看,外商资本是比较集中的。

2.外商直接投资的方式

按照我国相关法律法规,外商资本进入我国农业领域,可以采取多种投资形式,其中独资、合资、合作等占据主导地位。按照《中华人民共和国外商投资法》,不管是独资、合资还是合作,企业组织形式可以是公司法人,也可以是合伙企业。从责任承担上看,因为法人制度的有限责任,企业组织形式为公司的占据绝大多数。2010—2017 年,外商独资这种投资形式的比例占我国农业利用外资方式的 80%,组织

----

① 该排名未将我国香港、台湾地区对内地(大陆)农业领域的直接投资计算在内。

形式全部是公司制。其次是中外合资形式，成立有限责任公司的约为10％。成立股份有限公司的占3％。中外合作投资形式的企业组织形式是合伙制，中外合作本质上是一种特许经营，合作到期后，外方在企业中的一切所有权益均归属于中方。因为农业的高风险，加上需要承担无限责任，因此比例不高，只有7％，且主要存在于特定农业农村部门，多为中长期的合作项目，基本上是属于《外商投资产业指导目录》中的限制类产业。按照国家政策的要求，在合资或合作形式中，中方资本必须占注册总资本的51％及以上，在企业决策中享有控制权。

（三）我国农业利用外商直接投资中存在的主要问题

1. 整体引资规模偏小，资金到位率低

由于投资形式多样化以及来源区域相对集中，我国农业领域利用外资的平均规模和整体规模均偏低。按照国际通行标准，单笔投资实际到位金额100万美元为中等规模。以此标准来衡量，我国农业领域的外资规模，单笔超过100万美元的并不多，单笔超过1000万美元的更是凤毛麟角。引资整体规模和平均规模偏小，在一定程度上制约了我国农业现代化的进程，无法利用外资来推动农业生产集约化发展。从产业链的角度而言，当前我国农业利用外资的主要部门集中在种植业、渔业、农业初级加工业等领域，科技含量高、农产品深加工等领域的引资规模更小。一方面，这些项目本身对投资规模就有较高要求；另一方面，这些项目运转周期较长，风险比较大，在短期内难以实现利润及效益，使得外商资本对此兴趣不大。另外，我国农业利用外资的资金到位率不高，普遍低于第二、第三产业。1997—2017年，我国农业利用外资的平均资金到位率仅为51.3％。尽管在2016年、2017年间，农业领域利用外资的资金到位率高于其平均到位率，但依然低于第二、第三产业的平均水平。外商资本的资金到位率不高，意味着大部分的外资宁可选择违约也不愿进行实际投资。究其原因，一方面，在中外合资或合作形式中,中方的资金到位率普遍不高,影响了外商投资的积极性,进而导致外商宁愿违约也不愿意进行实际投资;另一方面,部分地区的农业投资环境较差,政府承诺的各项优惠政策没有到位,影响了外商资本投资的积极性。

2.引资渠道单一,部门失衡明显

外商直接投资,从广义范围上看,其来源有三种类型:一是来自国际机构的贷款或是农业援助,包括世界银行等机构为我国农业发展提供的无息或低息贷款;世界粮食计划署和联合国开发计划署针对粮食生产提供的援助款。二是我国政府和其他国家(或地区)政府之间达成的农业技术合作或农业经济合作款项,也包括其他国家(或地区)的政府贷款或援助。当然,从2006年之后,我国就结束了农业受援国历史,外国政府给中国提供的农业援助款时代终结。三是狭义上的外商直接投资,外商资本以独资、合资或合作的形式出现。在上述三种资金来源中,第一、第二种类型在我国农业领域利用外资中所占比重逐渐减小,第三种已经成为我国农业领域利用外资的主要形式。在狭义的外商直接投资中,外商独资的占比最高,并呈逐渐上升的趋势,合作、合资形式逐年下降。具体到农业部门当中,种植业利用外资的规模最大,占农业利用外资总规模的73%,林业、渔业、畜牧业分列其后。在我国农业领域利用外资规模逐渐下降的情况下,种植业利用外资的规模过于庞大,会导致引资结构及部门分布上的失衡,不利于我国农业的整体发展。

3.引资来源地集中,区域失衡明显

如前所述,我国农业领域外商资本来源地比较集中,这也是导致我国农业领域引资规模整体偏小的一个重要原因。在这些来源地中,英属维尔京群岛是典型的城市经济,农业在其经济总量中所占的比重极小,也不是其优势产业。城市经济的特征属性决定了其投资规模不仅整体偏小，也决定了其投资的技术含量不会太高。日本、韩国这两个地区，尽管农业经济较为发达，但其资本对农业保护政策较为敏感，而我国农业保护政策还不够完善。习惯了农业保护政策的外商资本，如果无法从农业保护中获得更多的利益，其对我国农业领域的投资力度很难提高。

从国内各个地区农业利用外资的情形看，也呈现出明显的区域失衡现象。近几年来，我国东部地区农业利用外资的规模和比重在逐步降低，主要是因为东部地区城镇化进程比较快，农业投资成本过高，外资选择谨慎进入；中部地区是我国农业利用外资的主要区域；西部地区农业利用外资的规模和比例均比较小，远低于东部、中部地区。我国西部地区有着广袤的土地和良好的农业资源禀赋，但由于农业现代化进程发展缓慢，加上投资环境、引资政策、基础设施建设等方面相对落后，对外资的吸引力比较有限。但从意愿上看，西部地区农业吸引外资的需求最为强烈，但基于各种主客观原因，导致其吸引外资并不如意，由此也就进一步拉大了西部地区农业与东部、中部地区农业的发展差距。

4.引资优势欠缺，投资环境不够完善

第一，我国农业在国际农产品市场上缺乏竞争优势，农业在国内三次产业体系中也欠缺比较优势。改革开放40多年来，我国第二、第三产业发展迅猛，从农业中大量汲取资源，在整体上削弱了农业在国民经济中地位，再加上长期的小农经营模式和农业生态环境的恶化，使得我国农业生产成本较高，农产品在国际市场上未能形成价格和质量优势，因而整体上对外资缺乏吸引力。第二，外商资本在我国农业领域没有所有权优势。我国土地权属性质比较特殊，外商资本进入我国农业领域无法取得土地的所有权。此外，我国农业与工业、服务业等领域相比，生产过程及产品的同质化特征突出，这对外商注重的质量、品牌等非价格竞争优势而言没有太大的推动作用。第三,我国农业投资环境不够完善。首先,在硬件环境方面,我国农业基础设施建设经过改革开放40多年的发展,已经有了较大的改进。但是灌溉设施、道路交通、能源供应等方面依然不够完善,间接地降低了农业抗击自然风险的能力。其次,在软件环境方面,尽管我国对外商投资方面的立法日渐完善,外商权益保障机制逐步健全,但这些法律法规整体上缺乏体系性,法律条文之间的协同性不够。特别是地方政府吸引外资的优惠政策不够稳定,也缺乏连续性,加上地方政府的服务意识不够,外商投资农业的审批程序复杂,这些均加大了外商投资农业的风险和成本。

第二节 主要省份外向型农业发展现状[①]

一、山东外向型农业发展现状

根据山东省统计局公布的数据,"十三五"期间,山东省以推进农业供给侧结构性改革为主线,加快培育农业农村发展新动能,不断提升农业综合效益和竞争力,有效应对新冠疫情、洪涝灾害、非洲猪瘟等风险挑战,农业农村经济发展形势持续向好,经济总量迈上新台阶,高质量发展成效明显,开启全面推进乡村振兴和加快农业农村现代化新征程,外向型农业稳步推进。

(一)农业经济总量迈上新台阶

2020年,全省农林牧渔业总产值达到10190.6亿元,比2015年增

---

① 除个别数据另有标注外,其余数据均来自相关各省的统计年鉴。

加 906.7 亿元,按可比价计算,5 年年均增长 3.0%,为全国首个农业总产值过万亿元的省份。其中,农业产值 5168.4 亿元,年均增长 4.0%;林业产值 214.2 亿元,年均增长 8.8%;牧业产值 2571.9 亿元,年均增长 0.7%;渔业产值 1432.1 亿元,年均增长 0.2%;农林牧渔专业及辅助性活动产值 804.1 亿元,年均增长 11.2%。2020 年,山东粮食总产量达到 5446.8 万吨,连续 7 年站稳千亿斤台阶,比 2015 年增加 299.4 万吨。蔬菜产量自 2015 年开始,连续 6 年超过 8000 万吨,稳居全国第 1,2020 年蔬菜总产量 8434.7 万吨,比 2015 年增加 424.8 万吨。

(二)农产品贸易稳步发展

山东省是中国农产品出口强省,2020 年农产品出口额达到 1257 亿元,连续 22 年位居全国农产品出口第 1,外向型农业发展水平较高。从出口市场看,2020 年山东对"一带一路"沿线国家出口农产品 407 亿元,增长 13.9%,占出口总值的 32.4%,其中对东盟出口 255.4 亿元,增长 17.6%。同期,山东省对日本、欧盟(不含英国)和韩国分别出口农产品 283.8 亿元、149 亿元、129.7 亿元,分别下降 7.1%、7.1% 和 4.8%;对美国出口农产品 110 亿元,增长 9%。从具体产品看,蔬菜、水产品、鲜干水果及坚果为主要出口商品,其中出口蔬菜 302.6 亿元,增长 4.9%;出口水产品 296.6 亿元,下降 15.3%;出口鲜、干水果及坚果 140 亿元,增长 40.5%,三者合计占农产品出口总值的 58.8%。山东农产品出口实现增长有两方面主要原因。一方面,山东农业的高质量发展为农产品出口增长提供了基础。2020 年,山东粮食、肉类、水产品、水果、蔬菜等农产品产量继续稳居全国前列,另外随着全省现代农业产业体系加快构建,山东农产品质量安全建设也领先全国,数量和质量的双提升确保了农产品出口的规模与效益。另一方面,国际市场的多元化格局进一步开阔了山东省农产品出口前景。2020 年,山东农产品出口企业克服新冠疫情影响,迅速复工复产恢复出口,特别是对"一带一路"沿线国家的农产品出口得到显著提升,拉动全省农产品出口增长 4 个百分点。

2021 年山东省主要农产品进出口情况详见表 4-3。其中,出口排名靠前的分别为 HS-07 的食用蔬菜、根及块茎,HS-03 的鱼、甲壳动物、软体动物及其他水生无脊椎动物,HS-20 的蔬菜、水果、坚果或植物其他部分的制品,HS-16 的肉、鱼、甲壳动物、软体动物及其他水生无脊椎动物的制品;进口排名靠前的分别为 HS-12 的含油子仁及果实等,HS-02 的肉及食用杂碎,HS-03 的鱼、甲壳动物、软体动物及其他水生无脊椎动物,HS-07 的食用蔬菜、根及块茎。

表 4-3　2021 年山东主要农产品贸易情况　　　　　（单位:美元）

商品编码（HS）	商品名称	出口额	进口额
01	活动物	1421738	132616512
02	肉及食用杂碎	113970012	5508986799
03	鱼、甲壳动物、软体动物及其他水生无脊椎动物	3017738310	2777386073
04	乳品;蛋品;天然蜂蜜;其他食用动物产品	46012838	359406612
05	其他动物产品	186813145	56316249
06	活树及其他活植物;鳞茎、根及类似品;插花及装饰用簇叶	86128608	3998210
07	食用蔬菜、根及块茎	3095017222	963369381
08	食用水果及坚果;甜瓜或柑橘属水果的果皮	1788743660	364658976
09	咖啡、茶、马黛茶及调味香料	1109133497	308717133
10	谷物	5724636	889935949
11	制粉工业产品;麦芽;淀粉;菊粉;面筋	140398521	171255737

续表

商品编码 （HS）	商品名称	出口额	进口额
12	含油子仁及果实；杂项子仁及果仁；工业用或药用植物；稻草、秸秆及饲料	474713166	6502713236
13	虫胶；树胶；树脂及其他植物液、汁	281950927	23252662
14	编制用植物材料；其他植物产品	34017609	42670335
15	动、植物油、脂及其分解产品；精制的食用油脂；动、植物蜡	78318752	713369694
16	肉、鱼、甲壳动物、软体动物及其他水生无脊椎动物的制品	2125421251	123929649
17	糖及糖食	378883330	444807810
18	可可及可可制品	26126412	23935353
19	谷物、粮食粉、淀粉及乳的制品；糕饼点心	504968625	229231786
20	蔬菜、水果、坚果或植物其他部分的制品	2199209997	137699579

数据来源：中华人民共和国海关官网。

（三）农业生产结构不断优化

山东农业种植结构呈现积极变化，豆类种植面积不断扩大，比2015年增长39.4%；玉米种植面积减少，比2015年下降1.8%。农业产业结构进一步优化，农林牧渔专业及辅助性活动增加值占比较2015年提高2.6个百分点。

（四）新型农业经营体系加快构建

家庭农场、合作社、龙头企业、社会化服务组织和农业产业化联合体等经营主体超过50万家，新型农业经营主体与小农户之间的利益联结机制日趋完善，带动农民增收能力显著增强。

（五）品牌建设成果丰硕

截至2020年底，"三品一标"有效用标企业4845家，产品10275个。烟台苹果品牌价值超过145亿元，连续12年蝉连中国果业第一品牌。

（六）农业科技创新水平持续提高

2020 年，山东农业科技进步贡献率达到 65％，比 2015 年提高 3.2 个百分点；主要农作物良种覆盖率超过 98％；农作物耕种收综合机械化率达到 87.85％，高出全国平均水平近 17 个百分点。

（七）乡村产业不断发展壮大

全省年销售收入 500 万元以上的农业龙头企业超过 1 万家，其中，国家级龙头企业 106 家，居全国第 1。参与产业化经营的农户超过 1800 万户。农产品网络零售额持续增长，2020 年达到 360.3 亿元，总量居全国第 5。

（八）农民收入稳步提高

2020 年，全省农村居民人均可支配收入 18753 元，比 2015 年增加 5823 元，增长 45.0％，比同期城镇居民收入增速高出 6.4 个百分点。城乡居民收入倍差逐年下降，由 2015 年的 2.44 缩小到 2020 年的 2.33。

二、河南外向型农业发展现状

2019 年，河南省粮食总产量 1339.08 亿斤，连续 3 年超 1300 亿斤，同比增长 0.7％。其中，夏粮产量 749.08 亿斤，增长 3.6％，居全国第 1，对全国夏粮增产贡献率达到 44.9％。秋粮产量 590.00 亿斤，同比下降 2.8％。全年禽蛋产量 442.4 万吨，同比增长 7.0％；牛奶产量 204.1 万吨，同比增长 0.7％。猪牛羊禽肉产量 554.0 万吨，同比下降 16.4％。其中，禽肉、牛肉和羊肉产量分别为 145.2 万吨、36.2 万吨和 28.1 万吨，分别同比增长 19.1％、4.1％ 和 4.5％，猪肉产量 344.4 万吨，同比下降 28.1％。以"四优四化"为重点，河南省抓好优质专用小麦、优质花生等优势农产品基地建设，围绕面、肉、油、乳、果蔬 5 个产业，启动建设了 30 个省级现代农业产业园，构建国家、省、市 3 级现代农业产业园体系。截至 2019 年底，全省有农民合作社 18 万家，家庭农场 5.2 万家，农业社会化服务组织 8.8 万个，有效带动小农户对接大市场，提高了农业质量效益和竞争力，农民增收的渠道更加稳固。

（一）积极同"一带一路"沿线国家和地区建立农产品出口贸易合作

在外向型农业发展过程中，河南省积极响应"一带一路"倡议，同沿线国家和地区建立农产品出口贸易合作。2017 年，在河南省农产品出口市场中，东南亚和南亚是主要出口地区，出口总额为 62.439 亿元，占河南总出口额的 92%；对蒙俄中亚 7 国出口额占比达 4.77%；对西亚北非 16 国出口额占比达 2.09%；对中东欧 16 国出口额占比达 0.88%。此外，对越南出口 40.9359 亿元，较上年增长 3.9%；对印度尼西亚出口 5.4297 亿元，较上年增长 29.5%；对泰国出口 4.0922 亿元，较上年增长 78.6%，是增长最大的国家；对马来西亚出口 7.549 亿元，较上年增长 19.1%；对印度出口 0.4169 亿元，较上年增长 12.4%；对俄罗斯出口 1.6918 亿元，较上年增长 25.1%。

（二）依托数字技术大力发展外向型农业

近年来，河南省数字农业获得快速发展，一批数字农业关键技术取得突破，一批实用数字农业技术产品得到开发，一批网络化数字农业技术平台先后建立。目前，河南省已建成作物"四情"远程监测系统、大田智能物联系统等多个信息化应用系统，并在大田生产、设施农业、畜禽养殖等农业生产领域建立了 30 多个农业物联网示范基地。在数字农业应用系统研发方面，先后构建了小麦、玉米、花生等农作物生长发育模拟系统等重要涉农信息系统。在数字农业技术平台建设方面,启动了智能传感器、精准农业等特色物联网产业园建设,在济源、新野、永城、浚县、泌阳等国家现代农业示范区打造了多个农业物联网综合服务平台,实现了农业生产的数字化、精准化、集约化,很好地发挥了数字农业节本增效重要作用,有力地服务和支撑了河南省外向型农业发展。

（三）强化农业基础设施建设

将数字农业纳入高标准农田建设范畴,大力开展数字化灌溉农田水利设施建设,加快现代化农机设备进入农田,新增智慧农机购置补贴,鼓励现代农机设备使用,推动建立精准化、智能化、科学化远程控制管理农业生产模式。建立财政补贴机制,加快畜禽舍数字化改造,推进畜禽养殖机械设备提档升级,推动通风、采阳、温控、清理垃圾以及饲料投喂自动化建设,建立全封闭式现代化养殖舍棚,进一步提升畜禽养殖科技含量,提高畜禽产品市场竞争力。加强数字农业在现代农业产业园的应用,统筹规划与建设农村物流基础设施,优化数字农业运输环节,降低数字农业运作成本,发挥现代农业产业园示范引领和带动作用。

（四）建立新型职业农民队伍以支撑外向型农业发展

外向型农业要求数字农业技术高度发展,而数字农业技术是一项融合多学科前沿科技的现代农业生产技术,与传统农业生产技术相比,对从业人员的素质要求更高。因此,河南省进一步加快了新型职业农民培育,结合河南省农业高校和相关科研院所雄厚的师资力量和科研基础优势,将职业农民培养纳入教育培训发展规划,鼓励有关高校、职业院校开设数字农业课程,支持新型经营主体与科研院所、高校、科技企业开展合作,共同培养专业型、复合型数字农业人才,培养一支高素质、懂技术、会经营的本土科技队伍。同时,积极利用讲座、网课、电视广播、选派培训等多种形式开展数字农业技术专题培训工作，持续提升现代化农场管理者、现代化经营主体带头人以及新型职业农民的操作技能，为河南省外向型农业发展提供源源不断的人才保障。

三、四川外向型农业发展现状

四川省是我国的农业大省，多项农业指标位居全国前列，其中生猪出栏量、油菜籽和马铃薯产量、杂交水稻产种量和出口量居全国第一，肉类总产量和川茶产量位居全国第三。此外，四川省是中国特色农产品优势区和重要农产品保护区，盛产粮油、果蔬、茶叶、薯类、蚕桑、药材、淡水鱼等各类农产品。2018 年拥有"三品一标"产品总数达5320 个，居西部第一。

（一）农业生产能力较强，渔业资源丰富

2020 年，四川省农林牧渔业总产值达 9216.4 亿元，粮食总产量重上 700 亿斤（约合 3527.4 万吨）台阶，居全国第 9 位。

1. 农业生产快速发展，粮食生产能力显著提升

2020 年，四川省粮食播种面积总体保持在 1 亿亩左右；同时狠抓粮食生产政策、科技、资金投入和农业基础设施建设落实落地，广泛开展粮食优质高产创建，粮食单产水平稳步提高；全省粮食生产能力显著提升，确保了口粮绝对安全。因地制宜，着力发展川油、川菜、川果、川茶、川药、川桑等优势产业，促进了特色效益农业的快速发展，群众的"菜篮子"日益丰富。经济作物播种面积达到 5305.9 万亩，占农作物总播种面积的 35.9%。

2. 畜产品供给能力大大增强，生猪大省地位稳固

四川省是生猪调出大省，拥有 60 多个国家级生猪调出大县，生猪

出栏稳居全国第一位。非洲猪瘟疫情发生后,四川省高度重视生猪生产恢复、发展,取得了显著成效,生猪生产快速恢复。2020年,全省生猪出栏5614.4万头,保持全国第一;生猪存栏3875.4万头,位居全国第二。草食牲畜潜力释放,全省牛出栏296.4万头,羊出栏1792.1万只。家禽生产能力提高,全省家禽出栏7.7亿只。主要畜产品丰富多样,全省肉类总产量597.6万吨,猪牛羊肉占肉类总产量的比重占76.8%,禽、兔及其他肉类产量占肉类总产量的比重增至23.2%。全省奶类产量68.0万吨。

3. 渔业生产能力显著提高,渔业资源丰富

四川省水资源丰富,拥有大小河流千余条,全省总水面达900万亩,可养殖水面约600万亩,另有宜渔稻田1100万亩。丰富的水资源孕育了品种繁多的鱼类资源,全省有鱼类230余种。水产品产量快速增长,2020年全省水产品产量达160.4万吨。水产品品种日益丰富,水产养殖品种已发展到40多个,包括鱼类、甲壳类、贝类等。

(二)农产品出口比重总体呈下降趋势,精深加工产品出口较少

2014—2018年,各年度农产品出口总额均保持在40亿元以上,2018年达到50.11亿元,年均增速2.24%,低于同期全省外贸出口年均增速2.71个百分点。农产品出口占全省出口总额的比重先由2014年的1.67%上升到2016年的2.28%,2018年下降至1.5%,总体呈下降趋势。农产品出口占全省第一产业总值的比重仅1%左右。全省第一产业总值占全国第一产业总值的比重约为6%,而农产品出口占全国农产品出口的比重已连续4年不足1%。

2018年,四川出口总额较多的农产品是粮油食品、酒类、烟草及制品、蔬菜、中药材等,排名前10的出口农产品占全省农产品出口总额的84.95%,产品集中度较高,且多以烟草、蔬菜、中药材、茶叶等初级产品及粗加工产品为主,精深加工农产品所占比重较小。2014—

2018 年,全省出口农产品结构也发生了较大变化,曾是出口龙头产品的中药材、羽毛绒、冻猪肉、粮谷类、肠衣的出口额出现大幅下降,分别下降 2.6 亿元、2.88 亿元、1.98 亿元、0.14 亿元、0.4 亿元。其他粮油食品、酒类、烟草、茶叶的出口额则分别上升 6.63 亿元、6 亿元、4.65 亿元、1.27 亿元。

(三)出口企业整体实力偏弱,出口市场过于集中

2018 年,四川有出口实绩的农产品出口企业 425 家,其中民营企业 363 家,三资企业 36 家,国有企业 26 家,占全省农产品出口总额的比重分别为 54.33%、35.2%、10.47%。2014—2018 年,农产品出口上亿元的企业由 4 家增至为 8 家,上千万元的企业由 102 家下降为 81 家。出口百万元以下的企业由 151 家增至 198 家,占农产品出口企业总数的比重由 35.5% 上升至 46.8%。

2014—2018 年,四川省对亚洲的农产品出口金额占农产品总出口额的比重由 79.28% 下降至 64.21%。欧洲、北美洲、非洲、大洋洲的比重则分别由 9.73%、7.72%、1.56%、1.29% 上升至 11.89%、7.99%、4.29%、1.98%。对"一带一路"沿线国家和地区的农产品出口由 39.18% 下降为 35.26%。出口额前 10 的国家和地区的出口总额占农产品总出口额的 80% 以上,过于依赖其他国家市场的出口规模会在经济低迷周期呈现相应萎缩,甚至产生贸易风险和纠纷。

(四)省内各地区对农产品出口贡献不平衡

2014—2018 年,成都和宜宾农产品出口总额占全省农产品总出口额的 60% 以上,其中成都农产品出口总额由 2014 年的 23.53 亿元下降到 2018 年的 19.8 亿元,占全省农产品总出口额的比重由 51.32% 下降至 39.5%。宜宾农产品出口总额由 2014 年的 5.64 亿元上升到 2018 年的 12.03 亿元,占比由 12.31% 上升至 24.0%。农产

品出口年均增速在 20% 以上的有泸州(43.75%)、达州(38.75%)、雅安(26.74%)、眉山(24.61%)、自贡(22.32%)、宜宾(20.83%),此外有 9 个市(州)出现负增长。

（五）农业产业化重点龙头企业培育成效明显

截至 2021 年底,四川省初步形成了以 96 家国家级农业产业化重点龙头企业为核心,902 家省级重点龙头企业为骨干,近 3000 家市级重点龙头企业为基础的发展格局。其中,省级重点龙头企业平均总资产规模达 7.05 亿元,平均销售收入超 6 亿元,平均税后利润超过 6000 万元,在质量和效益方面取得了明显成效。同时,通过合同联结带动农户 607.1 万户,通过合作联结带动农户 286.6 万户。

（六）各类平台逐步完善

2018 年,全省国家现代农业产业园创建数增至 4 个,居全国第 1。拥有 3 个省级境外农业合作示范区和 4 个省级农业对外开放合作试验区。四川农业博览会、中国国际酒业博览会、中国泡菜食品国际博览会等搭建了广阔的经贸交流合作平台。截至 2018 年,四川省共举办各类农产品推介活动 60 场次,协议成交 57 亿元人民币,实际成交 15 亿元人民币。已有 27 家农业企业"走出去"投资兴业,在境外投资运营农业合作企业 74 个,累计对外农业直接投资存量 7.9 亿美元。

四、江苏外向型农业发展现状

江苏省地处南北气候过渡地带,生态类型多样,农业生产条件得天独厚,素有"鱼米之乡"的美誉,是我国东部地区最大的粳稻生产省份,也是全国优质弱筋小麦生产优势区。玉米、花生、油菜及多种杂粮、杂豆等特色粮经作物遍布全省,野生中草药材千余种。园艺蔬菜是全省第一大经济作物。地方畜禽种质资源丰富,拥有畜禽遗传资源保护名录品种 30 个，其中 15 个被列入国家级畜禽遗传资源保护名录，国家级保种单位数量全国第一。

2020 年，江苏省着力稳住农业基本盘，守好"三农"基础后院，乡村振兴取得新的进展。

（一）农业生产持续增强

全年粮食总产量再创新高，达 3729.1 万吨，猪牛羊禽肉产量 265.3 万吨，禽蛋产量 234.4 万吨，牛奶总产量 63.0 万吨，水产品总产量 489.2 万吨（不含远洋捕捞）。

（二）现代农业较快发展

全省新建高标准农田 360 万亩，农作物耕种收机械化率达 80%，农业科技进步贡献率达 70%。年末农业机械总动力 5193.9 万千瓦。高效设施农业面积 966.5 万公顷；有效灌溉面积 422.4 万公顷，新增有效灌溉面积 1.8 万公顷；新增设施农业面积 3.4 万公顷。

（三）新产业新业态转型升级

深入实施农产品出村进城工程，农产品网络销售额实现 843 亿元。启动"苏韵乡情"乡村休闲旅游农业系列推介活动，乡村休闲旅游农业综合收入突破 800 亿元大关。优良食味稻米面积 1450 万亩，多种形式的稻田综合种养面积 250 万亩。

（四）新型农业经营主体加快培育

截至 2020 年底，全省家庭农场 17.5 万家，省级示范家庭农场 2290 家；经市场监管部门登记的农民合作社 8.3 万家，其中国家示范社 408 家，省级示范社 1374 家；省级以上农业产业化龙头企业 897 家，农业产业化联合体 500 家；返乡"双创"人员超过 40 万人。每年培育高素质农民 20 万人。

（五）居民收入稳定增长

农村居民人均可支配收入 24198 元,城乡居民人均收入比为 2.19
∶1,比上年缩小 0.06。

（六）农业农村改革持续深化

超过 99％的村(居)完成农村集体产权制度改革整省试点任务,超
1.7 万个村级股份经济合作社完成登记赋码。启动实施农业农村重
大项目建设年活动、"万企联万村、共走振兴路"行动。

（七）农村人居环境进一步改善

全省建制镇垃圾中转站、行政村生活垃圾收集点实现全覆盖,1.2
万个村庄配套生活污水处理设施,农村无害化卫生户厕普及率达
95％,农村生活污水治理行政村覆盖率达 74％,农村人居环境整治三
年行动高质量如期收官。

（八）提升农业农村绿色发展水平

稳步推进农业废弃物资源化利用,废旧农膜回收率达 87％,农作
物秸秆综合利用率达 95％,畜禽粪污综合利用率达 97％,63 个县(市、
区)开展农药包装废弃物回收处置工作。推广"戴庄经验",31 个村开
展生态循环农业试点。全面推进长江流域禁捕退捕,完成长江干流及
保护区 7392 艘渔船、14887 名渔民退捕任务,实现退捕渔民、退捕渔
船、渔民就业、渔民安置保障 4 个"百分之百"。

五、黑龙江外向型农业发展现状

黑龙江省主要由山地、台地、平原和水面构成。平原占全省总面
积的 37.0％,海拔高度为 50—200 米。气候为温带大陆性季风气候,
降水资源比较稳定,适合种植谷物等粮食作物。

（一）粮食播种面积居全国首位，畜牧业平稳发展

2021年，全省粮食总产量为7867.7万吨，播种面积1455.1万公顷，均居全国第1。粮食产量占全国总产量的11.52％，种植面积占全国的12.37％。2017—2021年，粮食播种面积持续增加，2021年实现1455.1万公顷，比2020年增加了11.3万公顷，同比增长0.78％。

2015年，种植业产品尤其是玉米价格下滑，降低了饲料成本，为畜牧业增加利润带来了契机。2016年，黑龙江省大力发展畜牧业，推进"两牛一猪一禽"工程，吸引社会资金建设标准化适度规模养殖场。2017年，黑龙江省设立百亿元畜牧产业投资基金以加大畜牧产业的发展力度。2016—2020年，全省多数主要畜产品产量呈平稳增长趋势，猪肉产量经历小幅下滑，但在2020年恢复增长，表明"十三五"期间产业政策的倾斜是畜牧业平稳发展的关键，种植业结构调整为刺激畜牧业发展提供了辅助，促使黑龙江畜牧业发展态势良好。

（二）种植业进入内部结构调整阶段

自2016年起，黑龙江针对粮食品种的供需矛盾，在确保粮食产能不降低的前提下，主动优化农业生产结构和区域布局，省内三大主角粮食的种植面积实现"一减（玉米）双增（水稻、大豆）"。针对玉米阶段性供过于求的情况，黑龙江采取"玉米改大豆""粮改饲""粮改油"等措施调减玉米播种面积，由2016年的652.8万公顷减至2019年的587.5万公顷；水稻播种面积及价格均较稳定，2012—2019年种植面积围绕390万公顷上下波动；2018年以大豆生产者补贴取代目标价格补贴政策，大豆种植面积扩大至356.8万公顷。总体上，全省种植业发展向好，机械化水平和粮食生产能力均逐步提升。

黑龙江主要粮食产物为水稻、玉米、豆类和小麦。2014—2020年的播种面积来看，玉米的播种面积最多，但近几年在逐渐减少，2020

年玉米的播种面积为 548.1 万公顷,相比 2019 年的 587.5 万公顷,下降了 6.71%。豆类的播种面积在逐步增加,2020 年豆类的播种面积为 493.1 万公顷,相比 2019 年的 441.9 万公顷,上涨了 11.59%。水稻的播种面积总体稳定,小麦的播种面积在持续下降,2020 年降至 4.9 万公顷,相比 2019 年的 5.6 万公顷,同比下降了 12.50%。

(三)农产品出口发展缓慢且波动较大

根据环球印象投资分析中国事业部发布的《2022—2026 年中国农产品行业投资前景及风险分析报告》,2019 年,黑龙江省农产品出口额占全国农产品总出口额的比重为 1.18%,在全省农业总产值中占 1.63%,2018 年分别占比 1.15%、1.66%,经对比可知黑龙江农产品出口贸易情况总体稳定。整体来看,黑龙江农产品出口规模呈增长趋势,但出口发展缓慢、难有突破且波动较大。

(四)农产品出口以蔬菜等四大类为主

2019 年,黑龙江省主要出口的四大类农产品,出口量由高至低依次为蔬菜、大宗粮食、食用油籽、畜禽,由此可见,蔬菜是黑龙江的比较优势产品,出口额为 2.15 亿美元,同比增长 1.9%,占全省农产品出口总额的 22.95%。近年来四大类农产品出口总额约占全省农产品出口总额的 40%,虽已形成山特产品、食用菌、大米、坚果等出口优势产业,但从产品加工程度来看,以初级产品出口为主的状况短时间内很难改变,出口份额中初加工产品和精深加工产品的比值为 4:1。

(五)农产品主要出口市场集中在邻近国家

凭借地缘优势,黑龙江的农产品主要出口市场集中在俄罗斯、韩国、日本等邻近国家,其他市场分布在朝鲜、蒙古国、欧盟、美国等国家(或地区)。

1. 俄罗斯市场

作为中国对俄贸易的中心省份,黑龙江对俄罗斯出口额占全省农产品对外出口总额的近40%。为加强贸易合作,黑龙江对俄经贸合作中心不断拓展机构、完善服务,中国首个俄罗斯产业园于2016年10月在黑龙江省投入运营。根据海关统计数据,2019年,黑龙江对俄农产品出口额为3.27亿美元,其中,HS—07(食用蔬菜、根及块茎)、HS—08(食用水果及坚果、甜瓜或柑橘属水果的果皮)、HS—21(杂项食品)是对俄出口额最高的三大农产品。2017—2019年,黑龙江省与俄罗斯农产品贸易由顺差转为逆差,对俄农产品出口额年均降幅达3.75%,说明俄罗斯市场趋于饱和,黑龙江需开拓其他国际市场。

2. 日韩市场

日韩两国耕作面积小,本土产出的农产品价格高,大部分依靠进口,因此,日韩是黑龙江省重要的农产品出口市场。2006年,日本开始实施肯定列表制度,提高了对进口农产品的技术限制和标准,黑龙江省对日农产品出口额由2006年的0.64亿美元,波动下降至2019年的0.47亿美元。由于日本偏好水产品的饮食习惯及拉高农民收入的农业保护政策,近年来从黑龙江省进口额最高的农产品为HS-16(肉、鱼、甲壳动物、软体动物及其他水生无脊椎动物的制品)、HS-20(蔬菜、水果、坚果或植物其他部分的制品)。2019年,黑龙江省对韩农产品出口额为0.57亿美元,同比增长12.3%,但农产品出口额占全省对韩货物出口总额的比重从2018年的4.6%下降至2019年的3.82%,表明黑龙江省对韩农产品出口增长缓慢,增幅低于货物贸易出口。

(六)农产品出口以一般贸易为主导

黑龙江的农产品出口以一般贸易出口为主导,其他贸易方式在农产品出口总额中占比低。2019年,黑龙江省以一般贸易方式出口农产品 5.96 亿美元,占同期全省农产品出口总额的 63.6%;以边境小额、进料加工贸易方式分别出口 2.76 亿美元、0.14 亿美元。2017—2019 年,全省一般贸易出口额逐年增长,年均增幅达 5.55%,但进料加工、边境小额贸易出口额均有所下降,总体上贸易方式较为单一且有倾向加重态势。

六、新疆外向型农业发展现状

(一)粮食生产综合效益稳步增长

2019 年以来,新疆在确保口粮绝对安全的基础上,有序推进农业结构调整,保障粮食安全和重要农产品有效供给,促进农业生产由"量"向"质"转变。全年粮食总播面积 3306 万亩,人均粮食占有量达 614 公斤,真正实现了"不愁吃"。在这一过程中,全区落实"藏粮于地、藏粮于技"战略,重点推广良种良法配套、水肥一体化等高产高质高效粮食生产技术模式,不断优化品种结构,筑牢粮食增产基础。2019 年,全区小麦单产 386.2 公斤,较上年增加 3.1 公斤,优质小麦价值逐渐得到市场认可,粮食生产综合效益得到稳步提升。

(二)棉花品质继续提升

新疆棉花产业在全国的优势地位进一步巩固。2019 年,逐步调减棉花品种数量,在全区范围内推广"一主两辅"用种模式,主栽品种占棉花种植总面积的 73% 以上,棉花品质一致性稳步提升。同时,南疆棉花主产区积极推广棉花滴灌水肥一体化机采种植模式,实现棉花生产节本增效。据农业农村部门统计,2019 年全区棉花种植面积 3810.75 万亩,比上年增长 2.0%,棉花生产呈现规模化种植比例增加、种植成本降低、集约化水平提升的发展态势。

（三）区域特色农业不断发展

以加工番茄、加工辣椒、中药材等为主的区域特色农业成为农业发展新亮点。2019年，全区特色作物总播面积约1064.85万亩，较上年增加69.85万亩，一些地方土特产和小品种正逐步成长为带动农民增收的大产业。与此同时，设施农业也得到稳步发展，生产综合效益水平不断提升。2019年，全区设施农业生产面积达60.22万亩，其中拱棚35.04万亩。

2020年，全区规模以上农产品加工业主营业务收入增长6%以上，农产品加工业与农业总产值比达到1.6∶1以上，结构布局进一步优化，关键环节核心技术和装备水平进一步提升，行业整体素质显著提高，支撑农业现代化和带动农民增收作用更加突出，满足城乡人民美好生活需求的能力进一步增强。

近年来，新疆林果业坚持绿色化、优质化、特色化、品牌化发展方向，以农业供给侧结构性改革为主线，建设环塔里木盆地主产区核桃、红枣、巴旦木、杏、香梨、苹果产业板块，吐哈盆地葡萄产业板块，伊犁河谷和天山北坡葡萄、枸杞、小浆果、时令水果、设施林果产业板块，推进林果业产、加、销一体化发展，构建现代果业产业体系、生产体系和经营体系。核桃是新疆最具特色的传统林果树种之一，规模化管理程度高，品质优异。2019年，全区核桃集中连片种植面积583.7万亩，产量101.29万吨，成为南疆林果主产区的支柱产业。林果种植面积1856.15万亩，产量813.56万吨。红枣、葡萄、杏种植面积和产量均居全国第1；核桃种植面积居全国第6，产量居全国第2；香梨、苹果、巴旦木、西梅、石榴等名、优、特、新品种，依托得天独厚的水土光热资源，以上乘的品质得到市场青睐，展现出强劲的比较优势和市场竞争力。

（四）不断优化生产和加工布局

小麦加工业向昌吉州、伊犁州等地的41个主产县（市）集中布局，重点发展强筋小麦、有机小麦、专用小麦的区域化、规模化、标准化生产。玉米加工业向昌吉州、塔城地区等地的 36 个主产县(市)集中布局,重点发展制种玉米、饲用玉米、鲜食玉米、特种玉米、玉米淀粉糖等多元化生产和加工。棉花加工向喀什地区、阿克苏地区等地的 26 个主产县(市)集中布局,巩固国家优质商品棉基地地位,南疆重点推进规模化、集约化种植和订单化生产加工,北疆重点发展机械化采收和全产业链提质增效。

林果业围绕"一区三带六集群"特色林果优势区;畜牧业坚持"农牧结合、以农为主"的区域布局。北疆由草原畜牧业为主向草原畜牧业与农区畜牧业并重转变,重点发展乳业、草业、肉制品加工;南疆大力推进集中繁育与家庭育肥相结合的畜禽养殖业和特色养殖业。

特色作物向优势产区集中布局,重点构建北疆准噶尔盆地南缘和南疆焉耆盆地的加工番茄优势区域、焉耆盆地和准噶尔盆地南缘的加工辣椒优势区域、伊犁河谷和焉耆盆地及南疆塔里木盆地西南缘的香料作物优势区域。

水产主要构建以阿勒泰地区、伊犁州、博州、乌鲁木齐－昌吉－石河子等地区(区域)为重点的北疆水域渔业产业带,围绕产业区打造水产品加工基地。

(五)出口农产品范围扩大

2019 年,新疆口岸出口农产品 57.4 亿元人民币,同比增长 47.4%。农产品贸易方式以一般贸易和边境小额贸易为主,二者平分秋色,在新疆口岸农产品出口总值中分别占 49.1% 和 48.3%。民营企业依然领军农产品出口业务,出口总额达 51.6 亿元,占同期新疆口岸农产品总出口额的 89.9%。出口农产品主要销往哈萨克斯坦和吉尔吉斯斯坦,2019 年新疆口岸对哈萨克斯坦出口农产品虽然有所下降,但依然以 19 亿元的优势占同期新疆口岸农产品总出口额的

33.1%,出口到吉尔吉斯斯坦的约占31.5%。其次是俄罗斯和巴基斯坦。核桃(包括核桃仁)出口显著增长,出口额16.7亿元,增长220%,番茄酱罐头和柑橘出口也都有所增长。

在"一带一路"倡议推动下,新疆农产品"朋友圈"越来越大,目前已远销138个国家和地区。新疆出口农产品种类不断"破圈",从过去的番茄酱、干果,发展到现在的罐头类、调味品类、中药材类、水产品类、酒类及新鲜水果等多种产品。

第五章　浙江外向型农业分析

本章主要分析浙江外向型农业的优势、发展现状与特点,为后面的农产品竞争力和外向型农业产业竞争力分析提供现实依据。

第一节　浙江发展外向型农业的优势

浙江农业外向开发起步较早。1950 年,农产品开始小额出口;1973 年,市、县两级外贸机构的建立结束了农副产品外贸出口徘徊不前的局面,农副产品出口获得较快增长;1984 年,浙江进一步对外开放以来,农业外贸由自发发展转向自觉发展;1985 年,农业快速发展,开始创汇;1988—1997 年,由单向输出转向双向流通型,国外资金、良种、技术和设备得到引进;1992 年以后,由出口创汇为主转向全面开放。可以说,经过这么多年的努力,浙江外向型农业经历了艰难的爬坡过程,积累了特定的发展优势。

一、区位优势

长三角是全国发展基础最好、体制环境最优、开放程度最高的区域之一，浙江地处长三角南翼，这一独特的区位条件显然是其现实优势。浙江历来是重要的对外贸易省份，良好的政策驱动，使其充分发挥了深水良港和遍布世界的"宁波帮""温州帮"等作用。近几年，通过与上海加强合作，显示出强劲的发展潜力。

浙江濒临东海，地处亚热带季风气候区，降水充沛，年均降水量为1100～2000毫米，是中国降水较丰富的地区之一。树种资源丰富，素有"东南植物宝库"之称。林地面积660.2万公顷，其中森林面积607.5万公顷。森林覆盖率为61.15%，活立木总蓄积3.85亿立方米。浙江的森林覆盖率、毛竹面积和株数均居全国前列。[1]

浙江海洋资源十分丰富。海岸线总长6715公里，居全国首位，其中大陆海岸线2218公里，前沿水深大于10米的海岸线482公里，约占全国30%。浙江港口、渔业、旅游、油气、滩涂五大主要资源得天独厚，组合优势显著。海洋渔业资源蕴藏量丰富，渔业生产能力较高。全省有渔场22.3万平方公里，资源蕴藏量205万吨，其中舟山渔场是我国最大的渔场，也是全球四大渔场之一。海洋能资源类型丰富，蕴藏量巨大。东海大陆架盆地具有开发前景良好的石油和天然气资源，是中国海上油气勘探的主要地区。可开发潮汐能的装机容量占全国的40%，潮流能占全国一半以上，波浪能、风能、温差能、盐差能等开发条件优越。浙江海岸滩涂资源有26.68万公顷，居中国第三。舟山是浙江唯一的海岛市，是国家重点开发区域之一。综合来说，浙江海域辽阔，气候温和，水质肥沃，饵料丰富，适宜多种海洋生物的栖息生长与繁殖。生物种类繁多，素有"中国鱼仓"美誉。[2]

---

[1] 数据来自浙江省林业局。
[2] 数据来自浙江省统计局。

二、物产优势

浙江拥有多宜性的气候环境、多样性的生物种类,粮油、畜禽、渔业、蔬菜、茶叶、果品、食用菌、花卉等产业稳步发展,茶叶、蚕桑、蜂、食用菌等特色产业在全国占有较大份额。大米、茶叶、蚕丝、柑橘、竹品、水产品在全国占有重要地位。绿茶产量居全国第一,蚕茧产量居全国第二,绸缎出口量占全国总出口量的30%,柑橘产量居全国第三,毛竹产量居全国第一。浙江是中国的渔业大省,渔业已由传统生产阶段进入到捕捞、养殖、加工一体化,内外贸全面发展的产业化经营阶段。石浦渔港、沈家门渔港在中国最早四大中心渔港中占有两席,海洋捕捞量居中国之首。杭嘉湖平原是中国三大淡水养鱼中心之一。

2017年10月,浙江省入选第一批国家级农业可持续发展试验示范区。近几年,为了适应多样化的市场需求,浙江广泛应用先进技术和品种,大力开发反季节栽培、设施栽培、嫁接栽培、航空育种等技术,物产种类不断拓展。2021年,浙江粮食播种面积1007千公顷,比上年增长1.3%,总产量621万吨,增长2.5%;油菜籽播种面积120千公顷,增长5.6%;蔬菜664千公顷,增长0.7%;中药材47千公顷,下降6.2%;瓜果类88千公顷,下降9.2%。猪牛羊禽肉总产量103万吨,增长15.2%;猪肉产量65万吨,增长20.2%;禽蛋产量31万吨,下降6.7%;牛奶产量19万吨,增长1.2%。水产品总产量626万吨,增长1.7%,其中,海水产品产量484万吨,增长1.5%;淡水产品产量142万吨,增长2.5%。年末生猪存栏640万头,增长2.0%,存栏总量为2017年末的118.0%;其中能繁母猪存栏69万头,增长19.4%。全年生猪出栏774万头,增长16.3%。2021年,累计创建省级现代农业园区79个、建成验收特色农业强镇109个,严格保护好810万亩粮食生产功能区。农业"双强"行动强势开局,组建农业农村"三农九方"科技联盟,发布农业主导品种 122 个、主推技术 113 项,良种覆盖率 98％、比全国平均高 3 个百分点。实施农业机械"尖兵""领雁"、首台套等攻关项目 35 个。深化"肥药两制"改革,强化"三品一标"建设,新增农产品地理标志 16 个,累计 154 个;新认定绿色食品 674 个,有效期内绿色食品 2444 个;新建国家农产品地理标志保护工程 10 个,累计 30 个;新建省级精品绿色农产品基地 10 个,累计 35 个。统筹推进百条十亿级农业全产业链创建、十万农创客培育和乡村产业"一县一平台"建设,认定国家级特色农产品优势区 10 个,省级特色农产品优势区 114 个。2021 年,创建美丽乡村示范县 11 个、美丽乡村示范乡镇 110 个、特色精品村 315 个;新时代美丽乡村达标村 5512 个。[①]

三、发展优势

走在全国前列的浙江开放型经济为浙江农业的发展奠定了良好基础。几年来,浙江农业和农村经济的市场化进程加快,农村市场体系逐步健全,要素市场和市场中介组织不断发展和完善,农民的产业意识、商品意识和市场观念日益增强,农业发展的市场化趋势明显。1998 年,浙江率先进行了粮食购销体制改革,加大了农业产业结构调整步伐,改造传统产业,走出了符合浙江实情的发展创汇、高效生态、精品农业之路。

2019 年 10 月,浙江省入选国家数字经济创新发展试验区。2021 年 6 月 10 日,《中共中央　国务院关于支持浙江高质量发展建设共同富裕示范区的意见》发布,这是以习近平同志为核心的党中央把促进全体人民共同富裕摆在更加重要位置做出的重大决策,充分体现了党中央对解决我国发展不平衡不充分问题的坚定决心,为浙江高质量发

---

① 数据来自浙江省统计局。

展促进共同富裕提供强大动力和根本遵循,也为浙江发展外向型农业提供了坚实的政策支持。

2020 年,浙江农村居民人均可支配收入 31930 元,首次迈上"3 万元"台阶,比上年增长 6.3%,是全国平均水平的 1.63 倍,连续 36 年居全国各省区首位,城乡居民收入比缩小到 1.96∶1,农民消费支出 21555 元。实现了"两不愁三保障"突出问题清零、家庭人均收入 8000 元以下情况清零、村级集体经济薄弱村清零"三个"清零,农村地区同步高水平全面建成小康社会。

2021 年,浙江省农村常住居民人均可支配收入 35247 元,增长 10.4%,绝对值连续 37 年居省区第一。城乡居民收入比 1.94∶1,农村常住居民人均生活消费支出 25415 元,增长 17.9%。实施农民扩中提低行动计划,推进强村惠民,98.8% 的行政村集体经济总收入达到 20 万元且经营性收入 10 万元以上。实施先富带后富"三同步"行动,构建新型帮共体,实现 26 个山区县、2397 个乡村振兴重点帮促村、所有低收入农户帮扶全覆盖;健全低收入农户返贫监测预警机制,全省低收入农户年人均可支配收入增长 14.8%,高出全省农民收入增速 4.4 个百分点。统筹推进了路、水、电、网、气、能等基础设施城乡互联互通、共建共享。具备条件 200 人以上自然村公路通达率达到 100%,农村公路优良中等路比例超 85%;饮用水达标人口覆盖率超 95.0%,供水工程水质达标率超 92.0%,基本实现城乡同质饮水;行政村 4G 和光纤全覆盖,重点乡镇 5G 全覆盖。健全自治法治德治智治"四治融合"的乡村治理机制,累计建成善治(示范)村 6036 个。推进了城乡公共服务均等化,农村标准化学校达标率 98.6%,规范化村级卫生室比例 78.3%,居家养老服务中心实现乡镇全覆盖,新时代文明实践中心全覆盖、实践所站覆盖率 80.0%。开展农村实用人才和高素质农民培训 9.8 万人次,线上课程学习 315.5 万人次。[①]

四、经营优势

浙江实行以市场为导向的农业产业化经营方式,龙头企业、专业合作经济组织、市场营销服务企业在带领农民进市场方面发挥了主导作用,市场机制在农业领域优化配置要素的基础作用得到强化,农业产业链多元化,生产力发展的动力进一步增强。

根据 2021 年底浙江省农业农村厅发布的《2021 浙江省县域数字农业农村发展水平评价报告》,2020 年,浙江省县域数字农业农村发展总体水平为 66.7%,连续 3 年稳居全国第 1。全省 85 个涉农县(市、区)中有 81 个县(市、区)的发展水平超过了全国总体水平,发展水平排名全国前 100 的县(市、区)有 26 个。截至 2020 年,浙江累计培育家庭农场 11 万余个,农民专业合作社 4.2 万个,带动农户 500 多万户,新型农业经营主体的生产经营能力不断提高。组织实施科技进乡村、资金进乡村、青年回农村、乡贤回农村"两进两回"行动,培育青年大学生农创客 7221 人。2020 年,浙江省建有电商服务站的行政村占比高达 94.4%,基本实现全覆盖。全年共培育电子商务示范村 712个,农村电商示范服务站(点)284 个。电商进农村覆盖面进一步扩大,浙江成为全国电子商务生态链最完整、最活跃的地区之一,示范成效与产业贡献逐步凸显。

此外,相关和支持产业方面的经营优势也比较明显。影响农产品国际竞争力的相关产业包括农产品上游生产资料供应、中游生产加工、下游销售等相关产业,即农业生产、农产品加工和农业物流三个方面的因素;支持产业包括与农产品生产、加工、销售相关的基础设

---

① 数据来自浙江省农业农村厅。

施，政府对农业的支持等。相比较而言，浙江省农产品加工企业生产已颇具规模，农副产品加工技术虽然与发达国家先进技术相比有一定差距，但在全国已处于领先水平。浙江省信息物流产业正处于一个快速发展时期，以阿里巴巴为代表的一批从事电子商务、信息物流服务类企业快速进入农业领域，形成了农业生产的产前、产中、产后的供应链衔接，实现了从"田园到餐桌"的快速配送物流体系。加上政府主要实施的是"让位于市场"的疏导政策手法，使得相关产业之间的衔接作用得到了很好的发挥。

五、政策优势

浙江政府有着较强的创业创新意识，农业农村改革创新全面深化，地方金融创新等一系列改革率先实施，采取政府引导、市场主导、资本运作的办法，积极引导工商资本、民间资本、外商资本和信贷资金投资农业，多元化的农业投入机制加快形成。在政府、新型经营主体和广大农户的合力推动下，特色农业产业逐步形成以投入促进发展、以发展吸引投入的良性循环。

改革开放 40 多年来，浙江省加大了政府投入和导向作用，在扶持农业龙头企业、培育农村专业合作社、加强农民培训、加快农业技术推广、稳定粮食生产、优化产业结构、促进农科教结合等方面始终坚持强劲的政策推动，保障全省农村经济、农民收入的持续上升势头。

2020 年，全省农业农村信息化资金总投入 378.6 亿元，县均投入 4.5 亿元，同比增长 55.3%，两项指标均为全国平均水平的近 10 倍。较为充分的财政投入，加上政府和社会资本合作发展的创新模式，为县域数字农业农村建设发展注入"源头活水"。

2020 年，浙江省应用信息技术实现行政村"三务"综合公开水平为 99.8%，行政村党务、政务、财务公开水平分别为 99.8%、99.8% 和

99.7％,基本实现全覆盖；完成和正在实施"雪亮工程"的行政村覆盖率为 100％,实现在线办事率 90.9％。以智慧赋能"智变"撬动省域治理、市域治理的"质变",实现了从经验走向科学、从局部走向整体、从低效到高效、从被动到主动的治理能力提升。

第二节 浙江外向型农业发展现状

浙江省农业物种资源丰富,是农林牧渔全面发展的综合性农区。近年来,浙江外向型农业平稳发展,农产品对外贸易快速增长,农产品市场开放水平大幅提高。在对外贸易的带动下,浙江农业市场化改革起步较早,农民专业合作社等新型市场主体发育较快,工商企业、民间资本投资开发农业活跃,农产品出口对农业增效、农民增收、农业产业化发展做出了巨大贡献。

一、浙江农业发展概况

（一）农业产值情况

1978—2020 年浙江农林牧渔业总产值及其细分行业总产值情况详见表 5-1。总体来看,呈现逐年增长的势头。1978 年,浙江农、林、牧、渔业总产值仅为 65.71 亿元,2020 年则已经达到了 3496.94 亿元。

表 5-1 1978—2020 年浙江农业产值情况 （单位：亿元）

年份	总产值	农业产值	♯种植业产值	林业产值	牧业产值	渔业产值	农林牧渔专业及辅助性活动产值
1978	65.71	50.82	48.86	1.99	9.42	3.48	—
1979	91.84	69.47	67.29	2.75	15.55	4.07	—

年份	总产值	农业产值	♯种植业产值	林业产值	牧业产值	渔业产值	农林牧渔专业及辅助性活动产值
1980	92.67	64.23	60.52	3.61	19.39	5.44	—
1981	95.56	69.21	64.48	3.79	16.45	6.11	—
1982	118.04	84.61	77.91	4.42	22.88	6.13	—
1983	118.68	83.65	74.87	4.77	23.41	6.85	—
1984	147.49	102.8	89.93	6.67	27.01	11.01	—
1985	174.05	111.2	92.85	8.87	37.84	16.14	—
1986	192.04	122.97	101	9.26	40.09	19.72	—
1987	227.18	141.09	113.91	11.61	48.57	25.91	—
1988	280.94	162.8	129.89	14.4	70.33	33.41	—
1989	304.5	181.26	145.97	13.6	75.68	33.96	—
1990	331.56	199.48	163.92	16	75.18	40.9	—
1991	363.22	217.21	180	17.42	76.78	51.81	—
1992	396.93	226.46	179.94	21.01	85.23	64.23	—
1993	490.13	274.85	218.01	29.8	92.11	93.37	—
1994	690.2	372.97	305.58	41.92	134.78	140.53	—
1995	868.76	481.9	407.24	50.02	142.03	194.81	—
1996	932.85	517.29	431.9	54.77	155.88	204.92	—
1997	1004.88	516.21	426.56	59.26	190.03	239.38	—
1998	1003.66	522.98	434.22	59.46	165.85	255.37	—
1999	1005.22	519	431.57	62.31	157	266.91	—
2000	1057.07	521.31	446.15	54.48	183.94	297.36	—
2001	1053.57	488.59	471.52	60.2	195.94	308.84	—
2002	1101.86	511.42	495.72	60.84	205.09	324.51	—
2003	1184.04	529.44	515.24	65.67	233.01	337.11	18.81
2004	1332.27	592.59	578.22	78.36	277.89	361.99	21.44
2005	1428.28	654.81	640.2	83.51	285.95	380.81	23.2

续表

年份	总产值	农业产值	♯种植业产值	林业产值	牧业产值	渔业产值	农林牧渔专业及辅助性活动产值
2006	1422.6	684	669.44	86.04	279.01	347.53	26.03
2007	1597.15	735.92	721.63	95.47	367.6	369.9	28.27
2008	1780.01	813.1	796.12	106.95	418.86	407.82	33.28
2009	1873.4	879.05	864.47	117.64	404.88	435.48	36.35
2010	2172.86	1041.3	1041.3	119.35	448.42	522.18	41.61
2011	2534.9	1152.04	1152.04	134.07	546.33	655.75	46.71
2012	2658.66	1229.36	1229.36	142.14	549.04	687.05	51.08
2013	2837.39	1336.79	1336.79	141.54	546.18	757.97	54.91
2014	2844.59	1385.96	1385.96	147	472.23	779.36	60.04
2015	2933.44	1434.71	1434.71	151.63	426.18	855.86	65.06
2016	3038.49	1455.29	1455.29	158.15	455.6	899.07	70.39
2017	3093.36	1494.49	1494.49	170.16	371.29	979.28	78.14
2018	3157.25	1517.96	1517.96	177.01	331.8	1043.27	87.21
2019	3355.25	1594.96	1594.96	185.48	395.16	1080.93	98.71
2020	3496.94	1593.96	1593.96	189.56	472.63	1130.63	110.15

注：本表按当年价格计算；2003 年起农林牧渔业总产值中包括农林牧渔专业及辅助性活动产值（即服务业产值）；2016 年、2017 年数据已与"三农"普数据衔接，下面各表同。

2021 年，农业经济运行总体稳中有升、稳中有进。全省农林牧渔业产值预计 3566 亿元，比上年增长 3.0%；两年平均增长 2.4%，比 2019 年高 0.6 个百分点。其中，农业（种植业）、畜牧业、渔业、农林牧渔专业及辅助性活动产值分别为 1699 亿元、398 亿元、1191 亿元和 122 亿元，分别同比增长 2.6%、11.9%、2.0% 和 9.5%，林业产值 156 亿元，同比下降 8.8%。从构成看，农、林、牧、渔、服产值比为 45.4：4.5：14.7：32.0：3.4，与上年的 47.9：5.4：10.9：32.6：3.2 相比，农业（种植业）、林业和渔业占比分别下降 2.5 个、0.9 个和 0.6 个百分点,牧业上升 3.8 个百分点。

表 5-2 为 2014—2020 年浙江农、林、牧、渔业分项产值情况。

表 5-2　2014—2020 年浙江农、林、牧、渔业分项产值　（单位:亿元）

指标	2014 年	2015 年	2016 年	2017 年	2018 年	2019 年	2020 年
总产值	**2844.59**	**2933.44**	**3038.49**	**3093.36**	**3157.25**	**3355.25**	**3496.94**
农业(种植业)产值	1385.96	1434.71	1455.29	1494.49	1517.96	1594.96	1593.96
粮食	242.04	241.66	185.1	188.43	194.2	195.85	213.85
谷物	204.9	202.83	156.75	160.11	167.41	167.12	179.77
豆类	20.16	20.7	15.98	16.15	16.43	17.99	22.81
薯类	16.98	18.13	12.37	12.17	10.36	10.75	11.27
油料	21.34	21.95	21.08	21.35	23.45	25.86	25.04
棉花	3.01	2.44	2.02	1.68	1.02	1.02	0.86
麻类	0.01	0.01	0.01	0.01			
糖料	9.03	9.2	6.07	5.59	6.45	7.1	7.38
蔬菜	436.27	461.69	527.67	517.37	521.18	563.42	553.89
茶、桑、果	400.78	412.13	416.57	456.07	456.16	471.49	465.58
其他农业产值	12.96	12.16	9.63	9.29	9.93	9.9	9.86
林业产值	147	151.63	158.15	170.16	177.01	185.48	189.56
人造林木生长	8.08	8.71	7.78	6.69	6.37	5.88	6.03
林产品	70.65	74.11	86.07	106.43	111.88	120.55	125.6
竹木采运	52.49	53.04	47.38	40.4	41.74	42.03	40.43
牧业产值	472.23	426.18	455.6	371.29	331.8	395.16	472.63
牲畜繁殖、增长增重	337.97	295.67	308.89	237.81	195.72	236.42	316.9
家禽饲养	44.42	44.3	54.01	45.14	49.2	57.55	57.23
活的畜禽产品	44.44	41.5	43.12	38.22	40.1	44.13	42.67
其他动物饲养	43.54	42.72	47.14	47.64	44.21	53.47	53.46
渔业产值	779.36	855.86	899.07	979.28	1043.27	1080.93	1130.63
海水产品	566.38	633.42	664.14	734.56	788.9	809.82	840.79

续表

指标	2014 年	2015 年	2016 年	2017 年	2018 年	2019 年	2020 年
淡水产品	212.98	222.44	234.93	244.72	254.37	271.11	289.84
农林牧渔专业及辅助性活动产值	60.04	65.06	70.39	78.14	87.21	98.71	110.15

（二）农业生产情况

表 5-3 给出了 1978—2020 年浙江主要农作物产量情况。总体来看，粮食、棉花产量自 1984 年后呈下降趋势，蔬菜及食用菌、茶叶、水果产量则呈增长趋势。

表 5-3　1978—2020 年浙江主要农作物产量　　　　（单位：万吨）

年份	粮食	棉花	油料	蔬菜及食用菌	茶叶	水果	♯柑橘
1978	1467.2	7.26	22.06	—	5.87	14.61	6.78
1979	1611.3	6.69	27.03	—	6.55	22.45	11.24
1980	1435.5	8.29	28.86	—	7.54	22.5	9.14
1981	1419.2	6.81	39.99	—	8.93	22.79	12.06
1982	1712.1	9.76	38.62	—	10.71	25.8	12.85
1983	1583.7	9.37	29.76	—	10.2	28.3	17.18
1984	1817.15	13.29	33.89	—	9.56	30.66	17.85
1985	1621.29	8.13	44.19	100.26	9.31	135.38	28.54
1986	1605.09	7.56	42.94	753.99	10.43	52.05	36.15
1987	1588.99	6.54	39.66	756.29	11.59	70.95	54.91
1988	1553.64	4.37	43.06	761.63	12.82	51.6	28.6
1989	1554.28	4.19	38.28	776.85	11.78	98.75	72.47
1990	1586.1	6.42	48.35	736.63	11.7	180.91	79.73
1991	1640	7.53	45.56	740.15	11.41	134.49	106.42
1992	1553.5	5.96	50.08	689.38	11.94	102.37	73.85
1993	1436.18	5.79	38.57	771.46	12.23	273.55	113.52

续表

年份	粮食	棉花	油料	蔬菜及食用菌	茶叶	水果	♯柑橘
1994	1404	5.54	34.59	819.6	10.69	295.4	139.27
1995	1430.9	6.25	50	823.51	10.21	335.39	170.03
1996	1516.77	6.84	52.11	888.17	9.9	342.18	180.41
1997	1493.53	4.76	48.88	895.04	10.17	388.95	210.51
1998	1435.2	6.49	35.55	1009.52	11.32	359.93	149.69
1999	1392.96	4.04	54.06	1127.45	11.77	428.55	212.01
2000	1217	2.92	57.88	1470.04	11.64	380.67	97.19
2001	1075.61	3.16	58.22	1634.13	12.06	516.64	163.81
2002	959.41	2.24	46.97	1765.28	13.85	500.9	164.28
2003	809.23	2.1	43.77	1780.19	13.27	568.38	176.66
2004	850.17	2.28	48.77	1749.76	13.87	632.07	200.99
2005	830.42	2.16	50.14	1741.82	14.44	577.96	148.11
2006	785.5	2.38	35.61	1716.61	15.24	644	180.35
2007	723.48	2.37	32.95	1718.06	16.02	690.28	198.56
2008	731.54	2.45	41.27	1755.87	16.23	747.92	238.36
2009	723.09	2.28	43.24	1764.76	16.74	712.41	197.54
2010	686.24	2.23	39.47	1788.81	16.27	701.31	190.78
2011	676.41	2.29	39.85	1815.61	16.97	712.36	194.44
2012	648.22	1.97	38.3	1819.81	17.48	703.84	193.56
2013	601.17	1.72	37.78	1764.29	16.86	715.65	193.03
2014	603.61	1.43	30.66	1762.79	16.54	714.84	200.93
2015	583.97	1.07	31.35	1806.94	17.25	740.86	207.79
2016	564.84	0.83	25.98	1865.09	17.22	724.32	178.69
2017	580.14	0.6	26.9	1910.45	17.83	751.29	186.79
2018	599.14	0.81	29.43	1888.37	17.52	743.62	183.72
2019	592.15	0.81	31.93	1903.09	17.72	744.11	183.4
2020	605.7	0.69	32.09	1945.5	17.72	755.27	191.75

表 5-4 为 2014—2020 年浙江主要农作物播种面积的情况。

表 5-4 2014—2020 年浙江主要农作物播种面积 （单位：千公顷）

指标	2014 年	2015 年	2016 年	2017 年	2018 年	2019 年	2020 年
农作物播种面积	**2005.44**	**1996**	**1946.45**	**1981.12**	**1978.68**	**1999.62**	**2014.5**
粮食作物	1005.59	989.7	951.36	977.19	975.73	977.44	993.4
谷物	815.99	800.9	757.99	784.86	789.9	791.27	804.25
稻谷	654.2	634.24	613.09	620.68	651.07	627.52	636.02
早稻	92.37	89.91	86.53	86.43	97.1	98.81	101.22
晚稻及单季稻	561.83	544.32	526.56	534.25	553.97	528.71	534.8
单季晚稻	466.48	450.47	433.94	439.58	454.94	425.73	445.21
小麦	89.53	98.96	85.32	103.67	85.36	82.66	93.36
大（元）麦	14.71	10.81	5.76	5.12	0.38	0.41	2.01
玉米	51.07	51.63	49.94	51.88	49.34	76.42	63.28
其他谷物	6.48	5.26	3.88	3.5	3.75	4.27	9.57
豆类	114.78	114.92	114.38	108.25	113.14	118.73	115.81
大豆	85.1	86.27	83.82	80.41	85.21	90.16	82.75
其他豆类	29.68	28.65	30.55	27.84	27.93	28.57	33.05
薯类	74.82	73.88	78.99	84.08	72.68	67.44	73.35
马铃薯	39.99	39.38	41.87	44.99	34.29	32.81	23.54
油料	145	146.09	126	122.29	128.45	140.38	137.27
油菜籽	126.37	122.33	99.33	96.15	104.87	116.76	113.73
花生	14.21	18.24	17.33	17.14	15.84	16.63	17.01
棉花（皮棉）	9.92	7.38	5.62	4.53	5.71	5.62	4.81
麻类	0.09	0.07	0.06	0.04	0.04	0.03	0.02
糖类	10.1	9.96	6.27	5.71	6.15	6.92	7.17
烟叶	0.73	0.67	0.63	0.61	0.54	0.51	0.5
药材类	36.57	38.61	43.01	48.6	50.32	53.49	50.41
蔬菜	606	618.07	633.21	644.09	638.98	645.83	659.62
瓜果类	95.74	100.2	101.85	102.13	99.76	98.8	96.66
西瓜	70.78	72.36	70.47	69.73	66.34	64.96	63.96
其他农作物	95.7	85.26	78.46	75.9	73	70.61	64.64

2020年,浙江粮食播种面积993.4千公顷,比上年增长1.6%,总产量606万吨,同比增长2.3%;油菜籽播种面积114千公顷,同比下降2.6%;蔬菜659.6千公顷,同比增长2.1%;中药材50.4千公顷,同比下降5.8%;瓜果类96.7千公顷,同比下降2.2%。全年猪牛羊禽肉总产量90万吨,比上年下降4.3%;水产品总产量615万吨,同比增长2.5%,其中,海水产品产量477万吨,同比增长2.0%;淡水产品产量138万吨,同比增长4.1%。

(三)农业园区建设情况

2020年,累计创建省级现代农业园区69个、特色农业强镇113个,建成单条产值10亿元以上的示范性农业全产业链80条。严格保护好810万亩粮食生产功能区。新增34个农产品地理标志,累计138个;新认定绿色食品761个,新增绿色食品基地面积17.7万亩;新建省级精品绿色农产品基地10个,累计25个。

(四)乡村建设情况

2020年,"千万工程"深入推进。深化农村"三大革命",设区市农村生活垃圾分类处理行政村覆盖率85%,回收利用率45%以上,资源化利用率达90%以上,无害化处理率达100%;建设(提标)农村规范化公厕64842座,平均每个行政村超过3座,创建省级星级公厕2000座,其中示范性公厕200座;农村生活污水处理设施行政村覆盖率92.5%。创建美丽乡村示范县45个、美丽乡村示范乡镇500个、特色精品村1500个、新时代美丽乡村达标村11290个。健全自治法治德治智治"四治融合"的乡村治理机制,累计建成善治(示范)村6036个。统筹推进路、水、电、网、气、能等基础设施城乡互联互通、共建共享,新改建和改造提升农村公路1.3万公里,实现建制村客车"村村通";农饮水累计完成提标人口1054万人,达标人口覆盖率95%以上,水质达标率 90%以上，城乡规模化供水率 85%以上。加快城乡公共服务同标同质，全省乡镇公办中心幼儿园实现全覆盖，农村标准化学校达标率 98.61%；组建县域医共体 161 家，村卫生室规范化率 74.5%；农村文化礼堂 1.78 万家，新时代文明实践中心建设试点 54 个，实现中心全覆盖，实践所、站覆盖率 70%；城乡居民基本养老保险代缴政策对象扩展到全体持证残疾人、低保边缘户，低收入农户医疗补充政策性保险实现全覆盖；符合社会救助条件的农村困难群众全部纳入社会救助范围；建成乡镇居家养老服务中心 683 家。

（五）农业培训情况

2019 年，培训农民 56 万人次，培训农村实用人才 13 万人、高素质农民 2.4 万人、基层农技人员知识更新 5000 人，高职扩招共录取农民和高素质农民 3625 人。2020 年，开展农村实用人才和高素质农民培训 12.5 万人次，线上课程学习 450 万人次，新增返乡留乡就业农民工 48.8 万人。

二、浙江农产品贸易规模及结构

（一）农产品出口规模及结构

1. 农产品出口总体规模

根据图 5-1，浙江农副产品出口总额 2009—2014 年总体呈现上升趋势，出口额从 2009 年的 67.38 亿美元增长到 2014 年的 102.8 亿美元，增长了 52.6%。2015—2016 年出现小额回落，2017—2018 年重拾增长势头，且在 2018 年达到近年来的顶峰，达 111.49 亿美元。2019—2020 年再次出现回落，2020 年出口额为 98.85 亿美元。

根据表 5-5，2010 年浙江省农副产品出口额同比增长了 23.12%，是近 12 年来增长幅度最大的一年，这一年浙江省政府出台了促进食

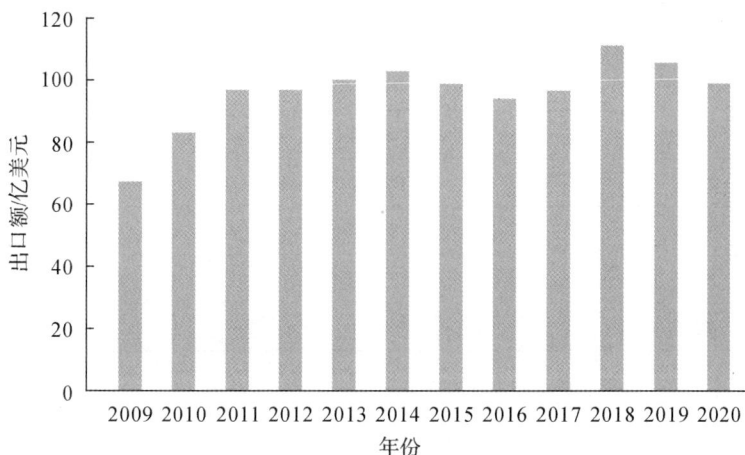

图 5-1　2009—2020 年浙江省农副农产品出口额

数据来源：历年浙江省统计年鉴。

品农产品出口规划，巩固了农副产品出口的基础；2011—2014 年继续保持增长势头，2013 年突破 100 亿美元。2015—2016 年出现回落，2016 年回落到 93.96 亿美元，同比减少 5.24%。2017 年重拾增长势头，2018 年增长 14.94%，农副产品出口额达到历史最高值。总体来看，浙江省农副产品出口额呈增长趋势，但不稳定，出现波动增长态势与国际经济形势息息相关。

表 5-5　2009—2020 年浙江省农副产品出口额和增长情况

年份	农副产品出口额/亿美元	同比增幅/%
2009	67.38	−12.32
2010	82.96	23.12
2011	96.64	16.49
2012	97.18	0.56
2013	100.51	3.43
2014	102.8	2.28
2015	99.16	−3.54

续表

年份	农副产品出口额/亿美元	同比增幅/%
2016	93.96	−5.24
2017	97.00	3.23
2018	111.49	14.94
2019	105.73	−5.17
2020	98.85	−6.50

数据来源：历年浙江省统计年鉴。

2.农产品出口结构

从具体农产品来看，2020—2021 年浙江省出口额上亿元的主要农产品有水产品、茶叶、蔬菜及食用菌、肉类、蔬菜罐头、鲜或冷藏蔬菜等。其中，水产品、茶叶、蔬菜及食用菌出口额占比较大，合计占全省农产品出口额的 50% 左右（见表 5-6）。

表 5-6　2020—2021 年浙江出口额排名靠前的农产品

指标	农产品出口额/百万元		同比增幅/%
	2021 年	2020 年	
农产品	34199.07	34178.66	0.06
水产品	11677.97	11775.00	−0.82
茶叶	3139.50	3106.48	1.06
蔬菜及食用菌	2468.39	2556.46	−3.45
肉类（包括杂碎）	625.12	700.38	−10.75
蔬菜罐头	566.92	633.73	−10.54
鲜或冷藏蔬菜	383.55	410.26	−6.51
酒类及饮料	359.57	355.18	1.24
烟草及其制品	291.86	389.91	−25.15
中药材	232.62	269.26	−13.61
干鲜瓜果及坚果	217.64	172.82	25.94

续表

指标	农产品出口额/百万元		同比增幅/%
	2021 年	2020 年	
中式成药	117.13	121.29	−3.43
啤酒	25.19	29.40	−14.32
粮食	20.68	18.27	13.20
柠檬酸	18.46	2.16	753.28
果蔬汁	12.75	18.91	−32.61
苹果	0.32	0.40	−18.14

从 HS 编码的农产品大类(见表 5-7)来看,2021 年浙江出口额排名居前五位的分别为 HS-03"鱼、甲壳动物、软体动物及其他水生无脊椎动物",HS-16"肉、鱼、甲壳动物、软体动物及其他水生无脊椎动物的制品",HS-20"蔬菜、水果、坚果或植物其他部分的制品",HS-09"咖啡、茶、马黛茶及调味香料",HS-05"其他动物产品",出口额分别为 9.32 亿美元、8.70 亿美元、5.46 亿美元、5.03 亿美元和 3.97 亿美元。

表 5-7　2021 年浙江主要农产品出口情况

商品编码 (HS)	商品名称	出口额 /万美元
01	活动物	7091.95
02	肉及食用杂碎	51.59
03	鱼、甲壳动物、软体动物及其他水生无脊椎动物	93171.54
04	乳品;蛋品;天然蜂蜜;其他食用动物产品	9472.21
05	其他动物产品	39695.35
06	活树及其他活植物;鳞茎、根及类似品;插花及装饰用簇叶	6097.19
07	食用蔬菜、根及块茎	28615.88
08	食用水果及坚果;甜瓜或柑橘属水果的果皮	4216.85
09	咖啡、茶、马黛茶及调味香料	50328.18
10	谷物	19.45

续表

商品编码 （HS）	商品名称	出口额 /万美元
11	制粉工业产品；麦芽；淀粉；菊粉；面筋	2073.03
12	含油子仁及果实；杂项子仁及果仁；工业用或药用植物；稻草、秸秆及饲料	4217.28
13	虫胶；树胶、树脂及其他植物液、汁	25918.33
14	编结用植物材料；其他植物产品	1344.22
15	动、植物油、脂及其分解产品；精制的食用油脂；动、植物蜡	5021.11
16	肉、鱼、甲壳动物、软体动物及其他水生无脊椎动物的制品	86960.48
17	糖及糖食	3080.13
18	可可及可可制品	11992.47
19	谷物、粮食粉、淀粉或乳的制品；糕饼点心	7575.42
20	蔬菜、水果、坚果或植物其他部分的制品	54552.20

数据来源：中华人民共和国海关官网。

（二）农产品进口规模及结构

1. 农产品进口总体规模

由图 5-2 可知，2009—2020 年，除了 2009 年有所下降外，其余年份浙江农副产品进口总额总体呈现上升趋势，进口额从 2009 年的 37.01 亿美元增长到 2020 年的 119.01 亿美元，增长了 221.6%。

根据表 5-8，近年来浙江省农副产品进口额一直保持增长态势，2016 年略有下降。2018 年进口总额突破 100 亿美元大关，达到 113.05 亿美元，同比增长 14.37%。2020 年达到历史最高值，为 119.01 亿美元。

从贸易差额来看，2009—2020 年，绝大部分年份为贸易顺差，但贸易顺差额总体呈下降趋势。具体来看，2009—2016 年为顺差，且最大顺差出现在 2009 年，为 30.37 亿美元。贸易顺差在 2016 年下降至 11.10 亿美元，并自 2017 年开始转为贸易逆差，且贸易逆差呈扩大趋

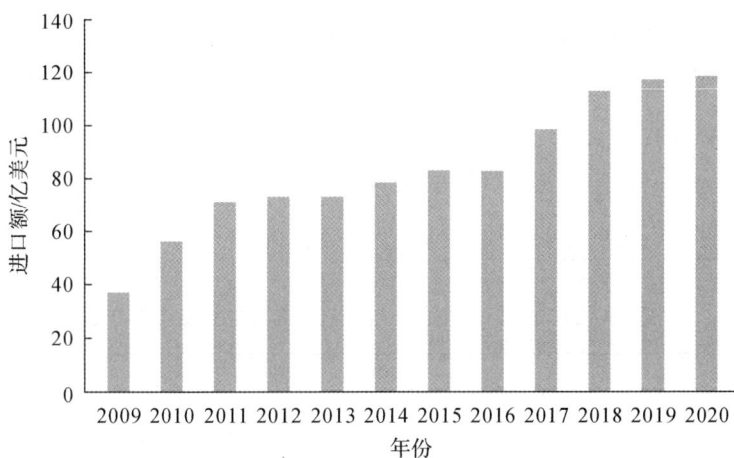

图 5-2　2009—2020 年浙江省农副产品进口额

数据来源:历年浙江省统计年鉴。

势。到 2020 年,贸易逆差已经达到 20.15 亿美元,为近年来最大贸易逆差。

表 5-8　2009—2020 年浙江农副产品进口额、增长情况和贸易差额

年份	农副产品进口额/亿美元	同比增幅/%	贸易差额/亿美元
2009	37.01	−22.08	30.37
2010	56.54	52.77	26.42
2011	71.35	26.19	25.29
2012	73.64	3.21	23.54
2013	73.75	0.15	26.76
2014	78.38	6.28	24.42
2015	83.26	6.23	15.9
2016	82.86	−0.48	11.10
2017	98.85	19.30	−1.85
2018	113.05	14.37	−1.56
2019	117.59	4.02	−11.87
2020	119.01	1.20	−20.15

数据来源:历年浙江省统计年鉴。

2.农产品进口结构

从具体种类来看，2020—2021 年浙江省进口额上亿元的主要农产品有干鲜瓜果及坚果、原木、粮食、水产品、豆类、肉类（包括杂碎）、食用油、乳品等，其中干鲜瓜果及坚果、原木、粮食、水产品、豆类进口额占比较大，合计占浙江省农产品进口额的 55% 左右（见表 5-9）。

表 5-9 2020—2021 年浙江进口额排名靠前的主要农产品

指　标	农产品进口额/亿元		同比增幅/%
	2021 年	2020 年	
农产品*	800.62	634.07	26.27
食品*	659.12	522.57	26.13
干鲜瓜果及坚果	129.37	81.08	59.56
原木	105.49	84.13	25.39
粮食	81.67	64.42	26.76
水产品	68.14	41.68	63.46
豆类	64.44	52.00	23.92
肉类（包括杂碎）	61.37	63.94	−4.01
食用油	51.88	37.14	39.70
乳品	49.50	47.79	3.58
猪肉及猪杂碎	44.61	48.52	−8.07
奶粉	42.25	40.93	3.23
酒类及饮料	40.81	38.96	4.75
羊毛及毛条	37.44	28.36	32.01
食用植物油	32.56	26.60	22.42
棕榈油	19.98	11.84	68.76
谷物及谷物粉	17.23	12.42	38.65
牛肉及牛杂碎	12.77	12.86	−0.73
啤酒	10.11	9.12	10.87
葡萄酒	9.50	12.43	−23.59

续表

指　标	农产品进口额/亿元		同比增幅/%
	2021 年	2020 年	
大麦	8.71	7.57	15.12
冻鱼	8.62	7.58	13.70
棉花	6.90	3.20	115.91
玉米	4.23	0.02	28035.21
禽肉	3.21	2.15	49.45
稻谷及大米	3.09	3.94	−21.56
食糖	1.78	0.37	378.68
中药材	1.29	1.08	19.20
菜籽油及芥籽油	1.16	0.64	82.18
高粱	1.00	0.87	15.51

　　从 HS 编码的农产品大类(见表 5-10)来看,2021 年浙江进口额排名居前 5 位的分别为 HS-08"食用水果及坚果;甜瓜或柑橘属水果的果皮";HS-12"含油子仁及果实;杂项子仁及果仁;工业用或药用植物",HS-15"动、植物油、脂及其分解产品;精制的食用油脂;动、植物蜡",HS-03"鱼、甲壳动物、软体动物及其他水生无脊椎动物",HS-02"肉及食用杂碎",进口额分别为 21.69 亿美元、11.58 亿美元、10.94亿美元、10.20 亿美元和 9.09 亿美元。

表 5-10　2021 年浙江主要农产品进口情况

商品编码 (HS)	商品名称	进口额 /百万美元
01	活动物	4.60
02	肉及食用杂碎	908.51
03	鱼、甲壳动物、软体动物及其他水生无脊椎动物	1019.51
04	乳品;蛋品;天然蜂蜜;其他食用动物产品	516.10

续表

商品编码 （HS）	商品名称	进口额 /百万美元
05	其他动物产品	81.54
06	活树及其他活植物；鳞茎、根及类似品；插花及装饰用簇叶	33.99
07	食用蔬菜、根及块茎	73.36
08	食用水果及坚果；甜瓜或柑橘属水果的果皮	2168.87
09	咖啡、茶、马黛茶及调味香料	81.95
10	谷物	266.18
11	制粉工业产品；麦芽；淀粉；菊粉；面筋	232.21
12	含油子仁及果实；杂项子仁及果仁；工业用或药用植物；稻草、秸秆及饲料	1158.39
13	虫胶；树胶、树脂及其他植物液、汁	30.05
14	编结用植物材料；其他植物产品	12.56
15	动、植物油、脂及其分解产品；精制的食用油脂；动、植物蜡	1094.35
16	肉、鱼、甲壳动物、软体动物及其他水生无脊椎动物的制品	15.60
17	糖及糖食	157.05
18	可可及可可制品	160.21
19	谷物、粮食粉、淀粉或乳的制品；糕饼点心	591.29
20	蔬菜、水果、坚果或植物其他部分的制品	185.64

数据来源：中华人民共和国海关官网。

三、浙江农业利用外资情况

利用外资可以弥补外向型农业发展存在的资金缺口，改善浙江省外向型农业生产条件，为外向型农业发展提供资金支持。

（一）发展历史

浙江农业利用外资与其他东部沿海省份相比起步晚，大致经历了以下三个阶段。第一，起步阶段（1978—1991年）。在这一时期，支持农业发展可供使用资金较少，农民生产积极性不高。为改变这一现状,国家希望外商能够直接投资农业领域,促进农业发展。当时中国优先发展经济特区和沿海城市的战略,使得沿海地区所获得的外资份额较中西部地区多。第二,平稳发展阶段(1992—2001年)。1992年,邓小平南方谈话强化了农业的基础地位,要求建立健全农业社会化服务体系,为农业利用外资提供了更好的发展空间。1995年《外商投资目录》的发布,使得我国外商投资有了明确的投资指引。中国于2001年正式加入世界贸易组织,这一行为将中国农业与世界农业的经济交流紧密联系起来,众多外商企业涌入中国农业市场。在这一时期,浙江不断向开放式经济体制转变,政府通过制定优惠政策,积极与外商取得合作,外资总额不断增加,逐步形成自身的发展优势。第三,快速发展阶段(2002年至今)。从2002年至今,浙江利用交通枢纽的重要位置同世界各地开展农产品贸易活动。在吸引外资的政策方面,政府不断减少外商投资限制,改善农业投资环境,农业利用外资比重不断增长。

(二)农业利用外资规模

新签订投资项目和实际利用外资是衡量利用外商直接投资的指标。新签订项目是指在一定时期内,一国或一地区的政府批准的同境外政府或企业签订投资合同的个数。实际利用外资是指一国或一地区与境外政府或企业签订投资合同后,收到资金的实际金额,这是反映利用外资水平的重要指标。

根据图5-3和表5-11分析,浙江省自2014年以来与外商直接投资新签订投资项目个数、实际利用外资金额总体都呈下降趋势。其中,新签订投资项目2014年是最多的,达到了36个,2016—2017年稳定在25个左右,2018—2020年则下降到了13个左右。实际利用投资金额从2014年的8146万美元增长到2016年的12886万亿美元,2017—2018年实际利用投资金额出现剧烈下降,2018年降至2212万

图 5-3 2014—2020 年浙江省农业利用外资情况

美元。2019—2020 年继续轻微下降，到 2020 年已经下降到了 1782 万美元。

总体来看，浙江省农业利用外资总量和规模是不稳定的。

表 5-11 2014—2020 年浙江省农业利用外资情况

指标	2014 年	2015 年	2016 年	2017 年	2018 年	2019 年	2020 年
新签订投资项目个数/个	36	13	26	23	14	14	12
实际利用外资金额/万美元	8146	9002	12886	8114	2212	1891	1782

第三节 浙江外向型农业的发展特点

总体来看，浙江外向型农业的发展基础和外部条件较好，特色比较明显。

一、农业外向型规模基地已经建立

目前，浙江以市场为导向、以规划布局为前提、以优势产业集聚为方式的农业外向型生产格局已基本形成。浙江省持续深化农业"两区"建设,深入实施现代农业"12188"工程,建成国家特色农产品优势区 3 个,国家有关部门命名为"特产之乡"的达 73 个,创建全国示范村镇 69 个,涌现了一批发展良好的特色村镇,培育了一批在市场上有相当知名度和影响力的农产品品牌。

同时,依托高新技术和品种建设的农业科技园区,筑成了农产品出口优质原料生产基地。2020 年,全省新增 6 个省级农业科技园区,累计创建省级现代农业园区 69 个,涵盖农林牧渔。累计建设特色农业强镇 113 个,建成单条产值 10 亿元以上的示范性农业全产业链 80 条。严格保护好 810 万亩粮食生产功能区。新增 34 个农产品地理标志,累计 138 个;新认定绿色食品 761 个,新增绿色食品基地面积 17.7 万亩;新建省级精品绿色农产品基地 10 个,累计 25 个。

二、农产品出口商品结构进一步优化

2020 年,浙江省农副产品出口贸易总额 98.85 亿美元,同比下降 6.5%。其中,农产品出口金额 49.82 亿美元,同比增长 0.06%。从出口产品看,结构呈现优化态势。出口额上亿元的主要农产品有水产品、茶叶、蔬菜及食用菌、肉类、蔬菜罐头、鲜或冷藏蔬菜等。其中,水产品、茶叶、蔬菜及食用菌出口额占比较大,分别为 17.84 亿美元、4.71 亿美元、3.87 亿美元,合计占全省农产品出口额的 50%。

同时,浙江拥有的电商优势带动了农产品出口贸易的增长。浙江是电子商务强省,按照省、市、县、村"点面结合、多级联动"的思路,搭建省、市两级农村电子商务平台,"互联网＋农业"逐渐渗透到农业产业链的各个环节,助推农产品上行。2020 年,浙江省农产品网络零售额 1121 亿元,得到了较快增长。当前跨境物流模式呈现多样化趋势,除了国际快递、邮政小包等,海外仓、边境仓、专线物流、集货物流、保税区物流等模式不断涌现，反过来又推动了农产品出口贸易的进一步发展。根据《浙江省农业农村现代化"十四五"规划》，2025年浙江农产品网络销售额将达到1800亿元。

三、传统市场与新兴市场同步增长

从出口市场看，浙江农副产品对欧盟、美国、日本等传统市场出口增长强劲。受园艺、畜产品、水产品出口拉动，2020年对欧盟出口21.56亿美元，同比增长16.49%，占全部出口额的22.31%；对美国出口16.89亿美元，同比增长9.73%，占全部出口额的17.47%；对日本出口15.96亿美元，同比增长20.98%，占全部出口额的16.52%。同时，浙江农产品对韩国、东盟等新兴市场出口增长迅速，出口额分别为5.63亿美元和6.22亿美元，分别同比增长20.37%和17.21%，分别占全部出口额的5.83%和6.44%。对新兴市场出口份额的增加和对传统市场依赖性的降低，标志着浙江农产品出口市场结构进一步趋于合理，有利于规避贸易壁垒，降低出口风险。

四、省级以上骨干出口企业优势显著

近年来，浙江农副产品出口企业发生明显分化，拥有加工生产企业且原料基地建设较好的企业，抗击金融危机和新冠疫情冲击的能力普遍较强，出口前景也比较好。2020年，全省农副产品出口实绩1万美元以上的企业共5025家，比上年增加302家；出口额500万～1000万美元的企业234家，减少7家；出口额1000万美元以上的企业239家，增加54家。出口额1000万美元以上的企业数占农副产品出口企业总数的比重不到5%，而出口额占总出口额的49%。在239家出口额1000万美元以上的企业当中，有49家省级及省级以上骨干农业龙

头企业,已成为浙江省农副产品出口的主导力量。

五、农产品出口加工业迅速发展

浙江拥有"七山一水二分田"自然环境特点,孕育了众多极具地方特色的名、特、优产品,成就了省内不同的特色农产品产区。全省各地因地制宜,充分发挥本地资源、市场和技术优势,发展特色农产品加工业,逐步形成了具有比较优势的农产品生产加工出口产业带。目前,浙江省已成为全国食用菌、榨菜、花菜、西兰花和杨梅等产品的重点产区,也是世界稀有干果银杏、山核桃、香榧等的原产地之一,蚕茧、生态鳖、海水贝类苗种、食用菌、蜂产品、花卉苗木等发展水平居全国前列。

六、外向平台作用得到充分发挥

近几年,以政府搭台、企业唱戏的形式搭建的贸易平台效果显著。农业展示展销会以产品的面对面传递而受到客商和消费者的欢迎。浙江每年组织约 2000 家农业企业参加中国农业博览会、上海农产品展销会、浙江农业博览会等,组办中国食品博览会浙江馆、中国浙江国际茶文化节暨浙江农业博览会等,近万名客商受邀参与洽谈,商贸效果良好。同时,企业境外参展成绩不俗。2018—2020 年,政府出资近千万元,组织农产品出口企业参加境外日本东京国际食品饮料展、美国春季国际食品展览会、法国国际食品和饮料展会等著名展会。农业信息网络提供了更广阔的交流和交易信息。浙江农业信息网、农民信箱、千名农技信息员工程等项目在政府引导下,已成为企业和农户认识世界、开拓市场、走出国门的渠道,一大批新型农民借势发展,成长为新型农民。招商引资项目库以创新的招商形式加快了区域间、国家间的合作。每年及时推出一批可谈性的招商引资项目,运用委托招商、网络招商、中介招商、以商招商等方式，大力发展电子商务，延伸招商触角。

截至 2020 年，浙江已与世界 200 多个国家和地区建立了农副产品贸易往来关系，长三角地区农业农村合作全面推进，对口支援"十城百店""百村千厂""万亩亿元"等全面落地，"浙"农品牌国内外享誉度不断提升。积极开展与加拿大、日本、以色列及欧美国家的农业科技机构和专家的科技合作交流，邀请外国专家授课，组团赴境外进行农牧业招商，加深各国贸易态势研究，积极应对形式多样的技术壁垒，拓宽浙江农业国际化发展路子。从 2003 年开始，在农业科技"引进来"的基础上，积极推动本土科技人员"走出去"。截至 2020 年，全省已派出 500 多名高级农技人员赴澳大利亚、新西兰、德国、荷兰等国家进行技术培训，加快农业技术的升级换代。

第六章　浙江外向型农产品竞争力研究

　　农产品竞争力是农业产业竞争力的直接体现。在分析产品竞争力时，比较优势指标是最常用的。这是因为比较优势理论是解释国际贸易原因和贸易利益的主导理论，经历了从古典贸易模型到新古典贸易模型的发展，已形成较为完善的体系。因此，本章主要运用比较优势指标体系来衡量浙江外向型农产品竞争力。

第一节　外向型农产品竞争力的指标选择

一、显性比较优势指数和相对出口优势指数

　　本书选取的第一个测度外向型农产品竞争力的指标是显性比较优势（revealed comparative advantage，RCA）指数，该指数最初由Balassa（1965）给出，可表示为

$$RCA = \frac{X_i / X_{it}}{X_w / X_{ut}} \tag{6-1}$$

其中，RCA表示i地区某种外向型农产品的显性比较优势，X_i表示i地区这种外向型农产品的出口额，X_{it}表示i地区的总出口额，X_w表示

世界上这种外向型农产品的总出口额，X_{ut} 表示世界上所有国家所有产品的出口额。所以，该指数是用一个地区某种外向型农产品的出口额在该地区出口总额中所占的比重，与世界上这种外向型农产品的出口额在世界出口总额中所占的比重作对比。如果 RCA＞1，表明这个地区在出口该种外向型农产品时具有显性比较优势；反之，则表明该地区在出口该种外向型农产品时不具有显性比较优势。

本书选取的第二个测度外向型农产品竞争力的指标是相对出口优势指数（revealed export advantage，REA），它由 Vollrath（1991）给出，其计算公式为

$$REA = \ln RXA = \ln \frac{X_i / X_{it}}{x_w / x_{ut}} \tag{6-2}$$

其中，RXA 是显性出口优势指数，其计算方法和 Balassa 显性比较优势指数相同，当 lnRXA＞0 时，表明该地区在这种外向型农产品的出口中具有相对比较优势；反之，则不具有相对比较优势。

二、显性贸易优势指数和显性竞争力指数

本书选取的第三个测度外向型农产品竞争力的指标是显性贸易优势（revealed trade advantage，RTA）指数，该指数也由 Vollrath（1991）提供，可表示为

$$RTA = RXA - RMA \tag{6-3}$$

其中，RMA 表示显性进口优势（revealed import advantage）指数，其计算公式为

$$RMA = \frac{M_i / M_{it}}{M_w / M_{ut}} \tag{6-4}$$

其中，M_i 表示 i 地区某种外向型农产品的进口额，M_{it} 表示 i 地区的总进口额，M_w 表示世界上该种外向型农产品的总进口额，M_{ut} 表示世界

上所有国家所有产品的进口额。如果 RMA>1，表明这个地区在进口这种外向型农产品时具有显性比较优势；反之，则表明该地区在进口这种外向型农产品时不具有显性比较优势。因此，

$$\mathrm{RTA}=\mathrm{RXA}-\mathrm{RMA}=\frac{X_i/X_{it}}{X_w/X_{ut}}-\frac{M_i/M_{it}}{M_w/M_{ut}} \qquad (6\text{-}5)$$

当 RTA>0 时，表示该地区在这种外向型农产品的贸易中具有显性比较优势；反之，则表明该地区在这种外向型农产品贸易中不具有显性比较优势。

本书选取的衡量外向型农产品竞争力水平的第四个指标是显性竞争力（revealed competitiveness，RC）指数，它的计算公式为

$$\mathrm{RC}=\mathrm{lnRXA}-\mathrm{lnRMA}=\ln\frac{X_i/X_{it}}{X_w/X_{ut}}-\ln\frac{M_i/M_{it}}{M_w/M_{ut}} \qquad (6\text{-}6)$$

当 RC>0 时，则表明该地区某种外向型农产品具有显性竞争力；反之，则不具有显性竞争力。

三、产业内贸易指数和出口竞争力指数

本书选取的衡量外向型农产品竞争力水平的第五个指标是产业内贸易（intra-industry trade，IIT）指数。产业内贸易指数由 Grubel 和 Lloyd（1975）提出，可表示为

$$\mathrm{IIT}=1-\frac{|X_i-M_i|}{X_i+M_i|} \qquad (6\text{-}7)$$

IIT 在 0 到 1 之间变动，其数值越接近 1，表明该外向型农产品的产业内贸易程度越高，该外向型农产品越不具有竞争力；数值越接近 0，则该外向型农产品越具有竞争力。一般地，IIT<0.5，说明该外向型农产品具有竞争力；反之，则不具有竞争力。

本书选取的衡量外向型农产品竞争力水平的第六个指标是出口竞争力（export competitiveness，EC）指数，可表示为

$$EC = \frac{X_i - M_i}{X_i + M_i} \tag{6-8}$$

EC 在 -1 到 1 之间变动。一般地，$0.5 < EC < 1$ 时，表明该外向型农产品具有较高的竞争优势；$0 < EC < 0.5$ 时，表明该外向型农产品具有较低的竞争优势；$-1 < EC < -0.5$ 时，表明该外向型农产品具有较高的竞争劣势；$-0.5 < EC < 0$ 时，表明该外向型农产品具有较低的竞争劣势。

第二节　浙江外向型农产品竞争力的实证研究

一、浙江省外向型农产品竞争力的测定

（一）RCA、RTA、lnRXA 和 RC 的测定

由于 RCA、RTA、lnRXA 和 RC 这 4 个指数之间联系紧密[①]，所以将它们结合在一起来衡量浙江外向型农产品的国际竞争力。

1. 整体农产品的测定

表 6-1 给出了浙江外向型农产品的 RCA、RTA、lnRXA 和 RC。

表 6-1　浙江外向型农产品的 RCA、RTA、lnRXA 和 RC

年份	RCA	lnRXA	RTA	RC
2010	1.754	0.244	0.194	0.116
2018	1.936	0.287	-0.366	-0.283
2021	1.613	0.208	-0.127	-0.401

资料来源：根据历年浙江统计年鉴、杭州海关官网数据和联合国 COMTRADE 数据库相关数据计算整理得到，下同。

---

① 一般认为，当某种产品的 RCA>1，且 lnRXA、RTA 和 RC 均为正时，则该产品既具有比较优势又具有竞争力。

　　由表 6-1 可以看出,典型年份浙江外向型农产品的 RCA 都大于 1,说明比较优势较强,但 2021 年的 RCA 比 2018 年低,说明比较优势在减弱,需要引起重视。从 lnRXA、RTA 和 RC 来看,lnRXA 均大于 0,2010 年的 RTA 和 RC 都大于 0,2018 年和 2021 年的 RTA 和 RC 则都小于 0,说明浙江外向型农产品的竞争力在 2010 年比较强,近年来则不具有竞争力。究其原因,是由于 2017 年开始浙江省农产品贸易开始出现逆差,且逆差呈扩大趋势。

　　2.具体农产品的测定

　　表 6-2 给出了 2021 年浙江主要农产品的 RCA 和 RTA。

表 6-2　2021 年浙江主要农产品的 RCA 和 RTA①

农产品	RCA	RTA
水产品*	2.353	0.842
茶叶*	1.975	1.975
蔬菜及食用菌*	1.717	1.717
肉类(包括杂碎)	1.673	−0.264
蔬菜罐头*	1.592	1.592
烟草及其制品*	1.467	1.467
中药材*	1.287	0.435
干鲜瓜果及坚果	1.206	−0.421
粮食	0.875	−0.397
酒类及饮料	0.684	−0.236
食糖	0	−0.343
棉花	0	−0.365
食用植物油	0	−0.422
乳品	0	−0.434
豆类	0	−0.547

　　注:*表示既具有比较优势又具有竞争力的外向型农产品。

---

　　①　由于部分农产品只有进口或只有出口,所以这里删除了需要求取对数的 lnRXA 和 RC。

由表 6-2 可以看出：2021 年浙江外向型农产品中，水产品、茶叶、蔬菜及食用菌、肉类（包括杂碎）、蔬菜罐头、烟草及其制品、中药材、干鲜瓜果及坚果的 RCA 都大于 1，说明浙江这些农产品的比较优势较强，其中水产品的比较优势最大，RCA 为 2.353。其次是茶叶，RCA 为 1.975。粮食、酒类及饮料的 RCA 大于 0 小于 1，说明具有较弱的比较优势。食糖、棉花、食用植物油、乳品和豆类因为没有出口，只有进口，所以不具有比较优势。

水产品、茶叶、蔬菜及食用菌、蔬菜罐头、烟草及其制品、中药材的 RTA 都大于 0，说明这些农产品具有竞争力。其中，茶叶的竞争力最强，RTA 为 1.975。其次是蔬菜及食用菌，RTA 为 1.717。肉类（包括杂碎）、干鲜瓜果及坚果、粮食、酒类及饮料、食糖、棉花、食用植物油、乳品和豆类的 RTA 指数都小于 0，说明它们没有竞争力。

综合来看，浙江既具有比较优势又具有竞争力的外向型农产品为水产品、茶叶、蔬菜及食用菌、蔬菜罐头、烟草及其制品和中药材。

（二）IIT、EC 的测定

由于 IIT、EC 两个指数之间关系密切[①]，因此将它们结合在一起来衡量浙江外向型农产品的竞争力（见表 6-3）。

表 6-3　浙江外向型农产品整体的 IIT 和 EC

指数	2010 年	2018 年	2021 年
EC	0.787	−0.082	−0.401
IIT	0.213	0.918	0.599

从表 6-3 可以看出：2010 年浙江外向型农产品的 EC 为 0.787，处于 0.5 到 1 之间，说明浙江外向型农产品整体竞争力较强。2018 年和 2021 年的 EC 均小于 0，说明浙江外向型农产品整体不具有竞争力，但

---

① 产品有贸易顺差时，IIT＝1−EC；产品有贸易逆差时，IIT＝1＋EC。

由于都处于 0 到－0.50 之间,表明这两年浙江外向型农产品具有较低的竞争劣势。而且,需要注意的是,2021 年的 EC 比 2018 年低,说明竞争劣势在增强,需要引起相关部门和企业的重视。

2010 年的 IIT 在 0.2 左右,说明浙江外向型农产品以出口为主,进口较少,产业内贸易程度较低,竞争力较强。而 2018 年的 IIT 接近1,说明当年浙江农产品出口低于进口,竞争力开始走弱。

二、浙江与其他省份外向型农产品竞争力的比较分析

本部分采用 2021 年的数据,对浙江和其他省份外向型农产品的竞争力进行比较。考虑到农产品进出口的实际情况,本部分选择农产品进出口规模相对较大的山东、江苏、河南、黑龙江、广东、海南、四川、陕西和新疆作为浙江的比较对象。

(一)外向型农产品整体竞争力比较

根据 10 个省份海关(见表 6-4)以及联合国 COMTRADE 数据,计算得到 10 个省份农产品整体的比较优势指数和竞争力指数(见表 6-5)。

表 6-4　2021 年 10 个省份农产品进出口情况　　(单位:亿元)

省份	出口额	进口额	贸易差额
黑龙江	57.35	171.72	－114.37
江苏	259.37	1326.4	－1067.03
浙江	341.99	800.62	－458.63
山东	1238.4	1415.6	－177.2
河南	142.8	72.93	69.87
广东	71.82	554.99	－483.17
海南	38.27	63.02	－24.75
四川	60.99	72.76	－11.77
陕西	35.74	55.53	－19.79
新疆	49.83	32.33	17.5

资料来源:根据上述 10 个省份海关官网整理得到。

表 6-5 2021 年 10 个省份农产品整体的 RCA、RTA 和 IIT

省份	RCA	RTA	IIT
黑龙江	0.954	−0.387	0.501
江苏*	1.528	0.023	0.327
浙江	1.613	−0.127	0.599
山东	3.232	−0.288	0.933
河南	1.237	0.225	0.676
广东*	1.102	0.135	0.229
海南	0.899	−0.187	0.756
四川	1.129	−0.169	0.912
陕西	0.832	−0.205	0.783
新疆	1.035	0.128	0.787

注:* 表示该地区农产品具有比较优势和竞争力。

由表 6-5 可以看出:2021 年 10 个省份 RCA>1 的省份有山东、浙江、江苏、河南、四川、广东和新疆,其中山东外向型农产品整体的比较优势最强,RCA 为 3.232。其次是浙江,再次是江苏和河南。而黑龙江、海南和陕西的 RCA 都小于 1,说明这几个省份的外向型农产品整体比较优势不强。浙江排在第 2 位,处于较高水平。

从指数 RTA 来看,只有江苏、河南、广东和新疆的 RTA>0,说明这 4 个地区外向型农产品的竞争力比较强。其他 6 个地区 RTA 较低主要是因为这些地区 2021 年农产品贸易为逆差。浙江排在第 3 位,处于较强水平。

从指数 IIT 来看,IIT 从低到高排名依次为广东、江苏、黑龙江、浙江、河南、海南、陕西、新疆、四川和山东,只有江苏和广东的 IIT<0.5。因此,广东、江苏和黑龙江外向型农产品的竞争力较强。浙江排在第 4 位,处于中上水平。

综上,同时满足 RCA>1、RTA>0,且 IIT<0.5 的只有江苏和广

东,这两个地区的外向型农产品整体既具有比较优势又具有竞争力。

（二）具体农产品竞争力比较

为了便于比较,这里采用 HS 体系下的大类农产品数据来计算各地区外向型农产品的竞争力。此外,由于部分地区部分农产品只有进口或只有出口,因此这里删除了需要求取对数的 lnRXA 和 RC 指标。

1. HS-01"活动物"

根据中华人民共和国海关官网按 HS 偏好体系分类的农产品进出口数据、《中国统计年鉴（2021）》和联合国 COMTRADE 数据库的相关数据,利用本章第一节的公式,得到 10 个省份活动物的比较优势指数和竞争力指数（见表 6-6）。

表 6-6　2021 年 10 个省份 HS-01"活动物"的比较优势指数和竞争力指数

省份	RCA	RTA	IIT
黑龙江	0.766	0.766	0
江苏	1.544	0.402	0.426
浙江	1.804	0.572	0.122
山东	0.837	−0.342	0.021
河南	1.603	1.603	0
广东	2.356	1.245	0.022
海南	0.883	0.883	0
四川	0.667	0.667	0
陕西	0.924	0.924	0
新疆	0	0	—

由表 6-6 可以看出:从指数 RCA 来看,RCA＞1 的只有江苏、浙江、河南和广东,说明这些地区活动物的比较优势比较强。其中,广东活动物的 RCA 最高,为 2.356,说明广东活动物的比较优势最强。浙江排在第 2 位,RCA 为 1.804,活动物的比较优势较强。其次是河南

和江苏，RCA 分别为 1.603 和 1.544。而黑龙江、山东、海南、四川、陕西和新疆的 RCA 均小于 1，说明这几个地区活动物的比较优势不强。

从指数 RTA 来看，除了山东和新疆外，其他 8 个省份的 RTA 均大于 0，说明这 8 个地区活动物的竞争力比较强。浙江排在第 7 位，处于中下水平。

从指数 IIT 来看，这 10 个地区的 IIT 指数均小于 0.5，说明活动物的竞争力均比较强。但是，浙江排在第 9 位，处于较弱的竞争力水平。

综合上述 3 个指标，同时满足 RCA＞1，RTA＞0 且 IIT＜0.5 的只有江苏、浙江、河南和广东，这 4 个省份的活动物既具有比较优势又具有竞争力。

2. HS-02"肉及食用杂碎"

根据中华人民共和国海关官网按 HS 编码体系分类的农产品进出口数据、《中国统计年鉴（2021）》和联合国 COMTRADE 数据库的相关数据，利用本章第一节的公式，计算得到 10 个省份肉及食用杂碎的比较优势指数和竞争力指数（见表 6-7）。

表 6-7　2021 年 10 个省份 HS-02"肉及食用杂碎"的比较优势指数和竞争力指数①

省份	RCA	RTA	IIT	EC
黑龙江	0.874	−0.886	0.001	−0.999
江苏	1.983	−1.032	0.033	−0.967
浙江	1.673	−0.264	0.001	−0.999
山东	2.013	−1.185	0.041	−0.959
河南	1.886	−0.765	0.098	−0.902
广东	2.106	−1.243	0.154	−0.846
海南	0	−0.543	0	−1

---

① 因为 10 个地区都是贸易逆差，为了方便看出竞争力，这里增加了指数 EC。

省份	RCA	RTA	IIT	EC
四川	1.586	−0.795	0.009	−0.991
陕西	0	−0.451	0	−1
新疆	1.601	−0.723	0.106	−0.894

由表6-7可以看出:从指数RCA来看,RCA>1的地区有广东、山东、江苏、河南、浙江、新疆和四川,说明这些省份肉及食用杂碎的比较优势比较强。其中,广东肉及食用杂碎的RCA最高,为2.106,说明广东肉及食用杂碎的比较优势最强。其实是山东、江苏和河南,RCA分别为2.013、1.983、1.886。浙江排在第5位,RCA为1.673,说明浙江肉及食用杂碎的比较优势较强。而黑龙江、海南、陕西的RCA指数均小于1,说明这几个省份肉及食用杂碎的比较优势不强。

从指数RTA来看,10个地区的RTA均小于0,说明10个省份的肉及食用杂碎均不具备竞争力;浙江排在第1位,说明相对于其他9个省份而言,浙江的肉及食用杂碎的竞争力处于相对优势。

从指数IIT和EC来看,10个省份的EC均接近于−1,所以即便此时IIT接近0,也说明这10个省份的肉及食用杂碎都不具备竞争力,这个结论与RTA数据相一致。

综合上述4个指标,没有省份同时满足RCA>1,RTA>0,IIT<0.5,且EC>0.5的,说明这10个省份的肉及食用杂碎都没有同时具备比较优势和竞争力。

3. HS-03"鱼、甲壳动物、软体动物及其他水生无脊椎动物"

根据中华人民共和国海关官网按HS编码体系分类的农产品进出口数据、《中国统计年鉴(2021)》和联合国COMTRADE数据库的相关数据,利用本章第一节的公式,计算得到10个省份鱼、甲壳动物、软体动物及其他水生无脊椎动物的比较优势指数和竞争力指数（见表 6-8）。

表 6-8 2021 年 10 个省份 HS-03"鱼、甲壳动物、软体动物及

其他水生无脊椎动物"的比较优势指数和竞争力指数①

省份	RCA	RTA	EC
黑龙江	0.664	−0.578	−0.966
江苏	1.723	0.338	0.002
浙江	1.697	0.225	−0.045
山东	1.932	0.432	0.041
河南	0.884	−0.583	−0.995
广东	1.323	0.106	−0.257
海南*	1.674	0.653	0.877
四川	0.703	−0.598	−0.971
陕西	0.876	−0.475	−0.829
新疆	0.663	−0.604	−0.985

注：*表示该地区农产品具有比较优势和具有竞争力。

由表 6-8 可以看出：从指数 RCA 来看，RCA>1 的省份中，按照从高到低排序依次为：山东（1.932）、江苏（1.723）、浙江（1.697）、海南（1.674）和广东（1.323），说明这些地区鱼、甲壳动物、软体动物及其他水生无脊椎动物的比较优势比较强。其中，浙江排在第 3 位，处于中上水平。而河南、陕西、四川、黑龙江和新疆的 RCA 均小于 1，说明这几个地区鱼、甲壳动物、软体动物及其他水生无脊椎动物的比较优势不强。

从指数 RTA 来看，只有海南、山东、江苏、浙江和广东的 RTA>

---

① 由于很多地区出现贸易逆差，因此采用 EC 替代 IIT，这样能更为准确地反映出竞争力水平，下表同。

0,说明这 5 个地区鱼、甲壳动物、软体动物及其他水生无脊椎动物的竞争力比较强。浙江排在第 4 位,处于中上水平。其他 5 个地区的RTA 均小于 0,说明这几个地区的鱼、甲壳动物、软体动物及其他水生无脊椎动物不具备竞争力。

从指数 EC 来看,EC 接近 1 的只有海南,说明海南鱼、甲壳动物、软体动物及其他水生无脊椎动物的竞争力最强。其他 9 个地区的 EC均小于 0.5,说明这些地区鱼、甲壳动物、软体动物及其他水生无脊椎动物的竞争力均比较弱。浙江排在第 4 位,处于中等水平。

综合上述 3 个指标,同时满足 RCA>1,RTA>0 且 EC 接近 1 的只有海南,说明海南的鱼、甲壳动物、软体动物及其他水生无脊椎动物既具有比较优势又具有竞争力。

4. HS-16"肉、鱼、甲壳动物、软体动物及其他水生无脊椎动物的制品"

根据中华人民共和国海关官网按 HS 编码体系分类的农产品进出口数据、《中国统计年鉴(2021)》和联合国 COMTRADE 数据库的相关数据,利用本章第一节的公式,计算得到 10 个省份肉、鱼、甲壳动物、软体动物及其他水生无脊椎动物的制品的比较优势指数和竞争力指数(见表 6-9)。

表 6-9　2021 年 10 个省份 HS-16"肉、鱼、甲壳动物、软体动物及其他水生无脊椎动物的制品"的比较优势指数和竞争力指数

省份	RCA	RTA	EC
黑龙江	0.863	−0.025	0.378
江苏*	1.336	0.586	0.902
浙江*	1.563	0.874	0.965
山东*	1.443	0.604	0.890
河南*	1.246	0.767	0.994

续表

省份	RCA	RTA	EC
广东*	1.358	0.743	0.942
海南*	1.626	1.626	1.000
四川*	1.322	0.342	0.964
陕西*	1.057	1.057	1.000
新疆*	1.036	0.885	0.998

注：＊表示该地区农产品具有比较优势和竞争力。

由表 6-9 可以看出：从指数 RCA 来看，除黑龙江以外，其他 9 个地区的 RCA 都大于 1，说明这 9 个地区肉、鱼、甲壳动物、软体动物及其他水生无脊椎动物的制品的比较优势比较强。其中，海南省肉、鱼、甲壳动物、软体动物及其他水生无脊椎动物的制品的 RCA 最高，为 1.626，说明海南省肉、鱼、甲壳动物、软体动物及其他水生无脊椎动物的制品的比较优势最强。浙江排在第 2 位，RCA 为 1.563，肉、鱼、甲壳动物、软体动物及其他水生无脊椎动物的制品的比较优势较强。其次是山东和广东，RCA 分别为 1.443 和 1.358。而黑龙江的 RCA 为 0.863，说明黑龙江肉、鱼、甲壳动物、软体动物及其他水生无脊椎动物的制品的比较优势不强。

从指数 RTA 来看，除黑龙江外，其他 9 个地区的 RTA 均大于 0，说明这 9 个地区肉、鱼、甲壳动物、软体动物及其他水生无脊椎动物的制品的竞争力比较强。浙江排在第 4 位，RTA 为 0.874，处于中上水平。

从指数 EC 来看，除黑龙江外，其他 9 个地区的 EC 均接近 1，说明这 9 个地区的鱼、甲壳动物、软体动物及其他水生无脊椎动物的竞争力比较强。浙江排在第 5 位，处于中等水平。

综合上述 3 个指标，除黑龙江以外，其他 9 个地区同时满足 RCA

>1,RTA>0 且 EC 指数接近于 1,说明这 9 个地区的鱼、甲壳动物、软体动物及其他水生无脊椎动物的制品既具有比较优势又具有竞争力。而黑龙江的鱼、甲壳动物、软体动物及其他水生无脊椎动物的制品既不具有比较优势又不具有竞争力。

5. HS-17"糖及粮食"

根据中华人民共和国海关官网按 HS 编码体系分类的农产品进出口数据、《中国统计年鉴(2021)》和联合国 COMTRADE 数据库的相关数据,利用本章第一节的公式,计算得到 10 个省份糖及粮食的制品的比较优势指数和竞争力指数(见表 6-10)。

表 6-10　2021 年 10 个省份 HS-17"糖及糖食"的比较优势指数和竞争力指数

省份	RCA	RTA	EC
黑龙江	0.963	−0.086	−0.106
江苏	1.194	−0.146	−0.269
浙江	0.887	−0.204	−0.672
山东	1.347	0.563	−0.080
河南	1.765	1.023	0.124
广东	1.453	0.764	0.024
海南	0.934	−0.095	−0.139
四川	1.236	0.168	0.054
陕西*	2.305	1.237	0.522
新疆	1.874	0.983	0.204

注:* 表示该地区农产品具有比较优势和具有竞争力。

由表 6-10 可以看出:从指数 RCA 来看,除黑龙江、海南和浙江之外,其余 7 个地区的 RCA 指数均大于 1,说明这 7 个地区的糖及糖食的比较优势比较强。其中,陕西的 RCA 最高,为 2.305,说明陕西的糖及糖食的比较优势最强。其次是新疆和河南,RCA 分别为 1.874 和 1.765。而黑龙江、海南、浙江的 RCA 指数均小于 1,说明这几个地区的糖及糖食不具备比较优势。浙江排在最后，出口较少，不具有比较优势。

从指数 RTA 来看，除黑龙江、海南、江苏和浙江以外，其他 6 个地区的 RTA 均＞0，说明这 6 个地区的糖及糖食的竞争力比较强。浙江排在最后，说明浙江的糖及糖食不具有竞争力。

从指数 EC 来看，EC＞0.5 的只有陕西，说明陕西的糖及糖食的竞争力最强。其他 9 个地区的 EC 均小于 0.25，说明这些地区的糖及糖食的竞争力均比较弱。浙江还是排在最后，处于弱势。

综合上述 3 个指标，同时满足 RCA＞1，RTA＞0 且 EC＞0.5 的只有陕西，说明陕西的糖及糖食既具有比较优势又具有竞争力。

三、主要结论

第一，浙江外向型农产品的竞争力正处在调整阶段。

总体上看，浙江部分外向型农产品，如水产品、茶叶、蔬菜及食用菌、蔬菜罐头、烟草及其制品、中药材具有较强的竞争力，但其竞争力正在下降，这一方面是浙江正在进行农业结构调整的结果，另一方面是我国适应经济全球化尤其是加入世界贸易组织后发展农业的战略选择的结果。

第二，浙江外向型农产品具有竞争力是资源禀赋优势的结果。

从前面的实证分析可知，浙江的水产品、茶叶、蔬菜及食用菌、肉类（包括杂碎）、蔬菜罐头、烟草及其制品、中药材、干鲜瓜果及坚果具有比较优势，而食糖、棉花、食用植物油、乳品和豆类没有比较优势。这一特征符合浙江的资源禀赋特征。从资源比较上看，浙江的资源劣势在于人均土地少，因而作为土地密集型的产品如粮食在国际市场上没有竞争优势。浙江的资源优势在于劳动力较多，因此劳动密集型的外向型农产品与其他农产品相比占有绝对优势。它的特点不仅表现在单位产品的劳动量和价值量大以及附加值高上,也表现在劳动力吸收能力较强和受耕地资源的制约较弱上。

第三,积极发展农业科技,实施产品创新,是浙江外向型农产品参与经济全球化和农业国际化的必然选择。

应该看到,浙江外向型农产品虽然具有比较优势和竞争力,但相对广东、山东和江苏等省份来讲,比较优势和竞争力依然有待提高。这主要是由于浙江外向型农产品的科技含量较低,绝大部分都属于中低档产品,因此在国际市场上主要是满足中低收入阶层的需要。并且,在质量上无法满足某些技术要求,随着发达国家(包括部分发展中国家)绿色壁垒制度的不断完善,很多具有明显竞争优势的外向型农产品的出口可能会受到直接影响。因此,应千方百计进一步发挥比较优势,增强浙江外向型农产品的竞争力,扩大国际市场份额。必须依靠农业科技进步,推广与国际水平接轨的"标准化"生产,推进产品创新,促进浙江外向型农产品结构优化升级,带动农民增收。

第七章　浙江外向型农业产业竞争力研究

第一节　外向型农业产业竞争力评价指标体系的建立

一、构建外向型农业产业竞争力评价指标体系的原则

外向型农业产业竞争力的测定涉及众多因素,因此,需要在遵循一定原则的基础上选择适当的指标,并权衡各指标的重要性,建立起综合评价体系。

(一)外向型农业产业竞争力指标应满足的条件

一般来说,外向型农业产业竞争力的评价指标应满足以下四个条件。

1. 可测性条件

指标必须具有明确的含义和统一的口径,可运用一定的统计程序得出其指标值,那些概念含混不清、无法实际测量的指标不能作为评价指标。

2. 关联性条件

这一条件要求指标的内向变动应与外向型农业产业竞争力的发展紧密关联。指标值增长意味着外向型农业产业竞争力提升时,这一

指标为正向指标,如市场份额、利润等;反之为负向指标,如生产成本。有不少指标,只是对外向型农业发展现状进行描述,其值的增长或降低都不能说明外向型农业产业竞争力的提高或降低,则不能作为评价指标。

3.可比性条件

建立指标体系,要求指标概念明确、直观,便于计算。同时指标体系要比较容易获取,不必为此做复杂的多部门、多行业调查,没有稳定来源的评价指标不宜采用。指标还要在时间(纵向)和空间(横向)上具有可比性,为使多个评估对象互相可对照,指标体系中各单项指标要坚持统一标准,保证评价结果的可比性。同时要尽可能与国际、国家和各省市相关内容的指标体系衔接,以使未来资料的使用、对比更加方便,具有较强的可比性。

4.同效性条件

这一条件要求在选择指标时,不能同时既用条件指标,又用结果指标。在进行具体测定时,考虑到外向型农业产业竞争力是社会经济发展的结果,应尽可能少用条件指标、投入指标,而多选用结果指标、产出指标。

(二)外向型农业产业竞争力指标选择的原则

1.科学性原则

指标体系要能较客观、真实地反映外向型农业产业发展实力和成长潜力状况。每个指标的名称、定义要有科学依据,每个指标的解释、计算方法、分类都要科学、规范,所选指标应充分反映各个子系统和各方面的情况,具有较强的代表性。

2.系统性原则

外向型农业产业竞争力涉及生产、出口、加工、储藏、技术、服务以及资源禀赋等多个环节,每个环节对产业竞争力都产生深远的影响,因此,应从系统论的观点出发,注意各环节间的内部联系与外部联系,指标体系必须全面反映外向型农业产业竞争力各个系统层面。

3. 主体性原则

主体性是指要选择那些最能反映外向型农业产业竞争力的指标，实际上就是确立对各种指标的取舍原则。并不是选择的指标越多越好，因为有许多指标在意义上是相互重复的，有些指标则是由主体指标决定的。指标选取过多看似全面，实际上由于指标的重复性和相互关联的机理，会造成部分指标的作用被放大，反而使测评结果失真。

4. 层次性原则

产业竞争力指标是一个综合性指标，从反映面看，分为宏观层面和微观层面；从系统论看，包括系统实力、系统成长潜力、系统运行环境；从评测范围看，涉及产业和产品。指标应按变量的性质分解为若干个子系统，使指标体系结构清晰，便于使用。

5. 潜能性原则

目前对外向型农业产业竞争力的评测多停留在即时竞争力评测上，而对一些决定未来竞争实力发展态势的基础竞争力指标即系统成长潜力指标考虑很少，这些指标支持核心竞争力的长期持续发展和成长，是不可忽视的重要因素。因此，在构建外向型农业产业竞争力指标体系时，要多考虑能体现外向型农业产业竞争力的潜能性指标。

二、指标综合与最终的评价指标体系

(一)指标综合

评价指标确立以后，需要解决如何将单个指标的评价结果转化成能反映综合水平的评价结果，而且最好是量化的、可比较的数值。具体的处理方法有很多，这里采用层次分析法，把竞争力评价的各个指标先转化为无量纲的分值，即量化测度，再得出一个能量化的、可比较的结果,能够直观显示外向型农业竞争力的大小。

1.指标的量化

层次分析法(analytic hierarchy process,AHP)是由美国著名的运筹学家、匹兹堡大学教授 T. L. Saaty 最早提出的。层次分析法在本质上是一种决策思维方式,它把复杂的问题分解成各组成因素,将这些因素按支配关系分组以形成有序的递阶层次结构,通过两两比较判断的方式确定每层次中因素的相对重要性,然后在递阶层次结构内进行合成以得到决策因素相对于目标重要性的总顺序。层次分析法体现了人们决策思维的基本特征:分解、判断、综合,具有系统性、简洁性、灵活性、实用性等特点,是进行评价、决策、计划和系统分析简单而实用的方法。该方法作为一种定性与定量相结合的工具,目前已在油价规划、教育计划、钢铁工业未来规划、效益成本决策、资源分配和冲突分析等方面得到广泛的应用。

同样,可以利用层次分析法来确定外向型农业竞争力各因素的权重,以 X_{p_1} , X_{p_2} , $\cdots$, X_{p_n} 作为外向型农业竞争力的三级指标,以 C_1 , C_2 , $\cdots$, C_n 作为两级指标,以 D_1 , D_2 , $\cdots$, D_n 作为一级指标。通过计算得出各三级指标的量化测度,利用层次分析法对三级指标进行计算得出二级指标的量化测度,再利用层次分析法对二级指标进行计算得出一级指标的值,对一级指标进行综合分析,得到的结论就是我们需要的结果。其计算过程如图 7-1 所示。

2.各项指标的权重确定

采用专家德尔菲法,由 12 位专家对各项指标的重要性权重做出判断,确定操作层具体指标体系在其对应的第二子层评价因素中的权重(总权值等于 1);然后,对每个第二子层评价因素予以分值,加权平均计算出各个第二子层评价因素的分值,为以后的模型所用。计算公式如下

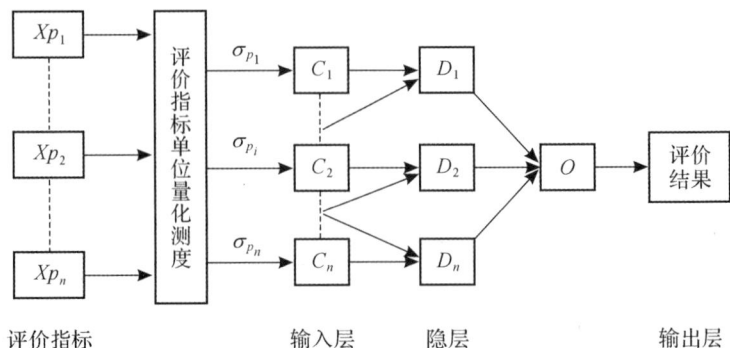

图 7-1　利用层次分析法量化指标

$$M = \sum_{l=1}^{h} W_{il} \sum_{j=1}^{m} W_{ij} \sum_{k=1}^{n} W_{ik} \times Z_{ik} \qquad (7\text{-}1)$$

其中，W_{ik} 为第 i 个一级指标中第 k 个二级指标的权重；Z_{ik} 为第 i 个一级指标中第 k 个二级指标的量化测度；W_i 为第 i 个指标的权重；n 为一级指标数，本评价指标体系中 $n = 6$；m 为一级指标所含的二级指标数；h 为二级指标所含的三级指标数。

（二）最终的评价指标体系

根据层次分析法和专家德尔菲法，确定了各评价指标的权重。具体的处理办法是：根据 12 位专家确定的指标权重，先取各指标权重的平均值，再根据前面建立的外向型农业竞争力模型，对各指标的权重进行微调，目的是尽可能地保证权重确定的公正性和客观性。

第一层指标包括外向型农业产业竞争力的 4 个表征指标和 2 个重要来源指标（见表 7-1）[①]。对于 4 个表征指标，鉴于前一章提到的

---

① 在本书第三章对外向型农业竞争力来源的分析中，需求是外向型农业竞争力的重要影响因素。但是，由于不同市场对不同农产品的需求和偏好是不同的，其涉及的因素复杂且难以量化，因此评价体系中没有把需求这个影响因素考虑进去。此外，政府的支持主要是由国家层面决定的而不是地方政府决定的，而机遇是外在因素，且不能量化，所以评价体系也没有把它们考虑进去。因此，该指标体系是针对外向型农业竞争力的四个现状因素（外向型农业的生产能力、外向型农业的国际化程度、外向型农业的持续增长能力、外向型农业的长期获利能力）和外向型农业竞争力来源的两个主要因素（外向型农业的科技推广能力、外向型农业的要素禀赋）建立的。

10 个省份都是我国重要的外向型农业产区,外向型农业生产能力和增长能力都较强,所以笔者把外向型农业生产能力和持续增长能力的权重调整为 0.135,而外向型农业长期获利能力是外向型农业竞争力和农民增收的实质表现,所以将其权重定为 0.185。在影响外向型农业竞争力的重要因素中,科技推广能力和要素禀赋也是比较重要的,将其权重分别定为 0.245 和 0.115。也就是说,第一个层次的指标的权重之和等于 1。最终的评价体系见表 7-1。[①]

表 7-1　外向型农业产业竞争力的评价指标体系

第一层指标	第二层指标	第三层指标
生产能力 (0.135)	农产品产量(0.5)	粮食总产量(万吨)(0.2)
		棉花总产量(吨)(0.1)
		肉类总产量(万吨)(0.1)
		茶叶总产量(万吨)(0.1)
		油料总产量(吨)(0.1)
		糖料总产量(吨)(0.1)
		水产品总产量(吨)(0.1)
		蔬菜总产量(万吨)(0.1)
		水果总产量(吨)(0.1)
		农林牧渔业总产值(亿元)(0.2)
		农业产值(亿元)(0.2)
		农林牧渔业总产值占全国比重(%)(0.3)
		一产增加值占地区生产总值比重(%)(0.3)

---

① 为了省却图表空间,把各指标的权重直接在表 7-1 中标出。

续表

第一层指标	第二层指标	第三层指标
国际化程度 (0.185)	出口能力(0.5)	农产品出口额①(亿元)(0.55)
		农产品出口依存度(%)(0.45)②
	开拓市场能力(0.5)	农产品出口在国际市场上的份额(%)(0.4)
		农产品比较优势指数 RCA(0.3)
		农产品出口竞争力指数 IIT(0.3)
持续增长能力 (0.135)	生产增长能力(0.52)	农业产值增长率(%)(0.4)
		粮食产量增长率(%)(0.1)
		油料产量增长率(%)(0.1)
		糖料产量增长率(%)(0.1)
		水产品产量增长率(%)(0.1)
		蔬菜产量增长率(%)(0.1)
		水果产量增长率(%)(0.1)
	出口增长能力(0.48)	农产品出口总额增长率(%)(1)
长期获利能力 (0.185)	人均生产能力(0.48)	农业劳动生产率③(万元/人)(0.4)
		单位农业劳动力生产的粮食④(吨/人)(0.1)
		单位农业劳动力生产的棉花(吨/万人)(0.1)
		单位农业劳动力生产的油料(吨/万人)(0.1)
		单位农业劳动力生产的肉类(吨/人)(0.1)
		单位农业劳动力生产的水产品（吨/万人）(0.1)
		单位农业劳动力生产的蔬菜(吨/人)(0.1)
		农村居民人均可支配收入(元/人)(0.52)
		农村居民可支配收入增长率(%)(0.48)

---

① 农产品出口的相关数据均采用 2021 年数据。
② 农产品出口依存度(%)=农产品出口总额/地区生产总值×100
③ 农业劳动生产率=农业经济总产值/农业从业人员数量
④ 单位农业劳动力生产的粮食=粮食产量/农业从业人员数量

续表

第一层指标	第二层指标	第三层指标
科技推广能力 (0.245)	农技推广结构数量 与经费(0.37)	农业技术推广机构数量(个)(0.25)
		农业机械总动力(万千瓦)(0.25)
		农业技术推广机构业务经费(万元)(0.25)
		农户投向农业的固定资产投资(亿元)(0.25)
	农技推广绩效(0.63)	机播面积(千公顷)(0.15)
		业务培训(人·次)(0.15)
		机耕面积(千公顷)(0.15)
		节水灌溉面积(千公顷)(0.15)
		粮食作物单位面积产量①(公斤/公顷)(0.1)
		油料作物单位面积产量(公斤/公顷)(0.1)
		棉花单位面积产量(公斤/公顷)(0.1)
		糖类单位面积产量(公斤/公顷)(0.1)
要素禀赋 (0.115)	农作物种植面积 (0.35)	粮食播种面积(千公顷)(0.1)
		油料播种面积(千公顷)(0.1)
		棉花播种面积(千公顷)(0.1)
		糖料播种面积(千公顷)(0.1)
		烟叶播种面积(千公顷)(0.1)
		蔬菜播种面积(千公顷)(0.1)
		瓜果播种面积(千公顷)(0.1)
		农作物总播种面积增长率(%)(0.3)
	农业基础设施 (0.35)	农用地数量②(千公顷)(0.2)
		耕地数量(千公顷)(0.2)
		国家级自然保护区个数(个)(0.2)
		国家级自然保护区面积(万公顷)(0.2)
		国有农场个数(个)(0.2)
	从业人员及素质 (0.3)	农业从业人员(万人)(0.5)
		高中及以上农村户主数量(人)(0.5)

---

① 这里采用秋收粮食的数据。

② 农用地数量和耕地数量为 2017 年数据。

第二节　浙江外向型农业产业竞争力的实证研究

由于不能直接从外向型农业产业竞争力的最终综合数值判断出浙江外向型农业产业竞争力的水平，因此需要选取比较对象。考虑到研究的延续性，这里同样选择了与外向型农产品比较相一致的比较对象，即农业较为发达的黑龙江、江苏、山东、河南、广东、海南、四川、陕西和新疆作为浙江的比较对象。根据本书前面确定的评价原则和评价指标体系，对浙江和上述 9 个地区的外向型农业产业竞争力进行综合评价与比较。

一、数据来源

本书选择的指标均为定量指标，具体数据主要来自以下途径。

一是统计年鉴，包括历年的《中国统计年鉴》《中国农村统计年鉴》《黑龙江统计年鉴》《江苏统计年鉴》《浙江统计年鉴》《山东统计年鉴》《河南统计年鉴》《广东统计年鉴》《陕西统计年鉴》《海南统计年鉴》《新疆统计年鉴》等。

二是网上资源，主要有联合国粮农组织数据库、联合国贸发会议数据库、中国农业农村部网站、各地的海关官网网站和统计局（厅）网站、联合国 COMTRADE 数据库等。

需要说明的是，由于本书写作期间，2021 年大部分数据尚未出来，为了具有可比性，数据大都取自 2020 年，个别采用了 2021 年数据的指标已经在指标体系中标注。对于具有滞后影响效应的数据，参考近 3 年数据进行平滑处理。

二、评价方法

由于评价指标的量纲不同,需要对原始数据进行无量纲处理,以减少评价指标的不同计量单位对分析结果的影响。指标标准化也就是统计数据的指数化。数据标准化处理主要包括数据同趋化处理和无量纲化处理两个方面。数据同趋化处理主要解决不同性质数据问题,对不同性质指标直接加总不能正确反映不同作用力的综合结果,须先考虑改变逆指标数据性质,使所有指标对测评方案的作用力同趋化,再加总才能得出正确结果。

在对 10 个省份的外向型农业产业竞争力进行衡量时,采用的指标体系见表 7-1,采用的方法是综合评价分析法。

为了进行比较,本书采取了较为常用的加权平均法来计算外向型农业产业竞争力的综合值,即把外向型农业产业竞争力评价的各个指标先化为无量纲的分值,即量化测度。再按照它们的权重进行加权平均,从而得出一个容易比较的、量化的结果,能够直接显示出各省份外向型农业产业竞争力的高低。

具体评价方法如下:

首先,遵照表 7-1 的指标体系,对各个指标的量化测度。

$Z_i = 60 + 40 \times$(被评价外向型农业产业竞争力指标的实际值—比较指标中的最小值)/(比较指标中的最大值—比较指标中的最小值)$\times 100$

其次,从具体的指标开始,逐项分层加权计算,随后汇总结果,得到各省份外向型农业产业竞争力的综合评价值进行比较。计算综合评价值的公式可表示为:

$$ACI = \sum_{i=1}^{n} W_i \left(\sum_{j=1}^{m} W_{ij} \sum_{h=1}^{t} P_{ij} Q_{ijh} \right) \qquad (7-2)$$

其中，ACI(agriculture competitiveness index)代表某个地区外向型农业产业的竞争力指数，n 为外向型农业产业竞争力的构成要素个数，这里 $n=6$。m 为外向型农业产业竞争力第 i 个构成要素包含的子构成要素的个数，Q_{ijh} 为第 i 个构成要素的第 j 个子构成要素的第 h 个指标标准化后的值，P_{ij} 为第 i 个构成要素的第 j 个子构成要素标准化后的值，W_{ij} 为第 i 个构成要素的第 j 个子构成要素在其中的权重。

三、评价过程

运用前面阐述的方法和 Excel 软件对浙江与其他 9 个省份的外向型农业产业竞争力评价数据进行运算，最终得到表 7-2、表 7-3 和表 7-4，从表 7-2 中可以看出浙江外向型农业的优势和劣势所在。

表 7-2　2020 年浙江与其他省份外向型农业产业竞争力第三层次指标指数

第三层次指标指数	黑龙江	江苏	浙江	山东	河南	广东	海南	四川	陕西	新疆
粮食总产量指数	1.3500	1.0717	0.8436	1.1971	1.2978	0.8919	0.8100	1.0569	0.8925	0.9150
棉花总产量指数	0.4050	0.4056	0.4054	0.4146	0.4059	0.4050	0.4050	0.4051	0.4050	0.6750
肉类总产量指数	0.4835	0.4896	0.4178	0.6750	0.6008	0.5431	0.4050	0.6225	0.4246	0.4515
茶叶总产量指数	0.4080	0.5850	0.4522	0.6750	0.6462	0.5099	0.4050	0.5493	0.4520	0.3847
油料总产量指数	0.4069	0.4396	0.4149	0.5200	0.6750	0.4480	0.4050	0.5614	0.4259	0.4242
糖料总产量指数	0.4078	0.4064	0.4142	0.4050	0.4071	0.6750	0.4259	0.4125	0.4051	0.4963
水产品总产量指数	0.4211	0.5539	0.5851	0.6602	0.4307	0.6750	0.4516	0.4503	0.4052	0.4050
蔬菜总产量指数	0.4085	0.5820	0.4521	0.6750	0.6468	0.5126	0.4050	0.5506	0.4526	0.4442
水果总产量指数	0.4050	0.4834	0.4621	0.6750	0.6384	0.5720	0.4367	0.5075	0.5903	0.5503
农林牧渔业总产值指数	1.1079	1.2056	0.9181	1.3500	1.3349	1.2023	0.8100	1.2871	0.9542	0.9709
农业产值指数	1.1287	1.1345	0.8823	1.2418	1.3500	1.1011	0.8100	1.1948	1.0043	1.0173
农林牧渔业总产值占全国比重指数	1.6387	1.8007	1.3895	2.0250	1.9004	1.7758	1.2150	1.8630	1.4144	1.4393
一产增加值占地区生产总值比重指数	2.0250	1.2523	1.2150	1.3606	1.4502	1.2486	1.8533	1.5136	1.4128	1.6256

第三层次 指标指数	黑龙江	江苏	浙江	山东	河南	广东	海南	四川	陕西	新疆
农产品出口额指数	3.0891	3.4309	3.5707	5.0875	3.2337	3.1136	3.0568	3.0952	3.0525	3.0763
农产品出口依存度 指数	2.7712	2.6935	3.1442	4.1625	2.6372	2.4975	3.3113	2.5634	2.5263	2.6597
农产品出口在国际 市场上的份额指数	2.2466	2.4952	2.5969	3.7000	2.3517	2.2644	2.2231	2.2511	2.2200	2.2373
农产品比较优势指 数 RCA	1.7214	1.9869	2.0262	2.7750	1.8523	1.7899	1.6960	1.8024	1.6650	1.7589
农产品出口竞争力 指数 IIT	1.8330	2.3196	2.7750	2.0097	1.8445	2.0756	1.8413	1.8133	1.6650	0.8855
农业产值增长率 指数	1.9440	1.7712	1.6848	2.0592	1.9728	2.3472	1.8864	2.8080	2.2032	2.5488
粮食产量增长率 指数	0.4377	0.4460	0.5864	0.5368	0.5533	0.5781	0.4212	0.4625	0.6937	0.7020
油料产量增长率 指数	0.7020	0.6057	0.6275	0.6297	0.6702	0.6562	0.4886	0.7019	0.6028	0.4212
糖料产量增长率 指数	0.4212	0.4530	0.4571	0.4598	0.4498	0.4527	0.4512	0.4560	0.7020	0.4571
水产品产量增长率 指数	0.7020	0.6101	0.6428	0.5898	0.5331	0.6045	0.4212	0.6260	0.6244	0.4926
蔬菜产量增长率 指数	0.4656	0.4431	0.4549	0.4690	0.4723	0.5008	0.4212	0.4796	0.4702	0.7020
水果产量增长率 指数	0.5404	0.4229	0.4944	0.5515	0.4212	0.6377	0.7020	0.6667	0.5340	0.5512
农产品出口总额增 长率指数	5.0465	5.4638	4.7255	5.2233	4.9975	4.7707	5.1987	6.4800	4.9042	3.8880
农业劳动生产率 指数	0.8767	0.7659	0.8880	0.5878	0.6911	0.6764	0.6919	0.5328	0.6400	0.7895
单位农业劳动力生 产的粮食指数	0.8880	0.6589	0.5884	0.6169	0.6604	0.5544	0.5328	0.5716	0.5643	0.6027
单位农业劳动力生 产的棉花指数	0.5328	0.5333	0.5338	0.5370	0.5333	0.5328	0.5328	0.5328	0.5328	0.8880
单位农业劳动力生 产的油料指数	3.9929	0.5981	0.6097	0.6502	0.8880	0.6053	0.5328	0.6804	0.5670	0.8110
单位农业劳动力生 产的肉类指数	0.8293	0.7572	0.7924	0.8880	0.8040	0.8807	0.7022	0.7477	0.5328	0.7377

续表

第三层次 指标指数	黑龙江	江苏	浙江	山东	河南	广东	海南	四川	陕西	新疆
单位农业劳动力生产的水产品指数	0.5453	0.6213	0.8880	0.6058	0.5396	0.6739	0.6512	0.5426	0.5328	0.5339
单位农业劳动力生产的蔬菜指数	0.5328	0.8500	0.8880	0.7472	0.7508	0.6898	0.6247	0.6147	0.6137	0.6413
农村居民人均可支配收入指数	3.3080	4.1712	5.0024	3.5859	3.3015	3.7353	3.3199	3.2823	3.0014	3.0809
农村居民人均可支配收入增长率指数	4.2197	3.4998	3.5960	2.7706	3.2059	3.6940	4.0968	4.6176	4.2918	3.7419
农业技术推广机构数量指数	1.6333	2.2663	1.7755	2.1634	2.2555	1.3598	1.3598	1.9382	1.5341	2.0124
农业机械总动力指数	1.4027	1.7625	1.4647	2.2663	2.2224	1.5244	1.3598	1.7222	1.5150	1.5624
农业技术推广机构业务经费指数	1.4268	1.5714	2.2663	1.5236	1.3598	2.0102	1.3736	1.4018	1.4104	1.6313
农户投向农业的固定资产投资指数	1.9096	1.5146	1.8980	2.2663	1.6963	1.4304	1.3598	1.8789	1.8647	1.6880
机播面积指数	2.3153	1.7262	1.4173	1.9804	2.1369	1.4207	1.3892	1.5038	1.5330	1.7672
业务培训指数	1.4044	2.3153	1.5355	1.8210	1.4518	1.4225	1.4118	1.4315	1.3892	1.4050
机耕面积指数	2.3153	1.7340	1.4232	1.9610	2.1353	1.4964	1.3892	1.5636	1.5039	1.6459
节水灌溉面积指数	1.8487	1.9988	1.6089	2.1483	1.8694	1.4619	1.3892	1.7681	1.5842	2.3153
粮食作物单位面积产量指数	1.0542	1.4455	1.2324	1.2546	1.1754	1.1243	1.0295	1.1575	0.9261	1.5435
油料作物单位面积产量指数	1.1372	1.2482	0.9610	1.5435	1.4987	1.2072	1.0100	1.0021	0.9261	1.1786
棉花单位面积产量指数	0.9261	1.3061	1.3531	1.3094	1.2587	0.9261	0.9261	1.2104	1.2362	1.5435
糖类单位面积产量指数	1.1607	0.9261	1.3412	0.9414	1.4012	1.5435	1.2877	1.0994	1.0843	1.4313
粮食播种面积指数	0.4025	0.2999	0.2497	0.3325	0.3605	0.2635	0.2415	0.3102	0.2725	0.2638
油料播种面积指数	0.2426	0.2670	0.2525	0.3068	0.4025	0.2749	0.2415	0.4011	0.2658	0.2566
棉花播种面积指数	0.2415	0.2420	0.2418	0.2507	0.2425	0.2415	0.2415	0.2416	0.2415	0.4025
糖料播种面积指数	0.2446	0.2449	0.2488	0.2415	0.2430	0.4025	0.2596	0.2513	0.2417	0.3046
烟叶播种面积指数	0.2629	0.2415	0.2425	0.2779	0.4025	0.2745	0.2417	0.3887	0.2859	0.2415
蔬菜播种面积指数	0.2415	0.3713	0.2925	0.3757	0.4025	0.3633	0.2522	0.3714	0.2787	0.2587
瓜果播种面积指数	0.2419	0.3153	0.2768	0.3474	0.4025	0.2435	0.2415	0.2489	0.2644	0.2890

续表

第三层次 指标指数	黑龙江	江苏	浙江	山东	河南	广东	海南	四川	陕西	新疆
农作物总播种面积 增长率指数	0.9660	0.8917	0.9288	0.7245	0.7617	1.2075	0.8174	1.0960	0.9288	1.1332
农用地数量指数	0.7270	0.5061	0.5201	0.5393	0.5470	0.5619	0.4830	0.7417	0.5860	0.8050
耕地数量指数	0.8050	0.5650	0.5097	0.6292	0.6403	0.5230	0.4830	0.6108	0.5524	0.5792
国家级自然保护区 个数指数	0.8050	0.4830	0.5390	0.5110	0.5530	0.5670	0.5320	0.6860	0.6440	0.5670
国家级自然保护区 面积指数	0.5821	0.4871	0.4830	0.4849	0.4908	0.4881	0.4834	0.5597	0.4957	0.8050
国有农场个数指数	0.5890	0.4912	0.5663	0.4830	0.5653	0.5283	0.5005	0.5622	0.4851	0.8050
农业从业人员指数	1.2197	1.2887	1.0536	1.6399	1.5645	1.3350	1.0350	1.7250	1.2670	1.1804
高中及以上农村户 主比重指数	1.2075	1.5525	1.7250	1.2075	1.2075	1.4663	1.1213	1.2075	1.2938	1.0350

表 7-3　2020 年浙江与其他省份外向型农业产业竞争力
第一层次指标指数和综合指数

指标指数	黑龙江	江苏	浙江	山东	河南	广东	海南	四川	陕西	新疆
生产能力指数	10.5960	10.4103	8.8522	11.8742	11.7841	10.5603	8.8375	10.9748	9.2390	9.7994
国际化程度指数	11.6612	12.9261	14.1130	17.7347	11.9194	11.7410	12.1285	11.5253	11.1288	10.6178
持续增长能力指数	10.2594	10.2159	9.6733	10.5191	10.0702	10.5479	9.9906	12.6807	10.7346	9.7629
长期获利能力指数	15.7255	12.4556	13.7868	10.9894	11.3746	12.0425	11.6851	12.1224	11.2766	11.8270
科技推广能力指数	18.5342	19.8149	18.2771	21.1792	20.4612	16.9276	15.2855	17.6774	16.5071	19.7244
要素禀赋指数	8.7788	8.2472	8.1302	8.3519	8.7860	8.7405	7.1751	9.4022	8.1033	8.9265
综合评价指数 ACI	75.5552	74.0700	72.8326	80.6485	74.3956	70.5597	65.1023	74.3830	66.9895	70.6579

表 7-4　2020 年浙江与其他省份外向型农业产业竞争力
第一层次指标指数和综合指数排名

指标	黑龙江	江苏	浙江	山东	河南	广东	海南	四川	陕西	新疆
生产能力指数排名	4	6	9	1	2	5	10	3	8	7
国际化程度指数 排名	7	3	2	1	5	6	4	8	9	10
持续增长能力指数 排名	5	6	10	4	7	3	8	1	2	9
长期获利能力指数 排名	1	3	2	10	8	5	7	4	9	6

续表

指标	黑龙江	江苏	浙江	山东	河南	广东	海南	四川	陕西	新疆
科技推广能力指数排名	5	3	6	1	2	8	10	7	9	4
要素禀赋指数排名	4	7	8	6	3	5	10	1	9	2
综合评价指数 ACI 排名	2	5	6	1	3	8	10	4	9	7

四、主要结论

从表 7-3 和表 7-4 可以看出，浙江外向型农业产业竞争力的综合评价值 ACI 为 72.8326，在 10 个省份中排名第 6，为中等水平，落后于山东（80.6485）、黑龙江（75.5552）、河南（74.3956）、四川（74.3830）、江苏（74.0700），高于新疆（70.6579）、广东（70.5597）、陕西（66.9895）和海南（65.1023）。从表 7-4 可以看出，浙江外向型农业的国际化程度和长期获利能力较强，科技推广能力中等，要素禀赋一般，生产能力、持续增长能力较弱。

从四大表征指标和两大影响因素来看，在外向型农业生产能力方面，浙江排在第 9 位，为较弱水平，其外向型农业生产能力指数为 8.8522，低于山东（11.8742）、河南（11.7841）、四川（10.9748）、黑龙江（10.5960）、广东（10.5603）、江苏（10.4103）、新疆（9.7994）、陕西（9.2390），仅高于海南（8.8375）。其中，浙江排名靠前的指标有排在第 3 位的水产品总产量（2020 年浙江水产品总产量为 5895538 吨）、排在第 4 位的糖料总产量（2020 年浙江的糖料总产量为 463868 吨）、排在第 5 位的棉花总产量（2020 年浙江棉花总产量为 6857 吨），其他指标排名则都比较靠后。

在外向型农业国际化程度方面，浙江排在第 2 位，为较优水平，其外向型农业国际化程度指数为 14.1130，仅低于山东（17.7347），但高于江苏(12.9261)、海南(12.1285)、河南(11.9194)、广东(11.7410)、黑龙江(11.6612)、四川(11.5253)、陕西(11.1288)和新疆(10.6178)。其中,农产品出口额指数、农产品出口在国际市场上的份额指数、农产品出口 RCA 指数均排在第 2 位,均仅次于山东省。

在外向型农业持续增长能力方面,浙江排在第 10 位。其外向型农业持续增长能力指数为 9.6733,低于其他省份,说明浙江外向型农业的增长水平不高,其主要原因是浙江 2020 年的蔬菜产量增长、水果产量增长率均排在第 8 位,农业产值增长率则排在第 10 位。排名相对靠前的指标有排在第 2 位的水产品产量增长率(2020 年浙江水产品产量增长率为 1.254%)和排在第 3 位的糖料产量增长率(2020 年浙江糖料产量增长率为 −4.069%)。

在外向型农业长期获利能力方面,浙江排在第 2 位,其外向型农业长期获利能力指数为 13.7868,仅次于黑龙江(15.7255),高于江苏(12.4556)、四川(12.1224)、广东(12.0425)、新疆(11.8270)、海南(11.6851)、河南(11.3746)、陕西(11.2766)和山东(10.9894)。其中,浙江排在第 1 位的指标就有 4 个,分别是农业劳动生产率(2020 年浙江农业劳动生产率为 6.077 万元/人)、单位农业劳动力生产的水产品(2020 年浙江单位农业劳动力生产的水产品为 7261.994 吨/万人)、单位农业劳动力生产的蔬菜(2020 年浙江单位农业劳动力生产的蔬菜为 84860 吨/人)和农村居民人均可支配收入(2020 年浙江农村居民人均可支配收入为 3.193 万元)。

在外向型农业科技推广能力方面,浙江排在第 6 位,为中下水平,其外向型农业科技推广能力指数为 18.2771,低于山东(21.1792)、河南(20.4612)、江苏(19.8149)、新疆(19.7244)和黑龙江(18.5342),但高于四川（17.6774）、广东（16.9276）、陕西（16.5071）和海南(15.2855)。其主要原因是农业机械总动力排在第 8 位、机播面积排在第 10 位、机耕面积和油料作物单位面积产量都排在第 9 位,均处于较弱水平。排名相对靠前的指标有:排在第 1 位的农业技术推广结构业务经费,排在第 2 位的棉花单位面积产量,排在第 3 位的业务培训,排在第 4 位的农户投向农业的固定资产投资、粮食作物单位面积产量和糖类单位面积产量。

在外向型农业要素禀赋方面,浙江排在第 8 位,为较弱水平,其外向型农业要素禀赋指数为 8.1302,低于四川(9.4022)、新疆(8.9265)、河南(8.7860)、黑龙江(8.7788)、广东(8.7405)、山东(8.3519)和江苏(8.2472),但高于陕西(8.1033)和海南(7.1751)。其中,浙江排名靠前的指标有排在第 1 位的高中及以上农村户主比重(2020 年浙江高中及以上农村户主比重为 12.7%)和排在第 3 位的国有农场个数(2020 年浙江国有农场个数为 91 个)。而粮食播种面积、油料播种面积、农用地数量、耕地数量、国家级自然保护区面积、农业从业人员数量都居于落后水平,排在第 8—10 位。这非常符合浙江的实际情况,浙江土地总面积 10.18 万平方公里,约占全国的 0.94%,是面积较小的一个省份。其中,山地和丘陵占 70.4%,平原和盆地占 23.2%,河流和湖泊占 6.4%,地貌结构为"七山一水二分田"。与其他省份相比,浙江农业耕地资源相对不足,人均耕地仅有 0.47 亩,人多地少矛盾比较明显,所以粮食播种面积和产量相对较少,农业以蔬菜、茶叶、果品、蚕桑、食用菌、花卉苗木、中药材等产业为主,这几类产业产值占农业总产值的 77%。

第三节　浙江外向型农业发展存在的主要问题

如前所述,处于东部沿海发达地区的浙江,近几年的农产品贸易额在全国处于领先水平,但从整个外向型农业产业来看,竞争力处于中等水平。综合来看,浙江外向型农业发展还存在以下问题。

一、出口商品结构有待优化

主要表现在两个方面:一方面,农产品出口贸易结构中,原料和初级产品所占比重过高;另一方面,高档次、高技术含量、高附加值的加工品出口增长较慢,所占比重较小。近年来,浙江农产品出口品种相对集中,水产品、畜产品、茶叶、罐头、蔬菜、蚕丝、中药材、花卉等优势出口农产品同比增长较快。但整体来看,农产品出口主要为保鲜类、冷冻类产品,而高附加值的深加工产品如蔬菜汁、罐装类产品出口量较少。出口的农产品多数来自劳动密集型产业,少有技术密集型产业。因此,不合理的农产品出口结构不仅制约着浙江省农产品出口的进一步扩大,也直接影响农产品出口效益的提高。

二、出口市场过于集中

由于各种客观和历史原因,浙江农产品出口市场主要以日本、欧盟、美国、韩国以及东南亚周边国家为主。过分集中的出口市场抑制了市场的伸缩弹性,使出口对少数进口国的经济产生了较强的依赖性,容易遭受进口国国内经济波动及农产品贸易保护主义措施的冲击。早些年韩国和日本先后对我国农产品实行"临时紧急限制措施",其中一个主要原因就是出口市场过于集中。

当然,近年来浙江省农产品出口地理方向有所改善。受园艺、畜产品、水产品出口拉动,浙江省农产品对韩国、东盟等新兴市场国家(或地区)出口增长迅速,出口额 1 亿美元以上的市场还有德国、俄罗斯、澳大利亚、摩洛哥、沙特阿拉伯、阿联酋等国家和地区。

三、出口成本有所提高

近年来,受原材料价格、劳动力成本和能源、运输费用普遍上涨,检验检疫费用涨幅较大,汇率波动导致换汇成本增加等因素的影响,浙江农产品出口的综合成本上升 20％左右,出口企业的盈利水平均有不同程度的下降。其次,由于劳动力用工紧缺,劳动力季节性用工紧张,工资成本增加较快。由于农产品生产、收购的季节性强,临时性的用工需求量较大,不少农产品很难在短时间内招集到所需的工人。此外,土地流转、商检批次多、季节性用电用水紧张等因素也促使出口农产品成本提高。

最后,非关税贸易壁垒的制约作用更加明显。许多国家对我国农产品的检测不仅由抽检变成了批检,检验标准也进一步提高。如韩国对我国出口蔬菜检测,仅农药残留一项,最高时检测指针有 200 多项。联合国的统计表明,我国约有包括农产品在内的 74 亿美元出口商品因"绿色壁垒"而受阻。这对于浙江来说,更是提出了严峻的挑战。浙江省农产品要想顺利进入发达国家市场,除了质量要达到国际通用的食品法标准外,还要满足发达国家各自制定的更为苛刻的技术标准,这无疑也提高了浙江省农产品的出口成本。

四、外向型农产品科技含量和附加值较低

我国出口农产品往往是"一流产品,二流包装,三流价格",经济效益较低,浙江出口农产品也不例外。部分农产品只是经过简单的加工即行出口,如生姜从地里收获后,只经过简单的冲洗即出口,而日本进口之后,除满足国民的需求外,还广泛用于制药等行业。农产品开发程度较低也影响了浙江农产品出口市场的进一步扩大,浙江的水果、

蔬菜等经济作物、水产品和畜牧产品价格明显低于国际市场价格,但其出口水平却较低。究其原因,主要是农产品生产加工技术落后,加工、贮藏、运输、包装环节不符合国际市场要求,削弱了竞争能力。有特色、大批量的农产品出口,不断扩大国际市场的占有份额,是提高浙江外向型农业经济效益的必要条件。

五、农副产品出口企业抗风险能力较弱

改革开放以来,随着政府对外贸经营的放权,国有外贸企业失去原有体制下对外贸经营的垄断权,难以适应市场的变化,出口市场的主体地位被众多中小型私有进出口公司所代替。浙江由于中小型外贸经营企业众多,产生了严重的"搭便车"现象。在一家农业企业进入某国市场后,其他企业随后蜂拥而至;但在受到国外的反倾销控诉时,由于应诉的成本较高,而胜诉后未参加应诉的企业同样可以享受胜诉的成果,因此,应诉企业较少,而这又造成了国外对其他农产品的反倾销控诉,对浙江外向型农业的发展产生了极其不利的影响。

另外,受自身地理条件等因素的影响,浙江省出口农产品的基地建设规模不及山东、福建等省份,大部分农产品出口企业原料靠收购。大型农产品生产加工龙头企业少、农产品深加工能力低,出口产品以初级产品和半成品为主,深加工产品少,附加值不高。由于浙江人多地少的客观因素,农产品原料仍以农户生产经营为主,呈现出"小规模、大群体,小生产、大市场"的格局,生产管理环节很难规范,农产品质量难以保证。

在外向型农业的发展中,"订单农业"是一种较为普遍的形式,但在订单执行过程中,如果出口行情好,则订单执行较好;反之,某些出口企业就会撕毁合同,或压价提质,将损失转嫁给农户,这也在很大程度上打击了浙江农民参加外向型农业经营的积极性。

六、农业科技及外贸人才较为缺乏

建立和发展与国际市场接轨的现代化外向型农业，就必须有坚实的农业科技力量和一批懂技术、懂管理、善于根据国际市场信息组织生产的知识型农民。尽管浙江近几年来通过"百万农民素质培训工程"等途径，在农民素质培训工作方面取得了一定成效，但是农民素质与建设外向型农业的要求还存在很大差距。加之，农业战线本来就缺乏研发人员，再加上流失严重，使新产品的开发和新技术的推广应用更加困难，产品加工难上档次。农业科技和管理人才缺乏，劳动力素质低下，制约了浙江以国际市场为目标的外向型农业的发展。

第八章 提高浙江外向型农业
竞争力的经验借鉴

国际国内有许多发展外向型农业的经验,本章从国外选取美国、荷兰、印度、巴西、加拿大等作为研究对象,国内则选取新疆、山东、河南、江苏、四川等作为研究对象,总结其发展经验,为浙江外向型农业发展提供指导和参考。

第一节 国际经验借鉴

一、政府为外向型农业提供财政、金融和智力方面的支持

1. 财政支农力度大

目前,发达国家财政支农的比重占财政总支出的 30％～50％,印度、巴西等发展中国家也达到了 10％～20％。早在 2004/2005 年度,加拿大联邦与省两级政府财政支农投入就已高达 73 亿加元,占该国农业国内生产总值的 41％;以色列政府每年为外向型农业投入研究开发的资金约 8000 万美元。美国相关法律规定,农产品全部海关收入

的 30％交给农业农村部，用于扩大对农产品的需求和提高农场主的收入，其中包括用于鼓励农产品出口。美国第 480 号公法甚至规定，总统有权同所谓的友好国家协商和执行以当地的不可兑换的货币来购买美国的剩余农产品，有权用农产品信贷公司的食物向与美国友好的任何国家和人民提供直接援助，有权向不发达国家提供长期低息贷款用于购买美国的剩余农产品。

从中国的情况来看，尽管财政用于农业支出的绝对量呈现不断增长的趋势，但占财政总支出的比重并不高，2000—2006 年平均占比为7.6％，比 1990 年的 10％低了 2.4％，比 1980 年的 12.2％低了 4.6％，比 1978 年的 13.43％低了 5.83％。[①] 从浙江的情况来看，2015 年农林水事务占财政支出的比重最高，达到 11.12％，近年来则有所下降，2020 年占比仅为 7.59％[②]，远低于发达国家对农业的支持水平。

2.政府重视农业科学研究，积极引进和开发先进的农业技术

巴西政府大力引进日本技术和人才，在巴西稀树草原地区实现了大面积农业用地开发和规模性生产。还积极引进以色列的农业灌溉技术，扩大东北干旱地区的水浇地面积，有效改善了当地的农业生产条件，并在该地区建起一大批大型农产品出口基地。荷兰政府积极扶持以实际应用为主的农业科学研究，如联合利华公司在鹿特丹设立的研究中心，拥有研究人员 2000 多人，另外还在 40 多个国家的子公司设有实验室。加拿大农业科研强度一直大于 2％，种子、种畜繁育和动物疫病防治水平比较高。

而从中国政府财政农业支出的结构来看，用于人员供养及行政开支等事业费用占到财政支农的 60％，建设性支出与农业科技三项费用支出的比重不高。2006 年我国财政支农中农业科技三项费用支出仅

---

① 原始数据来自《中国统计年鉴 2007》。
② 原始数据来自《浙江统计年鉴 2021》。

为 21.42 亿元,仅占当年财政支农的 0.68%,当年农业科研强度仅为 0.026%。根据专家估计,中国植病生物技术研究,与发达国家相比,至少相差 15 年。目前中国畜牧业科技水平只相当于发达国家 20 世纪 80 年代的水平,总体上落后 10～15 年。我国畜禽遗传育种和产品加工研究起步较晚,畜产品营养与卫生标准研究几乎处于空白状态。尽管中国农业科技进步贡献率在提高,"八五"期间农业科技进步贡献率为 34%,其中种植业为 34.8%,畜牧业为 45.5%,渔业为 43.6%,林业为 31.4%。[①] "九五"期间农业科技进步的贡献率超过了 50%,"十五"期间农业科技进步的贡献率达到了 60%,但与美国相比差距依然很大。[②] 从浙江省的情况来看,农业科技进步贡献率已达到 70% 左右,但与美国、荷兰等国家相比依然有较大差距。

3. 政府重视农业教育,培养高素质的农业从业人员

美国的农场主大多是各州立大学的毕业生,西欧国家的农民除具备文化水平外,还要经过专业培训并领到"绿色证书"后才能正式成为农民。尽管中国一直致力于提高农业劳动者素质,但情况仍不容乐观。根据 2000 年人口普查,全国文盲半文盲有 0.87 亿人,其中农村占 90% 以上,农村劳动力占 23%。从事农业的人员中具有初中和小学受教育水平的人占 75% 左右,其中仅接受过小学教育的占 33%。而接受过高中和中等职业技术教育者仅占 12.7%,接受过高等教育的仅占 4.7%。另据估计,到 2010 年我国农民平均文化程度也只能达到 8 年(初中水平),而西方发达国家 20 世纪 80 年代末就达到了 11 年,目前已经达到了 12 年以上。此外,我国农业科研人员数量和质量都有待提高。1981—2005 年,每百万农业经济活动人口所拥有的农业

---

① 数据来自《农业与发展》(牛若峰,2000)。

② 早在 20 世纪 70 年代初,美国农业生产总值的 81% 和劳动生产率提高的 71% 就是靠农业科学技术的作用实现的。

科研人员数量，中国为 84，世界平均为 158，中国只及世界平均数的一半多一点。而从浙江的情况来看，农业科研人员获得硕士以上学历的人员比重仅为 6% 左右，这不仅与南亚一些国家的水平存在较大差距，与发达国家 20 世纪 70 年代末期的水平也相去甚远。

4. 政府采取多种措施扶持出口农业和提高出口农产品质量

①政府通过谈判打破农产品出口障碍。美国政府通过谈判迫使别国降低农产品进口关税并减少农业补贴，切实增强了美国农产品的竞争力。巴西政府通过与其他国家签订自由贸易协议，进行双边和多边贸易谈判等方式，消除了国际上针对巴西农产品的贸易壁垒，从而保证了巴西农产品的出口。②采取价格扶持政策鼓励出口农产品生产。巴西通过农业低息贷款政策和农产品最低保证价格、取消农产品出口税以及"北方农产品出口长廊建设计划"和"北部地区灌溉计划"等提高了农民出口农产品生产的积极性。③颁布法规，提高出口农产品质量。荷兰在综合过去陆续颁布的"肉类检验法""黄油法"等单行法规的基础上，制定了"农产品质量法"，要求农业生产和加工技术规范化，把质量管理工作贯彻到生产、加工和流通的整个过程中。④政府重视农产品信息收集。丹麦设立了促进农业出口委员会和农产品销售委员会等机构，这些机构的任务就是不惜代价地组织各企业参加世界各地的食品博览会，还经常到一些丹麦食品的进口国进行调查，把调查的数据都存入数据库，以便生产者随时随地掌握信息，适应国际市场的竞争。巴西政府则建立了全球农产品销售信息网，农场主借助现代通信工具，对本地、州、全国和圣保罗交易市场、美国芝加哥交易市场的大豆行情了如指掌。

我国在农产品质量的法规建设方面取得了长足进步，颁布了若干部重要法律法规，如《中华人民共和国食品安全法》《乳品质量安全监督管理条例》《农作物种子质量检验机构考核管理》《中华人民共和国动物防疫法》《国务院关于加强食品等产品安全监督管理的特别规定》《农产品质量安全法》《进出口商品检验法》等,但是这些法律法规尚待详细化和规范化。对于浙江来说,由于当前农业已经具备新兴产业的各种特征,从农业生产资料到农业种植、农业养殖、农产品加工、农业大流通和涉农综合服务的链条上汇聚了 8000 多个农业产业化龙头企业,1 万多个农村合作及中介组织,7 万经营大户,30 多万农民经纪人。对这样一个大产业的管理,采取传统的管理模式显然是行不通的,必须依靠现代化的信息网络来实现管理和协调,因此浙江政府在农业信息发布、农业信息网络建设以及农业对外谈判力度等方面可以大有作为。

二、按照国际市场需求及时调整农产品出口方向

目前,美国已把农产品出口方向的重点转向发展中国家和中等收入国家。其理由是:不但美国国内农产品市场饱和,欧洲等发达国家也是"成熟的市场",拓展潜力不大。因此,在努力开辟世界各国市场的同时,美国还把一些经济发展快的发展中国家视为市场潜力巨大的"中产阶级"国家,把对这些国家(其中包括中国)的出口作为调整的重点。以色列也是及时调整出口农产品结构的典型。例如,柑橘曾是以色列主要的出口农产品,但到 20 世纪 80 年代后由于受气候影响,加上国际市场上遇到西班牙产品的竞争导致出口受阻,因此及时调整了出口方向。例如,从 20 世纪 80 年代后期开始以色列鲜花出口不断增长,已成为仅次于荷兰和哥伦比亚的世界第三大鲜花出口国。近年来肯尼亚也及时调整了出口产品结构,蔬菜、花卉等园艺作物生产出口的数量不断增长,已取代传统的出口农产品红茶、咖啡成为肯尼亚最重要的出口农产品。

我国农产品出口结构也进行了调整。自 20 世纪 90 年代以来,特

别是 2000 年以来,鱼类等水产品和蔬菜水果等园艺类产品的出口已经超过传统的大宗农产品。但是需要注意的是,我国的这种调整主要是建立在比较优势的基础之上[①]而非国际市场需求变化。

三、依靠科技创新和先进工艺,不断提高农产品质量和附加值

在美国农产品加工中,粮食转化率快速提高。据统计,1990 年美国利用谷物和大豆转化成的肉类产品出口价值占这两类粮食生产总值的 1.4% 和 1.8%,而到 2007 年这个比例已经上升到 6.8% 和 7.1%,17 年中增加了约三倍。

在荷兰闻名于世的养牛业和乳制品加工业中,普遍使用了挤奶设备、储奶罐及根据乳牛产乳量用电脑控制精饲料投放等先进技术和设备。该国蘑菇生产完全采用工厂化、机械化,由电子计算机控制温度和湿度,一年四季均可生产。在粮食生产方面,荷兰非常重视选用优良品种和采用机械化、现代化的栽培管理措施。

丹麦建立了完整的兽医工作系统,每个农户的家畜都能得到定期的健康检查,并对家畜用药也作了严格的规定。丹麦人对牛奶、鸡蛋、肉类、小麦等农产品质量还有一套科学的检测手段。他们把先进的电子学、光学、微生物学和精密仪器有效地结合在一起,利用先进的仪器和设备,能快速、简便、准确地测量和检查农产品的质量,并进行产品分析。

长期以来,中国的出口农产品存在着质量较低、污染较严重等问题。例如,中国农产品质量标准共涉及 62 种化学污染物,然而联合国

---

① 从中国现阶段农业生产技术条件和实际成本构成看,大宗农产品基本上属于土地投入相对密集的土地密集型农产品,而鱼类产品和蔬菜水果等园艺产品则属于劳动投入相对密集的劳动密集型产品。经济学比较优势规律告诉我们,在市场经济条件下,一国贸易结构和它的成本结构与要素禀赋条件存在内在联系。现阶段和未来相当长时期内,我国农业经济部门最基本要素结构特点仍然是劳动力资源相对丰裕和土地资源相对稀缺。

粮农组织迄今已经公布了相关限制标准 2522 项,美国则多达 4000 多项。目前,浙江的耕作栽培技术体系仍停留在常规耕作技术与经验上,与国外开展的以计算机为主的规范化、定量化栽培相比,还有相当差距。因此,浙江农产品迫切需要实行标准化生产,需要通过农业创新和提高检疫检测手段来提高出口农产品质量。

四、规模化经营,不断提高农业生产效率

荷兰从事种植业的农场平均规模为 50 公顷,畜牧业农场平均规模为 40 公顷,园艺花卉农场为 2 公顷,因此荷兰家庭农场的规模在欧盟成员国中是最大的。规模经营有利于机械化操作、现代化管理,为荷兰外向型农业带来巨大的规模效益。

加拿大农产品的规模化种植世界闻名,每个农业劳动力平均配备两台拖拉机,负担 120 公顷(1800 亩)耕地的作业任务。谷物生产主要集中在西部草原省份,其中萨斯喀彻温(Saskatchewan)省的小麦约占全国小麦产量的 3/5,阿尔伯塔(Alberta)省的大麦约占全国大麦产量的一半,安大略(Ontario)省的玉米产量约占全国总产量的 3/4。加拿大 1 个农业劳动力每年可生产 134 吨粮食、2.4 吨牛肉、3 吨多猪肉和近 13 吨牛奶,产值高达 4.3 万美元。

中国主要农畜产品的单产水平和农业生产率水平远远低于发达农业国家。1996 年,中国的小麦、水稻、玉米、大豆等主要粮食作物平均单产水平仅为高产国家的 41%、68%、54% 和 45%。[①] 即使是在最近的几年,中国农业集约程度与单产水平与许多国家相比,依然相去甚远。2006 年中国每个农业人口经营的耕地面积仅为 0.3 公顷,而同

---

① 数据来自《中国传统农业向现代农业转变研究》(郑有贵,1997)。

期加拿大为 156.2 公顷，澳大利亚为 142.9 公顷，美国为 76.4 公顷。[①] 2006 年中国单位劳动力的农业增加值为 498 美元，而同期丹麦为 66034 美元，荷兰为 65216 美元，法国为 63886 美元。[②]。浙江的总体情况比我国总体平均数略好一些，但也还有很大的提升空间。

五、组建形式多样的农业合作组织

荷兰的农业合作组织分为采购合作社、销售与加工合作社、合作拍卖市场、服务合作社和信贷合作社。这些合作组织促进了农业专业化分工，提高了劳动生产率，调节了市场供求，保证了农产品质量，大大减少了交易成本和费用，对支持农民发展生产、更新设备起了重要作用。

以色列的农业组织分为"基布兹""莫沙夫""莫沙瓦"，其作用是帮助生产者执行农产品生产和销售计划，给某些农产品开辟出口和工业加工渠道，并尽可能地保证农民的利润。

巴西建立了供销合作社、渔业合作社和农村电气化合作社等多种形式的农业合作经济组织，绝大多数农民都参加了合作社，合作社在供应生产资料、加工销售农产品、提供技术服务方面发挥了积极作用。经过几十年的发展，不少合作社已成为融农牧业产品生产、加工、仓储和贸易为一体的大型产业集团，这些产业集团为巴西外向型农业的发展做出了不可磨灭的贡献。

浙江目前农业合作组织形式比较多，如"一村一品、一乡一业""公司＋农户""龙头＋基地""公司＋中介组织＋农户"等，但作用有限，需要进一步提高和发展。

---

① 原始数据来源于 FAO，*Yearbook production*（2007）。
② 原始数据来源于世界银行（2007），按 1995 年美元价值计算。

第二节　国内经验借鉴

一、新疆外向型农业发展经验

(一)新疆外向型农业发展成效及做法

新疆维吾尔自治区地理位置特殊,与俄罗斯等 8 个国家接壤,对外开放一类口岸近 20 个,是中国口岸最多的地区。便利的地理位置和口岸条件是新疆外向型农业发展的优势条件。2013 年以前新疆农产品主要集中出口在哈萨克斯坦和吉尔吉斯斯坦两个国家,出口总量占新疆农产品总出口量的 75% 以上。农产品出口市场的相对集中,不仅新疆地理和口岸优势没有得到发挥,而且随时面临两个国家政治、经济变动对新疆农产品出口贸易的影响。

2013 年国家提出"一带一路"倡议后,新疆作为这条"丝绸之路经济带"中的核心地区,受政策启发,利用口岸不断扩大出口地区,向西加快农业对外开放的步伐,增加对中亚、中欧及东欧地区的出口。2020 年新疆出口市场扩大到 60 个国家和地区,与战略沿线国家或地区的农业贸易增多,如中粮糖业有限公司将番茄种植到"一带一路"倡议沿线国家或地区。

(二)新疆外向型农业发展对浙江的启示

新疆外向型农业发展过程中,借助"一带一路"倡议上游中心地带的机会优化出口市场结构的做法,能够为浙江外向型优化农产品出口结构提供新思路。浙江省同样作为"一带一路"倡议的重要地区,传统的南亚、东南亚市场不能放弃的同时,可以开发这条"经济带"上具有潜力的市场，如中亚、西亚等地，扩大浙江农产品的出口市场，增加外向型农业影响力。

二、山东外向型农业发展经验

（一）山东省外向型农业发展成效及做法

1. 全力壮大农业产业化龙头企业

2018 年国家级农业产业化龙头企业 500 强榜单中，山东省共上榜 80 家企业，是企业数量最多的省份。农业产业化龙头企业对农产品的国际影响力起到助推作用，山东省在以下两个方面壮大农业产业化龙头企业：①加强基础设施建设。农业龙头企业不同于中小型农产品加工企业的区别之一，体现在龙头企业采用先进的生产设备和专业生产流水线取代了费时费力的人工生产模式。例如，临沂新程金锣肉制品有限公司从日本、美国等发达国家引进屠宰分割生产线；龙大食品集团有限公司的食品检测指标与日本最新标准一致；得利斯集团有限公司重金引进欧盟先进屠宰设备。②培育和引进人才。山东省在发展农业产业化龙头企业过程中，注重提高农业科技含量，增加农产品附加值，因此需要大量农业领域创新型人才。多家龙头企业选择与省内高校合作定向培育人才，如莱芜泰丰食品有限公司企业和诸城外贸有限责任公司与山东农业大学开展相关农业专业研究生、博士生定点培养计划。企业通过采用毕业直接上岗的形式，为在校生解决就业问题，也向企业引进创新型人才。

2. 大力推进区域产业协同

山东省充分考虑资源禀赋、经济水平、市场需求、产业基础等因素，以农业资源环境承载力为基准，深化区域产业发展定位，全面推进农业数字化转型，重点打造了六大优势特色产业带。①鲁西平原粮食畜牧产业带。重点在菏泽、聊城、德州、滨州等市,稳定发展优质小麦生产,扩大饲用玉米种植,加快发展草食畜牧业,实现农牧结合、种养循环。②黄河流域生态农业产业带。重点在东营、济宁、聊城、滨州等市,加强黄河流域生态保护和修复,大力发展生态循环农业,实现特色产业与生态环境和谐发展。③沿海地区海洋渔业产业带。重点在青岛、烟台、威海、日照等市,优化海水养殖空间布局,加快现代化海洋牧场建设,发展远洋渔业,推动深远海智慧养殖,实现海洋渔业绿色健康发展。④胶东半岛高端农业产业带。重点在青岛、烟台、潍坊、威海、日照等市,充分发挥濒临日韩优势,推进地方农业对外合作综合试验区建设,大力发展现代种业,集约发展农产品精深加工,打造国际知名品牌,实现农业创新引领、开放发展。⑤泰沂山区特色农业产业带。重点在泰安、枣庄、临沂、淄博等市,立足丘陵山区立体空间优势,大力发展水果、茶叶、中药材等特色种植,积极发展林下经济,创意发展休闲农业和乡村旅游,实现乡村产业多元融合发展。⑥胶济沿线数字农业产业带。重点在济南、青岛、淄博、烟台、潍坊等市,建设一批智慧设施农业应用基地、数字农业产业园区,推进农业生产经营数字化转型。

3.强化集群创新引领外向型农业发展

山东省以创建国家优势特色产业集群为契机,启动了省级优势特色产业集群创建工程。强化区域意识、集群意识、融合意识,做强产业链、优化价值链、提升创新链,通过串珠成线、连块成带、集群成链,培育品种品质优良、规模体量较大、融合程度较深的区域优势特色产业集群。到2025年,全省力争培育千亿级国家优势特色产业集群达到8个以上、500亿级省级优势特色产业集群8个以上。

4.积极提升农业科技创新能力

谋划布局建设现代农业山东省实验室,创建小麦、玉米、马铃薯、盐碱地综合利用、智能农机装备等技术创新中心。实施重大农业科技项目联合攻关，推进农业短板技术研发，强化种养殖技术和加工技术集成，加强动植物疫病等防治技术研究，推动生物育种、高效农机、绿色投入品等领域自主创新。加快大中型、智能化、复合型农业机械研发和应用，加强农业机器人研发支持力度，开展农业机械化示范创建和智慧农机创新，推进"全程全面、高质高效"农业机械化。加大绿色原创农药研发的支持力度，推进农药生产自动化、数字化升级。

加快建设山东省农业科技成果转移转化平台，构建省、市、县三级联动技术市场服务体系。健全"一主多元"的基层农技推广体系，推动科研、推广单位共建共享试验平台，培育一批农业"政产学研金服用"创新创业共同体，打造一批协同创新示范基地。加强现代农业产业技术体系创新团队建设，支持高等院校、科研院所参与现代农业产业园、农业科技园、农业产业强镇建设，鼓励农业科技人员领办创办乡土产业名品村。深入推行科技特派员制度，支持科技特派员牵头创建创新创业共同体。

深入落实国家数字乡村发展战略纲要，加快农业产业数字化提升，实现农业向数字、智能、智慧、精准、精致方向逐级演进。推进涉农数字、数据产业化，围绕数据采集、存储、挖掘、分析和开发应用数字数据产品，推动智能感知、智能分析、智能控制技术与装备在大田种植和设施园艺上的集成应用，建设农业农村大数据平台。创新发展智慧农业，推进数字技术集成应用，建设一批智慧农业应用基地，建好济南、青岛、潍坊智慧农业试验区。加快种业大数据的研发与深度应用，鼓励发展休闲农业平台，完善农业科技信息服务平台。

（二）山东省外向型农业发展对浙江省的启示

浙江省农业产业化龙头企业的数量与山东省存在差距，虽然打造和培育一个龙头企业需要大量资金和时间，但我们仍要学习先进的经验，不断培育农业产业化龙头企业，以此推动外向型农业的发展。在学习和借鉴山东省培育外向型农业产业化龙头企业的经验中,浙江省农业产业化龙头企业应淘汰陈旧、落后的生产设备,配置生产效率高、专业化的生产机器;企业注重引进农业领域创新型人才,提升龙头企业创新能力。

三、河南外向型农业发展经验

(一)河南外向型农业发展成效及做法

1.充分利用区位优势降低外向型农业发展成本

河南省位于中国中东部地区,居中的地理位置是外向型农业向四面八方发展的区位优势。改革开放 40 多年来,河南省政府充分利用地理位置巩固区位优势,形成了具有四通八达的公路系统、"米"字形铁路系统、国际化的机场和水运能力不断加强的交通系统,降低了外向型农业发展成本。河南省内高速公路通车里程超过 6000 公里,20分钟内所有县级城市均可上高速。多数农产品种植基地分布在乡镇地区,运输时间的降低能够保证农产品的新鲜程度,加快农产品出口创汇的过程。河南省铁路运营里程超过 7000 公里,农产品运输和农业对外交流与合作基本得到保障。2016 年中欧班列(郑州)开行后,到达欧洲 42 个城市,2019 年首次抵达绥芬河口岸,河南省农产品借助口岸,扩大对日、韩等地的出口。新郑国际机场基本构成跨越亚欧美、辐射全球主要经济区的航线网络。航空运输方式是农产品出口到国际市场以及农业对外交流与合作中资金、人才、物资运输的最快方式,有助于提高外向型农业发展效率。尽管河南省内河运输优势相比中国东部沿海地区较弱,但河南省政府在"十三五"时期,要求建设内河航道 304 公里,适时开工建设唐河航运工程,未来更多的农产品将借助海运实现出口。海运为农产品出口和农业对外交流与合作提供了除基础陆运、航运以外更多的运输可能。

2.农业科技优势为外向型农业发展奠定坚实基础

2017 年河南省农业科技进步贡献力为 59.1%，超过了全国农业科技进步贡献力（57.5%）。其中，河南省主要农作物机械化水平超过了 80%，为历史最高值。机械化水平的提高代表河南省外向型农业生产力水平得到一定程度的改善，这离不开河南省人民政府大力推行机械化深耕技术；构建农机农艺示范区，将生物、环境以及信息技术集合使用；补助农民购置农业机械设备等一系列举措。河南省农业科技水平不断提高有利于全面提升河南省外向型农业综合竞争力。

（二）河南省外向型农业发展对浙江省的启示

综合来看，河南省注重利用自身的交通优势和资源优势来发展外向型农业，不断提高农业科技含量，善于利用已经开拓的亚洲、北美洲及欧洲地区的一些农产品出口市场。这些都值得浙江学习，未来浙江也需要巩固出口重要地区，保持对这些地区的农产品出口优势。并不断提高农业科技水平，为浙江外向型农业发展提供高科技支持。

四、四川外向型农业发展经验

（一）四川外向型农业发展成效及做法

1.通过扶持"川字号"优势特色产业稳定外向型农业发展基础

"10＋3"产业体系率先在现代农业园区落地，"10＋3"产业体系初步构建，农业优势特色更加凸显。现代农业园区梯次推进体系稳步推进，四川已创建国家级现代农业产业园 11 个、数量居全国第二，全省累计认定省星级现代农业园区 94 个、市级园区 364 个、县级园区 673 个。风险防控及监管能力进一步增强，累计创建国家农产品质量安全市 2 个、安全县 15 个，完成国家、省级追溯平台对接，全省大宗农产品例行监测总体合格率达 99.3％。"川字号"农产品品牌体系不断壮大。培育"天府龙芽""天府菜油"等 212 个区域公用品牌,"新希望""竹叶青"等 816 个优质品牌农产品;11 个地理标志产品进入中欧地理标志协定首批保护目录,数量位居全国第一。

农业产业化经营体系日渐完善,农村一、二、三产业加速融合。新型经营主体不断壮大。全省省级以上重点龙头企业达 902 家,其中国家级重点龙头企业 75 家,数量居全国第四、西部第一。累计培育农民合作社 10.56 万个、农民合作社联合社 461 个、家庭农场 16.6 万家,培训新型职业农民 30 万人次。发展农业社会化服务组织 2.6 万个,服务对象 473.6 万户。农村新产业新业态持续发展。2019 年实现休闲农业综合经营性收入 1605 亿元,较 2015 年增长 59.2％。农产品加工业持续发展,农产品产地初加工率达 60％。农村电商快速发展,农村电商销售额达到 455 亿元。农村一、二、三产业融合效应逐步显现,累计建成产业融合园区 430 个。

推动部省市共建成渝现代高效特色农业带,联合重庆市共同编制实施成渝现代高效特色农业带建设专项规划,建立推进工作机制,启动实施川渝农业合作园区等一批重大项目、重大平台。建设国家优质粮油保障基地、国家重要的生猪生产基地、渝遂绵优质蔬菜生产带、优质道地中药材产业带、长江上游柑橘产业带和安岳柠檬产业区、渝南绵广蚕桑产业带、长江上游渔业产业带,打造全球泡(榨)菜出口基地和川菜产业、茶产业、竹产业基地。努力将成渝地区建设成为全国现代农业高质量发展示范区、全国城乡产业协同发展先行区、全国农业农村改革开放先行区和西部农业科技创新示范区。

2.加大农产品出口主体培育力度,对外交流合作持续加强

"川字号"农产品"走出去"步伐不断加快,建成国家级、省级出口食品质量安全示范区 20 个,出口食用农产品基地 501 个。农业境外

投资合作涉及 27 个国家（或地区）。为了打开销路，让更多优质农产品走出去，近年来，四川省农业农村厅每年都组织带领上百家农业企业前往"一带一路"沿线国家和地区参展，并洽谈合作。目前，已成功将茶叶、水蜜桃、枇杷、猕猴桃、蔬菜等特色农产品打入俄罗斯、澳大利亚、新加坡等国家和港澳等地。自 1997 年以来，四川省共派出 200 多名农业专家和技术人员，参与援布隆迪、埃塞俄比亚等非洲国家农业技术组，承担中国—联合国粮农组织南南合作乌干达、埃塞俄比亚等项目。目前，四川省已有 27 家种子、农机、饲料、兽药等农业企业走出去投资兴业，涉及五大洲的 24 个国家和地区，在境外投资运营农业合作企业 74 个，累计对外农业直接投资存量 7.9 亿美元、投资流量 1.9亿美元。截至 2020 年，全省共组织农业食品企业 750 家（次），赴境外参加知名展会 55 场次，举办各类农产品推介活动 68 场次，协议成交61 亿元人民币，实际成交 19 亿元人民币。

加强农业对外开放、交流合作，引进推广发达国家（或地区）先进的发展理念、标准、技术和装备。加大四川农产品出口主体培育力度，建设一批农业国际贸易高质量发展基地。推动中国（成都）国际农产品加工产业园和成都市青白江区农业对外开放合作试验区建设。建好中法、中智等农业产业园。引导支持农业龙头企业走出去投资兴业，有序推进境外农业合作示范区建设。加快建设中国天府农业博览园，办好四川农业博览会。加强四川农产品出口联盟建设，加强民间涉农企业互动合作。加强与京津冀、长三角、粤港澳大湾区和周边地区农业交流合作。继续深化与台湾、香港、澳门农业交流合作。继续实施中国—乌干达南南合作三期项目，做好农业援外专家选派工作。

以县为单位创建农业现代化示范区，推进现代农业设施化、园区化、融合化、绿色化、数字化发展，探索中国特色农业现代化道路。统筹考虑区域差异、发展基础等因素，分区分类建设一批农业现代化示范区。以稳粮保供为重点，在成都平原等地区创建一批以设施化为主的重要农产品现代化示范区。以特色产业为重点，在产业集中度高、特色鲜明、比较优势突出的地区，创建一批以园区化、融合化为主的优势特色产业现代化示范区。以都市农业为重点，在大中城市郊区等地区，创建一批以数字化为主的智慧农业现代化示范区。以资源保护、环境友好为重点，在丘陵山区、川西北高原等地区，创建一批以绿色化为主的生态农业现代化示范区。支持国家现代农业示范区、国家现代农业产业园、优势特色产业集群、产业强镇、省级乡村振兴先进县等地区，争创国家和省级农业现代化示范区。支持创建国家现代林业产业示范区。

3.强化现代科技在外向型农业中的支撑作用

坚持农业科技自立自强。完善农业科研创新体系，建设一批农业领域国家和部省重点实验室，支持涉农高校、科研院所共建四川农业科技创新园和国家现代农业产业科技创新中心。加强现代农业产业技术体系四川创新团队建设，支持创新团队开展全产业链科技攻关和技术集成示范。研发一批种源创新与生物种业、智能农机装备、耕地质量保护提升、绿色高效种养、资源保护与利用、农业重大风险防控等领域具有自主知识产权的核心技术产品。支持构建以企业为核心的产学研用融合协同创新体系，加强科技攻关和成果转化。探索"揭榜挂帅""信用激励"机制，推动产学研、育繁推深度融合。强化农业技术推广服务体系建设。提升一批乡村振兴优质院校，大力培养乡村振兴实用人才。构建现代农业农村科普体系。加快推进智慧农业建设，支持互联网＋农业和5G赋能农业发展，加快现代农业生产数字化转型。开展四川"天空地人"一体化林草监测体系建设。创建全国农业科技现代化先行县。支持有条件的地区创建国家现代农业高新技术产业示范区。

（二）四川省外向型农业发展对浙江省的启示

浙江可以借鉴四川省发展外向型农业的经验，通过推进农业供给侧结构性改革，延伸农业产业链，拓展农业多种功能，大力发展农业新型业态，构建农业与二、三产业交叉融合发展的现代产业体系，不断拓展农业对外经济合作。浙江可以借鉴四川创建国家现代农业产业园的做法，推进"生产＋加工＋科技"一体化发展。打造优势特色产业集群，推进全产业链开发、全价值链提升，形成集群发展新格局和市场竞争新优势。打造农业产业强镇，建设"一村一品"示范村镇，推动产城融合、产村融合发展。建设一批国家、省级农村产业融合发展示范园、科技示范园区和现代林业产业示范区、现代林业园区。实施休闲农业和乡村旅游精品工程，建设休闲观光园区、森林人家、康养基地、竹林小镇、乡村民宿、田园综合体。加快培育乡村共享经济、创意农业，鼓励在乡村投资兴办文化创意、概念设计、软件开发、博览会展等环境友好型企业。

五、江苏外向型农业发展经验

（一）江苏外向型农业发展成效及做法

1. 培育新型农业经营主体，奠定外向型农业发展坚实基础

近年来，江苏省大力发展多种形式适度规模经营，积极培育发展新型农业经营主体和服务主体，破解谁来种地难题，提升农业生产经营效率。以高素质农民培育工程为抓手，统筹资源，面向广大农业从业人员深入开展农业生产与经营管理培训，全省每年分类开展高素质农民培育 20 万人，有效提升广大农民科技文化素质。突出抓好家庭农场和农民合作社培育。全省各级示范家庭农场超过 9500 家，其中省级示范家庭农场 2290 家；累计培育县级以上农民合作社示范社

10588 家,其中国家级示范社 408 家、省级示范社 1400 家。强化农业龙头企业联农带动作用。全省省级以上农业龙头企业 897 家,其中国家级 77 家。全省农业龙头企业牵头组织农业产业化联合体近 500 个,带动各类经营主体 3500 多个。全省"田秀才""土专家""乡创客"等农村创业创新人员超过 47 万人,创办主体 2.5 万个。加强指导服务和政策支持。引导金融部门推出"鑫农贷""家庭农场贷"等定制化贷款产品。会同省相关部门,出台规范设施农业用地管理政策,保障农业经营主体仓储、产地烘干、农产品初加工、冷藏保鲜等设施用地需求。在全国率先出台扶持小农户发展的 11 条措施,将小农户纳入现代农业发展轨道。

2.深化农村一、二、三产业融合发展,做优做强农产品加工业

江苏正加快发展植根于县域,以农业农村资源为依托,以一、二、三产业融合发展为核心的现代乡村产业。支持发展县域范围内产业关联度高、辐射带动力强、参与主体多的融合模式,促进资源共享、链条共建、品牌共创,形成企业主体、农民参与、科研助力、金融支撑的产业发展格局。充分发挥农村产业融合发展示范载体的引领作用,到 2025 年建强一批国家农村产业融合示范园和省级农村一、二、三产业融合发展先导区,农业服务业产值超过 1000 亿元。

江苏正进一步优化布局,推动农产品加工业向主产区布局,向镇、村延伸,把更多的加工增值效益留在农村。鼓励和支持发展农产品产地初加工。引导大型农业企业加快生物、工程、环保、信息等技术集成应用,促进农产品精深加工。鼓励大型农业企业和农产品加工园区推进加工副产物循环利用、全值利用、梯次利用。在产区和大中型城市郊区布局中央厨房、主食加工、方便食品、净菜加工。支持开展农产品精深加工、营养食品开发、品质控制、冷链物流等关键技术创新和产品开发,提升农产品加工标准化水平。预计到 2025 年,全省规模以上农

产品加工企业主营收入超过 1.4 万亿元。

3. 坚持"引进来"与"走出去"有机结合，大力发展开放合作农业

持续提高农业利用外资质量和水平，实行农业产业集群引资，突出建链、补链、强链，推动一批科技含量足、产业层次高、带动能力强的重大项目落户。深入推进农业接轨长三角，推进上海市外农产品主供应基地和直采直供基地建设，加强农产品配送中心、集散中心、直销窗口建设，加强与大型电商平台对接，提升产销衔接层次与水平。提升开放型农业能力水平，依托出口支柱产业，建设一批国家级农业国际贸易高质量发展基地和省级出口农产品示范基地，培育壮大农产品出口龙头企业。巩固现有目标市场，大力拓展新兴农产品市场，充分利用国际市场和资源，拓宽与"一带一路"共建国家和地区的农业合作，搭建"走出去"公共服务平台，系统谋划重点农产品境外布局。鼓励有条件的企业建立境外农业技术示范中心、农业合作示范区、大宗农产品原料生产加工和物流基地。推进农业对外开放合作试验区等开放型农业载体建设。强化农业国际技术交流与合作。加强港澳台农业技术、贸易、投资合作，强化台创园建设，提升港澳台农业合作水平。江苏先后与 170 多个国家与地区建立了农产品贸易关系，累计登记备案参与"一带一路"建设等农业项目 114 个。

（二）江苏省外向型农业发展对浙江省的启示

江苏省最值得浙江借鉴的经验是大力推进农业供给侧结构性改革，加快构建现代农业产业体系、生产体系和经营体系，全面巩固外向型农业发展的基础。江苏省创建了国家现代农业产业园 10 家、国家农村产业融合发展示范园 10 家、国家农业科技园区 14 家、省级现代农业产业示范园 52 家。培育国家级龙头企业 77 个，农业产业化联合体近 500 家，家庭农场超过 17 万家，农民合作社 8.5 万家。农业科技进步贡献率 70%，高于全国近 10 个百分点，建成高标准农田 4000 万

亩以上，农作物耕种收综合机械化率80％。农业绿色发展取得积极进展，畜禽粪污资源化利用率、秸秆综合利用率均达到95％以上。

以上这些数据都值得浙江学习，浙江应该学习江苏，继续增强粮油机械产业、食品加工制造业配套能力。支持粮油机械产业向智能化产品和全过程服务方向发展。支持骨干食品企业延伸产业链条，推进原料生产、加工物流、市场营销等环节融合发展。支持农产品加工装备研发机构和食品制造企业开展信息化、智能化、工程化加工装备研发，提高关键装备国产化水平。引导食品企业运用现代科学技术实现生产过程智能化控制，提升智能制造和本质安全水平。组织实施节能和循环经济改造工程，提升食品加工副产物综合利用水平，提高能源利用效率，降低生产过程污染。同时，浙江要积极实施一、二、三产业融合发展行动，提高农业质量效益，推进农业适度规模经营，培育壮大现代乡村产业，丰富乡村经济业态，加快构建"产业结构优、质量效益高、经营主体强、技术装备精、路径模式新"的江苏现代乡村产业体系。

第九章 提高浙江外向型农业
竞争力的对策研究

从第七章对浙江外向型农业产业竞争力的具体测定可以看出,浙江外向型农业总体上具有一定的竞争力,但这种竞争力并不是很强。此外,从第六章的实证分析可知,浙江近年来某些农产品的竞争力还出现了下降态势。因此,基于前面的分析,浙江应该有针对性地采取有效对策,以提高浙江外向型农业的国际竞争力,使浙江农产品更多地进入和占领国际市场,这无论是对浙江农业本身的可持续发展,还是实现浙江农业现代化及提高农民收入都是非常重要的。

第一节 通过农业"机器换人"提高生产效率

农业"机器换人"是以现代化、自动化乃至智能化的装备技术及农业机器人代替农业劳动力劳作,并推动农业人力资本的开发和积累,提高劳动生产率,转变农业生产方式。从第七章的实证分析可以看出,在外向型农业生产能力方面,浙江排在第九位,为较弱水平,除了水产品总产量、糖料总产量、棉花总产量排在前五位之外,其他指标排名则都比较靠后。因此,浙江未来应继续推进农业"机器换人"以提高生产效率。

一、浙江农业"机器换人"的必要性

如前所述,浙江是一个农、林、牧、渔全面发展的综合性农业区域,但农业人口老龄化问题日益凸显。截至 2010 年底,浙江省 60 岁及以上人口中,农村老年人口占 68.58%,到 2030 年这种形势会更加严峻(何小勤,2013)。《浙江省"十三五"农业和农村科技发展规划》也明确指出,浙江农业发展存在"农业机械化水平不高、从业人员科技素质不高等短板"。另一方面,随着浙江经济的快速发展和城镇化、工业化的深入推进,浙江农业劳动力匮乏、农业劳动力成本上升的矛盾日渐显现,浙江农业劳动者也在不断追求轻松劳作、增产增效,由此催生了浙江农业"机器换人"的外部需求。

为贯彻落实《国务院办公厅关于加快转变农业发展方式的意见》(国办发〔2015〕59 号)文件,继续提高浙江农业的劳动生产率,浙江省人民政府于 2016 年 3 月发布了《关于加快推进农业领域"机器换人"的意见》(浙政办发〔2016〕19 号)。2016 年 7 月 18 日,浙江省主管农业副省长批示:在农业领域大力推进"机器换人",是提高农业劳动生产率,降低农业生产成本的有效途径,也是实现农业现代化的必由之路。[①] 2016 年 10 月,农业农村部批准浙江创建全国农业"机器换人"示范省,这是推动浙江传统农业向现代农业转型的重大举措。

《浙江省农业农村现代化"十四五"规划》已明确指出,浙江要继续深入实施农业领域机器换人。要强化粮油、畜牧、水产养殖、食用菌生产、设施农业等关键环节农机装备应用。推进机械装备与养殖工艺相

---

① 参见《浙江政务信息(专报)》第 895 期。

融合，加快畜牧水产养殖主要品种、重点环节、规模养殖场的生产机械化。推进宜机化建设，建立农机存放库房、育秧育苗、烘干、仓储中心等配套设施建造统一标准。鼓励各类市场主体建设"全程机械化＋综合农事"服务中心，积极搭建农机服务与农机需求对接平台。

浙江农业"机器换人"的可行性和必要性主要表现在以下几个方面：其一，党中央、国务院，以及浙江省委和省政府向来极为重视农业机械化，相关法律法规和扶持措施正日益完善，因此浙江农业"机器换人"的政策环境越来越好。其二，随着"中国制造2025"的全面启动实施，浙江农机装备制造业不断加快转型升级，农业机械的研发能力持续增强，这就为浙江农业"机器换人"奠定了更加坚实的基础。其三，绿色、"互联网＋"逐步成为产业发展新常态，这既为浙江农业"机器换人"提供了新路径，也提出了更高要求，智能化和绿色化将成为浙江农业"机器换人"的新特点。其四，农业"机器换人"是满足浙江农业劳动者轻松劳动、体面种田、增产增效愿望和提高农业劳动生产率，降低农业生产成本的有效途径。

二、浙江农业"机器换人"存在的主要问题

(一)部分农业机械的研发跟不上现代农业发展需求

调研发现，农业机械产品与现代农业生产不匹配、不适应的问题仍旧突出，农业生产过程中存在"无机可用"和"有机难用"现象依然存在，这已成为浙江农业生产"机器换人"的主要制约因素。例如，奉化、余姚、鄞州和慈溪的部分受访者表示，他们急需瓜果和蔬菜方面的收割机械以提高工作效率；丽水、台州和湖州的部分干部群众则反映，他们对于油菜地耕整机械、全喂入油菜收割机械、食用菌拌料机的使用还不够熟练，由此导致部分农机处于闲置状态。从调查的数据来看，

浙江蔬菜瓜果和畜牧水产的机械化程度不到 40％,水稻栽植、旱粮生产、油菜收获等环节的人工操作比例则超过了 50％。此外,浙江所需的部分中小型农业机械,如节水灌溉、庭院农业所需的专业农机等起步较晚,不少产品需要进行中试和改进,并逐步提高其作业性能和可靠性后才能投入使用,这也在较大程度上制约了农业"机器换人"。

(二)农机人才队伍建设滞后农业"机器换人"要求

据丽水、奉化、台州、余杭、慈溪和余杭的同志反映,绝大多数农机从业人员的年龄为 50～55 岁,能驾驶操作高端农业机械,能快速维修保养农业机械的专业人才较为缺乏。因此,浙江农机从业人员队伍依然存在文化程度不高、老龄化较为严重、农机新知识储备不足等问题,导致部分高端农机处于"新机不会用""坏机无人修"的状态,制约了农业机器的推广应用,影响了浙江农业的生产经营。

(三)农机社会化服务体系依然不够健全

湖州、慈溪、台州、鄞州、萧山、奉化和余姚的部分农户在不记名问卷中反映,他们需要的果蔬、食用菌、畜禽水产等方面的高端农机装备的售后维修、使用培训等服务尚未有效跟进。此外,浙江部分县、乡、村农机服务网络尚缺乏比较健全的服务手段,服务覆盖面不够广、服务效率不够高、服务链条不够长等,导致服务水平远远落后于农业"机器换人"要求,也阻碍了浙江农业高端机械化的发展。如丽水缙云县、遂昌县和景宁县的部分农户反映他们接受的农机服务主要是售前的安装服务,而售后的指导和维修服务较少。台州的部分农户则反映农机使用等培训主要集中在市区,较少延伸到县、乡、村。

(四)补贴力度和扶持政策有待进一步增强

从补贴政策来看,中央制定的农机购置补贴政策虽然力度很大,但也存在着补贴机型较少、补贴范围不够宽泛,同款产品补贴价普遍高于市场价格等局限。从浙江省的相关扶持政策来看，还存在着诸如扶持范围较窄、实施力度受限等问题。以上海为例，其已获中央购置补贴的绝大部分农机产品，如铧式犁、旋耕机（含履带自走式旋耕机）、开沟机、驱动耙等同步给予了地方补贴或特殊补贴。而上述农机产品在浙江则只能享受中央补贴，不能享受地方补贴。此外，浙江在农业机械的新产品引进、科研开发、金融保险、维修服务等方面的扶持政策仍不够完善。

三、利用农业"机器换人"提高生产效率的对策建议

（一）加强研发创新，增加农机产品有效供给，保障农业"机器换人"有机换

一是继续按照"提优势、补短板、填空白"原则，积极生产、推广适用于浙江农业生产的成熟农机装备。鼓励搭建农业机械的产学研推一体化协同创新和信息共享平台，积极研发和生产"产业急需、农民急用"的农机产品，增强浙江农业"机器换人"的供给保障能力。支持农户和其他农业经营主体引进我省紧缺的适用性农机新产品，鼓励开展试验和示范。

二是以国家农村信息化示范省建设为契机，推动互联网、区块链、物联网等现代信息技术在浙江农机领域的应用。加大浙江所需的动力机械配套机具、农业自动化生产加工流水线、复式作业机械、农业物联网设备、通用型农机装备、农业机器人、无人驾驶农业机械等智能化装备的引进与推广力度，不断提高农机利用效率。

（二）加强主体培育，壮大农机科技应用队伍，保障农业"机器换人"有人换

一是深入实施农机高技能人才培养工程。着重依托各农机产销

企业、农业教育培训中心、大学院校和农机服务主体，全方位、多层次开展农业机械的技能培训、职业教育等活动，着力培养浙江农业"机器换人"急需的农机维修保养、经营管理和驾驶操作等技术人才。另外，要稳定农机干部队伍特别是乡镇农机队伍，进一步优化队伍结构，通过知识更新培训和学历提升教育来提高队伍的专业技术水平和依法行政能力。

二是着力培育农机专业合作社、农机维修企业、农机作业企业、农机销售企业和农机租赁企业等服务主体，积极打造多功能农业机械综合服务中心。鼓励村级经济合作社自行建立适用的农机服务组织，鼓励社企共建农机维修中心。

三是按照布局合理、总量适宜、高质高效的相关要求，稳步推进农机管理加互联网的服务应用，积极开展远程化、数字化、智能化和网络化的新型服务模式，如开展粮油等关键环节生产的全程社会化服务和无人机飞防队等。

四是积极探索融资租赁和农机租赁服务主体，引导工商资本与农机服务融合，支持农机经营服务组织发展壮大，形成主体多元、形式多样、竞争充分的农机社会化服务格局。

（三）加强政策创设，支持农机科技研发应用，保障农业"机器换人"有钱换

一是通过财政、税收等政策引导，实施农机购置、技术示范推广、报废更新、库房建设等全面补助，加快推进农机装备数量增加和质量、结构优化，激发农民应用农机、借助农机发家致富的热情。努力扩大农业"机器换人"专项资金总量，积极利用农业机械报废补偿、农机购置补贴、农业机械化促进工程项目等资金渠道，重点向农业"机器换人"示范县、示范基地和示范乡镇（园区）倾斜。鼓励各地积极争取地方财政支持，加大对农业"机器换人"示范工程的资金投入力度。

二是完善农机购置补贴管理办法，制定和出台浙江农业机械新产品补贴规定，适度调整农机购置补贴的补贴标准和产品种类，逐步将浙江现代农业发展和农业"机器换人"所需农机新产品纳入补贴范围。鼓励开展政府购买服务试点，争取将农机安全免费实地检验等纳入政府购买服务范围。不断更新完善农机装备报废补偿政策，争取拓展报废补偿范围。积极争取金融机构支持，扩大信贷对浙江农业"机器换人"的扶持力度，如鼓励推行农业机械的抵押贷款、信用贷款、综合保险、融资租赁等新型金融产品和服务方式。

（四）加强示范引领，完善农机科技推广模式，保障农业"机器换人"换得好

坚持走以点带面、从线到片，逐步形成区域大发展的路子，实施好农业"机器换人"示范工程，建成一批农业生产全程、全面机械化应用示范样板，带动农业"机器换人"整体提升。

一是从点上抓起，以农产品生产基地和规模农业（农机）经营组织为主体，选择某一农业产业，全面推广普及产业链各环节农机装备，创建一批机械化、设施化、智能化程度高的农业"机器换人"示范基地。

二是从面上拓展，以粮食生产功能区、现代农业园区、农业产业集聚区、特色农业强镇以及农机化示范区为主平台，选择若干主要农业产业，通过政策、科技、服务、管理等综合手段，创建一批装备应用广泛、服务体系健全、农机农艺融合、安全生产稳定的示范乡镇（园区）乃至示范县。至"十四五"末期，建成综合性农业"机器换人"高质量发展先行县 20 个、特色产业农业"机器换人"高质量发展先行县 50 个、区域农机综合服务中心 300 个、农业"机器换人"示范基地 600 个。

第二节　加强重要外向型农产品供给保障

浙江需要深入实施国家粮食安全战略，落实"藏粮于地、藏粮于技"和重要农产品保障战略要求，强化生产、流通、储备和应急体系建设，推进粮食等重要农产品供给能力和农业生产经营效益双提升，尤其要保障好重要外向型农产品的供给。

一、提升粮油综合保障能力

一是扩大有效投资投向"三农"的比重。实施农业农村现代化"补短板"建设行动，建设打基础、增后劲的重大项目 1000 个以上，带动社会资本投资"三农"领域 1 万亿元以上，构建多元投入保障机制。把农业农村作为财政投入优先保障领域，健全涉农项目资金跨部门会商和统筹整合机制。调整完善土地出让收入使用范围，"十四五"末土地出让收益用于农业农村比例达到 50% 以上。健全"三农"新基建项目库和推进体系，建立储备项目与资本对接机制，对符合专项债券发行条件的项目，鼓励申请专项债券。

二是压实粮食安全政治责任。要优化粮食安全市县长责任制考核指标，逐级分解年度粮食播种面积、产量、储备任务。实施重要农产品区域布局和分品种生产供给方案，逐个研究水稻等主要品种，逐一制订保供方案，确保粮食播种面积、产量只增不减，粮食播种面积和产量分别稳定在 1500 万亩、120 亿斤以上，粮食综合生产能力稳定在 300 亿斤以上。

三是增强油料供给能力。积极推进油菜和油茶扩面提质，油料作物种植面积达到 450 万亩，产量达到 40 万吨。因地制宜发展大豆、芝麻、花生、油橄榄、香榧、山核桃等特色油料作物，引导开发米糠油等其他油源，多层面保障食用油供给。

四是加大粮食生产扶持力度。稳定和强化种粮补贴，完善粮食收购、订单奖励和最低收购价等政策。加大对粮食大县、产粮大镇、种粮大户支持力度，在中央预算内投资、省级统筹的土地出让收益使用、耕地占补平衡指标交易等方面给予倾斜。

五是深化粮食绿色高产高效技术示范。综合作物品种、区域条件、季节因素等，针对性推广应用粮食主导品种和先进实用技术，集成推广标准化技术模式，提高单产。深化"千斤粮万元钱"，广泛推广以水稻为载体的水旱轮作、粮经轮作、稻田综合养鱼等新型种养模式。深入推进优质粮食工程，创新推进粮食"五优联动"。

六是加强粮食市场调控。统筹国储、商储和老百姓家储等多种粮食储备力量，扩大储备规模。加强与长三角区域及江西等周边省份深度合作，积极发展与河南、山东等优质小麦主产区合作，稳固与东北优质水稻、玉米产销合作。建立健全省域内产销对接和省内储备粮源余缺调剂及利益补偿自行协商机制。积极培育流通主渠道企业70家。全面建立粮情监测预警体系，做好粮食应急保供。深化建设"浙江粮仓"数字化平台。

二、加强耕地保护与质量建设

一是坚决制止耕地"非农化"、防止"非粮化"。坚决落实中共中央、国务院关于耕地保护"六严禁、八不准"要求，建立健全耕地数量监测预警机制，严控增量，分类稳妥处置存量。明确耕地利用优先序，永久基本农田重点用于粮食特别是口粮生产，粮食生产功能区确保每年种植一季以上粮食作物，禁止闲置、荒芜永久基本农田。对已撂荒地，有序改善耕种条件，推进利用。

二是实施沃土固基行动。严格保护提升 810 万亩粮食生产功能区,推进"吨粮标准"建设,健全建管并重、整体提升、永久保护机制,推动相关资金项目和支持政策向粮食生产功能区倾斜。推进高标准农田建设,每年新建或提标改造 50 万亩以上,建设千亩方、万亩方永久基本农田集中连片 1000 片以上。健全高标准农田管护长效机制,统一管护标准、监管考核和上图入库。提升改善农田水利设施,灌溉水有效利用系数提升至 0.615。加强高标准农田建设,产生新增耕地指标调剂的收益主要用于高标准农田建设。

三是保护提升耕地质量。严格耕地占补平衡,严格新增耕地核实认定和监管,严禁先占后补、占优补劣,确保新增耕地质量。推广保护性耕作模式,加大商品有机肥施用、秸秆利用、土壤改良、绿肥种植等技术推广,改善耕地质量条件。实施"净土"行动,推进污染耕地安全利用,实施土壤酸化治理,开展健康土壤培育试点,探索建立健康土壤指标体系和培育技术。健全耕地质量监测监管机制,稳步开展耕地质量评价。

三、强化重要外向型农产品供给

一是加快畜牧业高质量发展。坚持"六化"引领,推进标准化规模养殖,完成 40 个年出栏 10 万头以上的标杆性现代化猪场和 100 个年出栏万头以上的标准化猪场建设,年出栏生猪 1400 万头以上。建设 50 个以上非洲猪瘟无疫小区。加强市场科学分析研判,健全生猪销区补偿产区调剂协作机制,打造一批保供主渠道企业,促进生猪产业平稳有序发展。推进奶业振兴,加强奶牛基地建设,奶牛存栏和生鲜乳产量分别达到 5.1 万头、23.1 万吨,稳步提升优质乳制品供给比例。实施"浙系"畜禽振兴行动,统筹湖羊、家禽等产业高质量发展,增加优质牛羊禽肉、禽蛋等畜产品供给。新(扩)建 15 个以上年出栏 300 万只以上肉禽养殖场、存栏 50 万只以上蛋鸡场或存栏 10 万只以上蛋鸭场。

二是稳定蔬菜生产规模。如前所述，浙江在蔬菜生产和出口方面具有较大的优势，需要继续优化蔬菜品种结构和区域布局，构建品种互补、档期合理、区域协调的供应格局，蔬菜种植面积和产量分别达到并稳定在 1000 万亩、1950 万吨以上。落实保障性蔬菜基地最低保有量，布局建设以叶菜为重点的城市蔬菜保供基地，推进大中城市郊区保障性蔬菜基地全覆盖，建成保障性蔬菜基地 65.5 万亩，设区市叶菜自给率达到 80%。

三是提升现代渔业和远洋渔业。优化渔业养殖结构，拓展养殖空间，打造"蓝色粮仓"，水产品产量稳定在 600 万吨左右。创建渔业健康养殖示范县 50 个以上，水产健康养殖示范场 1200 家。推广新型洁水渔业、稻鱼综合种养、贝藻养殖等绿色养殖模式，规模主体水产养殖尾水"零直排"。发挥舟山国家远洋渔业基地龙头作用，完善远洋捕捞加工、流通、补给等产业链，建设海外渔业综合服务基地。加快推进现代渔港和渔港经济区建设。

四、壮大农业特色优势产业

一是做精特色优势产品。根据资源禀赋、产业基础和消费市场细分，发展特色蔬菜、名优茶叶、精品水果、优质菌菇、道地中药材、水产品等特色优势产品，健全产品体系、推进全产业链发展，提高产业附加值和竞争力。因地制宜布局提升 1500 个生态茶园、精品果园、特色菌园、道地药园和美丽牧场。

二是大力发展现代高效林业。加快发展森林休闲健康养生产业和林下经济，培育森林康养产业体系，建成省级以上森林康养基地 100 家。推广"一亩山万元钱"林下经济模式，构建"林下种、林中养、林上采、林间游"的立体发展格局。培育发展 500 个现代林业经济示范区、100 个森林康养基地等全产业链发展平台。

五、优化农业生产力布局

一是明确重要外向型农产品区域布局。推进粮食生产向粮食生产功能区、重点县（市、区）集中，以浙北晚粳稻区、浙东南沿海及浙中双季稻区、浙西南晚籼稻区等为重点，提升水稻综合生产能力。提升杭嘉湖平原、宁绍平原和温黄平原小麦主产区，适当发展金衢、温丽山区半山区山地小麦。积极发展城郊区域鲜食玉米，拓展浙中与浙西南丘陵山区半山区普通玉米、鲜食玉米。引导油茶生产重点向杭金衢温丽油茶优势区集中，油菜生产重点向杭嘉湖平原、金衢盆地等优势产区集中，花生生产重点向宁绍地区等优势产区集中。合理确定生猪主产区、适度发展区，科学布局建设万头规模和 10 万头规模的现代化猪场。以浙东沿海和海岛地区为依托，沿海片区重点发展海水产品，北部片区、西南片区重点发展淡水养殖产品。

二是优化特色农产品优势区建设。发掘各地特色资源优势，打造 100 个特色鲜明、优势集聚、产业融合、竞争强劲的省级特色农产品优势区，推动特色农产品向优势区域集中。

三是深入推进 100 个特色农业强镇建设。积极发展杭嘉湖平原、杭州湾两岸及浙东南沿海设施蔬菜和加工出口蔬菜产区，浙中、浙西南山区特色蔬菜产区，以及浙北、浙东南等水生蔬菜产区。加快发展都市区近郊规模奶牛养殖。优化提升温台丽肉牛、杭嘉湖湖羊、湖嘉衢家禽等产业层次。建设一批特色农产品标准化生产、加工和仓储物流基地，培育一批特色粮经作物、特色园艺产品、特色畜产品、特色水产品和林特产品产业带，增加小而精、特而优的特色农产品供给。加强农业资源保护。完成县域国土空间规划编制，统筹优化生态、农业、城镇等三大功能空间布局，严格管控生态保护、永久基本农田、城镇开发边界三条控制线，以及海洋生态空间、海洋开发利用空间和海洋生态保护红线。做好中街山列岛、马鞍列岛等国家海洋特别保护区生态保护工作。建立健全分级分类农业资源保护机制，强化精细化管理、刚性管控。做好耕地等农业资源分析，完善永久基本农田、高标准农田、粮食生产功能区等布局、规模、功能基础数据库。充分发挥浙北杭嘉湖平原、浙北宁绍平原、浙中金衢盆地、浙东南温黄和温瑞平原等农业生产集中区，科学优化布局粮食生产功能区、高标准农田、集中连片永久基本农田等，建设标准化、规模化、集约化生产基地。

六、提升农业安全生产能力

一是增强防灾减灾能力。实施海塘安澜千亿等重大水利工程，做好大中型灌区续建配套与节水改造，完成山塘综合整治 1500 座、中小河流治理 3000 公里。开展乡村气象防灾减灾标准化建设，建立智慧化农业气象服务体系，推进预警信息新型农业经营主体全覆盖。

二是健全农产品质量安全追溯体系。实施农产品质量安全保障工程，完善全程监管体系，扩大农产品质量安全风险监测范围。深入推进"浙江省农产品质量安全追溯平台"建设，动态管理农产品生产主体库，完善省追溯平台业务数据，推进有效数据开放共享。探索"阳光农安"智慧监管模式，推进农产品质量安全监管智慧化发展。加强农产品产地准出与市场准入机制建设。

三是强化动植物疫病防控。实施动植物疫病防控基础设施提升工程，加强机构队伍、监测预警网络和防控能力建设，推进重点动物疫病强制免疫"先打后补"和屠宰检疫创新试点，不断提高非洲猪瘟等重大动植物疫病和草地贪夜蛾等病虫害防控水平。优化病死畜禽无害化处理设施区域布局，提升无害化处理厂生物安全水平和处理能力，新(迁)建病死动物无害化处理中心4家,提升改造无害化处理厂20家。

四是推进政策性农业保险扩面增品。开展粮食等重要农产品完全成本保险和收入保险,扩大农产品价格指数保险、收入保险、天气指数保险、家庭农场保险试点范围,推进农业大灾保险试点。发展渔业互助保险等农业互助保险。支持各地因地制宜发展优势特色农产品保险。健全农业安全生产制度体系。实施第二轮安全生产综合治理三年行动,推进渔港渔船管理综合改革,提升渔船装备、渔民技能、渔港避风、应急救助和风险保障能力及依港管船管人管安全能力。实施渔船精密智控工程,提升渔船安全监管智控能力和水平。巩固和扩大渔业"遏重大"整治攻坚成果,推进渔业治理体系和治理能力现代化。加强农机使用、道路交通、食品药品、安全生产等管理,开展平安农机示范创建,加强农药安全使用技能培训与指导,落实农家乐生产安全工作责任,推进畜禽屠宰行业转型升级,有效防范遏制农业领域重特大事故发生。有序推进农机、渔船、冷链终端、农产品物流等各类农业装备与北斗终端对接,实时掌握农机和渔船动态作业情况。

五是加强农业综合执法。大力推进综合行政执法队伍建设,完善提升基层执法队伍,统筹配置执法资源,推动解决执法队伍混编混岗问题,健全常态化培训机制。强化农业综合执法能力建设,全面落实行政执法公示、执法全过程记录和重大执法决定法制审核"三项制度"。打响"绿剑"执法品牌,加强日常执法监管,联动推进农产品质量安全、农资、动植物卫生、渔业(长江禁捕)等领域违法行为查处。

第三节　继续加强农业技术创新[①]

从第七章的实证分析可以看出，在外向型农业科技推广能力方面，浙江排在第六位，为中下水平，其主要原因是农业机械总动力排在第八位、机播面积排在第十位、机耕面积和油料作物单位面积产量都排在第九位，均处于较弱水平。因此，浙江需要顺应农业未来发展趋势，利用农业技术创新，强化种子赋能、科技赋能、设施赋能、绿色赋能、品牌赋能、数字赋能，推进创新链与产业链有效衔接，加快农业品种培优、品质提升、品牌打造，推动外向型农业精致精细精品发展。

一、农业技术创新的内涵及作用

农业技术创新是指不断构思发明新的农产品，不断进行农业新技术的研究，不断促进动植物品种改良的全过程；是应用先进物资设备和实现农业资源有效、合理配置的过程；同时也是通过市场把农业新构想、新技术和旧的生产要素转变成新的农产品并实现长期增值，从而不断提高农业生产的社会效益、经济效益和生态效益的过程。

目前我国农业正处于由生产主导型的传统农业向技术主导型的现代农业转变的过程中，过去单纯依靠加大生产资源投入的粗放型增长方式已难以维持。因此，加快推进农业技术创新是建设新农村、实现农业农村经济可持续发展的必由之路，是提升农业科技含量、促进农业成果转化、提高农业国际竞争力的关键举措，也是现代农业实现

---

①　本节的部分内容曾公开发表（有更新），详见刘春香，闫国庆，2012.我国农业技术创新成效研究[J].农业经济问题(2)：32-37.

集约式发展的重要基础。早在 2008 年的中央"一号文件"就明确指出,加强农业科技和服务体系建设是加快发展现代农业的客观需要,必须推动农业技术创新取得新的突破。《中华人民共和国国民经济和社会发展第十二个五年规划纲要》则进一步指出,要推进农业技术集成化、劳动过程机械化、生产经营信息化;要加快农业生物育种创新和推广应用,开发具有重要应用价值和自主知识产权的生物新品种等。

目前,发达国家在播种、收获到加工的各个环节都已实现了机械化配套操作,部分国家的农业生产甚至进入了高科技时代,电脑和生物工程等技术都得到了广泛应用,良种普及率已接近 100％。而我国由于劳动生产效率低下,劳动力年均创造的价值只有发达国家的几十分之一。毋庸置疑,这些差距最终都会表现在农业生产效益和农产品竞争力的差距上。

同理,未来浙江能否不断运用新的现代农业技术,并使之有效转化为现实生产力,是提高浙江农产品品质,增强浙江外向型农业竞争力的关键。因此,浙江应该继续加强农业技术创新,以提高外向型农业国际竞争力,实现农业的可持续发展。

二、大力发展种源农业

一是健全种质资源保护机制。完成第三次全国农作物种质资源、畜禽遗传资源普查任务和第二次全省林草种质资源普查,开展畜禽、林草和水产资源调查收集,建设农业和林业种质资源数据库。启动种质资源、遗传资源精准鉴定,构建资源分子指纹图谱库。加大地方特色优质种质资源挖掘保护推广,加强珍贵、稀有、濒危、特有资源抢救性收集。加强农作物、林草、畜禽、水产和微生物种质资源库(圃)、种质资源保护区、种质资源保护地建设。完善种质库资源到育种资源的转化机制,将资源优势转变为种业优势。启动核心种源"卡脖子"技术攻关。实施农业新品种选育重大科技专项,围绕水稻、旱粮和农业特色优势产业,强化育种关键核心技术攻关,支持开展种质资源挖掘与创制、新品种选育、种苗制繁等关键共性技术及良种良法配套技术研发。

二是加快选育一批突破性、进口替代性品种。实施新一轮畜禽水产遗传改良计划,提升猪牛羊禽等核心种源国产化率。建立跨部门种业攻关协同机制,加快建设种业创新平台。研究实施重大品种研发与推广后补助政策,对育种基础性研究以及重点育种项目给予长期稳定支持。加强种子基地建设。高质量推进南繁基地建设。优化种业生产基地布局,结合粮食生产功能区、特色农产品优势区等建设,配套提升标准化、集约化、机械化种子生产示范基地。对粮油作物制繁种基地优先落实配套设施建设用地,支持改善田间基础设施条件。加强具有种业功能的国有农场建设,加强林木良种基地和林业保障性苗圃建设。

三是强化育繁推一体化体系建设。实施农业新品种选育"百品万亩"工程。支持种业企业做大做强,提升综合竞争力。探索种质资源赋权制度,鼓励支持企业在资源鉴定挖掘、开发利用中发挥主导作用。鼓励科研单位与种业企业联合协作攻关,引导育种科研人才向企业流动,探索组建科研育种团队。实施优质品种展示推广示范,办好种博会、苗交会、花木节、新品种大会等重大活动,支持种子管理机构、种业企业大力推广自主可控优良品种,提高种业创新成果转换率,良种覆盖率达到98%以上。健全种子供需监测监管和储备体系。按照"储得进、藏得好、调得出、用得上、保安全"原则,优化种子储备品种结构和数量,落实种子储备制度。完善主要农作物、林木品种审定标准,强化种业市场监管,健全种子生产经营全过程监管和质量追溯体系。强化植物新品种保护。

三、加快发展科技农业

一是将财政支农重点转向农业科技创新。农业的发展一靠政策，二靠科学。科学技术的发展和作用是无穷无尽的。据国内外的有关研究，科技储备量每增加一个百分点，粮食生产可增加 0.4～0.5 个百分点，经济作物产量可增加 24%（杨雍哲，2003）。因此，浙江省人民政府要继续加大农业科技投入力度，加强科研院所与农业生产单位的合作，为外向型农业提供技术支撑。另外，应建立政策性农业保险和各种农业产业发展基金，用于抵御农业结构调整中可能发生的风险。建立对受损农民的利益补偿机制，包括减轻农民负担，推进农村税费改革，使农民有更多的财、物投向农业生产，使他们从生产发展、结构调整中得到好处。

二是提升农业科技自主创新能力。聚焦现代农业生物技术、绿色智慧高效农业生产技术、农产品质量与生命健康三大主攻方向，实施一批"双尖双领"农业重点研发计划项目。围绕基因发掘、农业生物组学、生物育种、合成生物学等领域，实施一批重大前瞻性基础研究项目。支持农产品质量安全危害因子与风险防控及亚热带森林培育国家重点实验室建设，引导省内高校院所进一步整合资源创建省实验室，鼓励已有省级重点实验室协同组建联合实验室和实验室联盟。

三是加快省级重点农业企业研究院建设。吸引国内外一流高校、科研机构、企业来浙设立新型研发机构。支持涉农高校、科研院所联合农业企业建设技术创新中心和创新联合体。积极创建国家级农业高新技术产业示范区，建成有较强影响力的高能级农业科技创新平台10 个以上，布局创建省级农业科技园区 30 个。

四是尽快建立和完善农业信息网络体系，健全农业科技推广体系。定期发布农产品供求及市场行情等信息，并进行形势分析及预测，使农产品市场信息透明化。另外，要健全农业科技推广体系，使农民及时根据国际市场需求，得到进行生产结构调整所必需的先进技术。国际通行的做法是对公共性科技成果的应用和技术推广仿照公共物品供给的机制运行，仅对部分科技成果和技术服务实行有限度的商品化和有偿化，这种做法既符合世界贸易组织规则，又提高了高度分散的个体农民的利益，使他们在结构调整中以较低成本及时获得农业新技术。

五是提升科技成果转化应用水平。围绕生态安全集约化种植养殖、农产品精深加工、资源高效利用、现代农业装备、农业信息化、智慧化应用等领域，加快推进一站式农业科技转化推广服务链建设。深化"三农六方""省院合作"等科技协作机制，谋划实施一批农业科技成果协同转化推广项目，推进科技与县域产业、村镇经济融合，打造农业科技强镇。完善科技特派员"揭榜"选派机制，拓展服务范围、强化精准服务，加快推动科技特派员服务由农业产业向全产业链拓展。深化"产业＋团队＋项目＋基地"建设，构建"农技专家团队＋产业农合联＋合作社"新型农技推广服务体系，探索"涉农高校＋科研机构（团队）＋项目＋主体"推广体系。

四、加快发展设施农业

浙江需要继续实施适用农机开发发展专项行动。制订实施适用农机开发发展专项行动方案，创新研制推广适应我省地域特点和产业特色的高效专用农机。适应小田块、多落差、作业空间和转运空间有限的需要，因地制宜开发发展体积小、重量轻、操作相对简便的微小型适用性农机。加大对丘陵山区、水稻机插、畜牧水产养殖业、设施种植业等薄弱环节农机具及智能装备研发及推广力度，建立空白领域"揭榜挂帅"机制。推进渔船、渔机和渔具更新改造，延伸发展高新、智能、绿色涉渔装备。完善丘陵山区、主要农作物、畜牧水产养殖、设施种植业机械化生产技术及整机装备需求目录，建立跨部门农机科研和需求导向目录发布机制。推进国家林草装备科技创新园建设。

五、深入发展绿色农业

一是实施农业领域碳达峰专项行动。把农业领域率先实现碳达峰作为绿色发展的核心目标任务。开展变型拖拉机专项整治行动，全面清退存量变型拖拉机，鼓励和引导耗能高、污染重、安全性能低的农机加快淘汰升级。实施渔船减船转产，有序淘汰帆张网、木质等渔船，完善海洋渔船船数和功率数控制制度。推进国内海洋捕捞减船转产，开展国内海洋捕捞渔船清洁生产改造。

二是完善畜禽养殖污染防治配套措施。大力推广农光互补、光伏＋设施农业、海上风电＋海洋牧场等低碳农业模式，合理利用生物质能、地热能，逐步减少设施农业对化石燃料需求，推进大棚、冷库等设施农业能源自发自用。

三是全域推行"肥药两制"改革。以化肥农药实名制购买和定额制施用改革为牵引，建立健全农业生产全过程闭环追溯体系，全面执行主要作物肥药定额施用标准，重点开展规模主体免费测土配方服务、有机肥和绿色防控产品推广应用。全省"肥药两制"改革实现县域全覆盖，建成"肥药两制"改革农资店 1000 家，培育"肥药两制"试点主体 1 万家。其中粮油类试点主体、经济作物类试点主体用氮量分别减少 10％、20％。强化绿色技术推广应用。实施农药、兽药、肥料减量化和饲料环保化行动。加大生物肥药、可降解薄膜、绿色防控产品等绿色投入品研发推广力度。健全农作物病虫害监测网络，促进农作物病虫害统防统治与绿色防控融合发展，主要农作物病虫害统防统治覆盖率、绿色防控覆盖率均达到 50％以上。建设高标准农田氮磷生态拦截沟渠系统 300 条，控制农业源氮、磷排放。农作物秸秆综合利用率达到 96% 以上，废旧农膜和肥药包装废弃物回收率达到 90% 以上，畜禽粪污资源化利用和无害化处理率达到 92% 以上。建立健全农业绿色发展政策法规体系，完善以绿色生态为导向的农业补贴制度。建立农业绿色发展长期固定观测评价制度。

六、精细发展品牌农业

一是推进标准化生产。建立健全现代农业全产业链标准体系，制定完善产地环境、投入品管控、农兽药残留、产品加工、储运保鲜、品牌打造、分等分级关键环节标准。开展产品全产业链标准化试点，推进现代农业全产业链标准集成应用基地建设，培育一批农业企业标准"领跑者"。

二是做强做优农业品牌。完善区域公用品牌、企业品牌、产品品牌、农家特色小吃品牌等农业品牌体系。打造一批地域特色突出、产品特性鲜明的区域公用品牌，扩大"丽水山耕""三衢味""台九鲜"等品牌效应，设区市区域公用品牌全覆盖。持续提高"农家特色小吃大赛""妈妈的味道""民间巧女绣"等活动的影响力。推行食用农产品合格证制度，"十四五"末期实现地理标志农产品 200 个以上、绿色食品 2500 个以上。

三是创新发展未来农业积极开展植物工厂建设。推广无土栽培、气雾栽培、立柱式栽培、墙体栽培、生态餐厅等新型农业种植模式和技术。强化垂直农业、车间生产理念，开展室内工厂化农业系统技术研究试验，引导农业龙头企业发展室内种养，推进农业资源空间高效利用和农业集约发展。积极发展都市农业，沿全省四大都市区，以高科技、高产值为导向，鼓励各地开展未来农业植物工厂建设试点试验，探索符合我省实际的未来农业发展模式。加快发展数字农业技术。开展土壤结构密度传感、土壤传导、精准节水灌溉、自动化温室控制，以及智能施肥、灌溉、喷洒农药等先进技术研究应用。推广动植物生长感知、土壤肥力和病虫害监测等智能设施装备，推动设施园艺、畜禽水产养殖智能应用，实现按需灌溉、准确施肥以及病虫害精准生物防治，最大限度地优化各项农业投入。加强养殖、病死动物无害化处理、动物检疫防疫、屠宰管理等数字化监管，推进规模化生猪养殖场数字化改造全覆盖。以全产业链数据为纽带，大力发展数字园区、数字农业工厂（数字牧场、数字渔场），建设国家数字农业应用推广基地、数字农业先导区等，推动"肥药两制"改革、农产品质量安全监管等数字化应用场景。

第四节　提高外向型农产品竞争力水平

从第六章的实证分析来看，浙江外向型农产品的比较优势在减弱。从 IIT 指数来看，浙江排在第四位，弱于广东省、江苏省、黑龙江省。因此，浙江仍然需要采取措施，提高外向型农产品的竞争力水平。

一、提高出口农产品质量安全水平

浙江需要继续依靠高新科技和规模经营，发展现代农业综合体，联结产前、产中和产后诸环节，提升农业产业链价值。改善农业生产基础设施条件，科学规划出口农产品基地建设，优先支持无公害出口农产品基地的建设。完善出口农产品质量全程管理机制，根据出口市场的农产品质量标准要求，建立相应的农产品质量标准体系、认证体系和检验检测体系。指导和鼓励企业引进国外先进技术和优良品种，提高外向型农产品质量。

此外，浙江要重视农产品质量标准体系建设，采用国际标准生产。

建议在《农产品质量安全法》和《进出口商品检验法》等法律法规的基础上，继续加强农产品质量标准体系建设，加快农产品检验检测体系建设，加强动植物检疫检测，把好市场准入关。大力实施"无公害绿色有机食品行动"计划，教育农民安全施肥用药，减少污染，积极鼓励和引导、支持各地创建无公害绿色有机农产品生产基地，把好农产品生产源头关。进一步加大无公害绿色有机食品标志论证力度，加大产前、产中、产后监督力度，定期公布农产品质量检测结果，严厉打击各种假冒标志行为，大力发展"优质、安全、无公害"农产品生产。

二、加快农产品出口信息化建设

继续打造农产品数据化智能供应链，促进"互联网＋农业生产示范基地"线上、线下融合发展，完善农产品和农资质量安全追溯及监管体系。以农村电子商务平台为基础，整合资源建设农产品跨境交易电子商务平台，鼓励农产品企业积极对接大市场的互联网公共平台。强化农业大数据应用，构建农业农村数据资源体系，建好用好重要农产品市场信息平台。构建农产品出口预警机制，及时发布国际国内市场的动态信息以及国外农产品贸易政策法规等，促进信息共享。

三、增强出口企业综合实力

一是引进和培育龙头企业。目前，发达国家的农业产业化龙头企业已经发展成为规模化、集团化、现代化企业，而中国农产品加工企业虽然数量众多，企业规模却很小，与发达国家差距甚远。在世界十大企业排名中，有4家是农副产品加工和流通企业，它们是瑞士雀巢、美国麦当劳、可口可乐和百威啤酒。2005年，日本大中型食品加工企业只占食品加工企业总数的27.3%，但其食品产值却占日本食品工业总产值的84.5%。因此,浙江要进一步加强龙头企业的建设工作。要坚持以产销连接为纽带,以服务连接为桥梁,以利益连接为核心,以机制连接为保障,保证龙头企业和农户根据从事的生产和产品的不同,因地制宜选择不同的连接方式,规范订单农业的发展,提倡龙头企业在与农户签订合同和订单的基础上,能够为农户提供种子、资金、技术等服务。鼓励有条件的龙头企业跟农民制定最低收购保护价或者把利润返还给农户。同时要结合农业结构的战略性调整,借鉴西方国家的一些经验,依据千家万户生产的现实,促进农业内部分工、产业延伸和内生性一体化因素的成长。还要大力推进农业招商引资,有针对性地引进一批生产规模大、销售渠道广和技术含量高的农产品加工贸易龙头企业。重点支持和培育一批产业关联度大、技术装备水平高、国际竞争力强的农产品出口龙头企业,鼓励企业向上下游环节延伸拓展,打造和提升产业链。实施新型农业经营主体培育工程,鼓励专业大户、家庭农场、农民合作社等农业经营主体通过土地流转、土地互换、土地入股等形式,发展适度规模经营。支持有条件的企业开展对外经济技术合作,到海外投资兴办农产品加工项目或农产品贸易营销机构。

二是引导出口企业诚信经营、有序竞争。中国出口企业之间无序竞争的现象由来已久,农产品出口的恶性竞争现象也时有发生。如在大蒜、洋葱、食用菌、苹果浓缩汁等农产品出口上的"价格战",就是深刻的教训。农产品出口"价格战"危害极大,一方面,"价格战"引发的恶性竞争,直接影响出口组织经济利益、农民的收益,进一步损害国家的整体利益、严重削弱农产品的出口竞争力;另一方面,竞相压价,甚至低于正常成本,容易招致贸易报复、反倾销诉讼,最终严重损害产业发展。因此,浙江更要引导农产品出口企业诚信经营,并对违约出口经营企业进行处罚,共同建立有序的出口环境。

四、主动对接"一带一路"国家

一是建立农产品出口加工基地和示范基地。对浙江具有比较优势的农产品，要有选择地投资建设一批出口加工基地，按不同的优势农产品类别，划定若干区域，采取合资、合作形式，组建综合性的企业集团，按照国际标准组织生产加工，定向出口。

二是鼓励和支持有条件的农业龙头企业、粮商在全球布局，赴境外参加重点国际性农产品展、投资农业开发，引进先进技术、设施设备、优良品种。大力拓展"一带一路"沿线国家农产品市场，支持种业企业到东南亚开展杂交水稻和杂交玉米的品种选育、示范推广、种植加工。充分发挥宁波一舟山港、舟山国家级远洋基地、青田侨乡农产品城等平台作用，支持打造农产品销售海外基地、公共海外仓，扩大品质农产品出口。扩大乡村文化国际交流，以"两山"文化、农业非物质文化遗产等为重点，打造一批乡村对外文化交流精品项目。鼓励通过短视频、微博等自媒体，扩大茶文化、蚕桑文化等农业特色文化美誉度。深化与"一带一路"沿线国家和地区农产品贸易、农业投资关系，加强农机、种子、农药、化肥和农产品加工等优势产能国际合作。鼓励浙江农业企业抱团出海，以生产加工、仓储物流、贸易公司为切入点，采取合资、合作等方式在独联体、亚洲、非洲等国家和地区投资。支持水产加工企业与东南亚、俄罗斯等国家或地区开展水产培育和加工利用合作。

五、积极开拓新兴市场

在巩固和深度开拓美国、东盟等市场的同时，大力开拓中东、拉美、非洲等新兴市场，逐步形成多元化的出口市场格局。支持企业参加中国国际农产品交易会、中国国际茶业博览会等国内外知名商品展销会。继续提升浙江农业博览会等浙江展会的影响力。利用商务部驻外机构、各类农产品进出口商会等平台,将浙江水果、蔬菜等优势农产品向国际市场进行推介。

第五节　积极提升农业劳动者素质

从第七章的实证分析来看,虽然高中及以上农村户主比重排在第一位,但浙江农业从业人员质量都有待提高。

一、探索新型农业经营体系

一是构建小农户与现代农业有效衔接机制。构建新型农业经营主体＋"三位一体"合作经济组织的现代农业经营体系,建立小农户与现代农业有效衔接机制。规范提升家庭农场,把更多有条件的种养大户、农村经纪人等培育成为有活力的家庭农场,培育示范性家庭农场5000家以上。全面推进农民合作社高质量发展,大力培育农民合作社带头人,推动农民合作社组建联合社或加入农合联。支持农业龙头企业做大做强,发展省级农业龙头企业600家左右。推动新型经营主体与小农户建立优势互补、分工合作、风险共担、利益共享的联结机制,鼓励小农户利用实物、土地经营权、林权等作价参股加入农民合作社,引导经营主体以股份合作、保底收益＋按股分红、订单农业等形式带动小农户发展。

二是大力发展专业化社会化服务组织。适应农业经营方式变化和经营主体发展需要,创新农业服务形式,壮大各类综合服务平台,发展合作化、专业化、社会化服务。积极发展全产业全过程全链条农业服务,科学布局区域性农业全产业链综合服务中心,培育发展带农作用突出的农业产业化联合体。开展服务创新试点示范,健全服务标准体系,促进从小规模分散服务向大规模整建制服务转变,从农业生产单个环节向全程生产服务转变。在这方面既要借鉴欧美国家的经验,积极发展多元化的服务组织,又要参照日本、韩国等国家和我国台湾地区的做法,结合浙江的实际情况,重点鼓励发展由政府支持、民间自办的综合性服务组织,如农民协会、农民合作社,形成上下贯通、左右联结的服务网络。也可以在各类出口农产品主产地建立专业行业协会,广泛吸收主要出口经营企业、生产者参与,省市政府有关职能部门加强业务指导、市场引导,推动农产品出口市场有序发展。

二、加大科技和教育对"三农"的投入力度

当前农村劳动力素质不高已成为影响我国农村社会经济持续稳定发展和农村全面富裕的重要因素。同样,要提高浙江外向型农业竞争力,需要进一步提高浙江农民的科学文化素质。虽然前面的实证分析中,浙江农户的学历水平相对较高,但与国外先进农业大国相比,仍有很大的提升空间。

(一)动员全社会力量关心和支持农村教育事业

提高农民的文化科技素质,首要的就是充分利用、整合有限的教育资源,健全完备的教育体系,保证农民学有其所、学其所需、学有所用。不仅要加强国家办学力量,而且动员和鼓励社区、企业、私人等全社会力量来关心和支持农村教育事业,实现办学主体多元化;不仅要加强基础教育,而且要大力普及农村职业教育和成人教育,加快农村科技知识的普及,从本地实际出发,允许各地自主创新,采取半日制、半工半读、函授、广播、网络等多种方式办学,形成一个全方位的育人

环境;不仅要为城市培养人才,而且要更多地全面培养适合农村、热爱农村、建设现代化农村的高中初级优秀人才。通过一系列体制改革和制度创新,构建起由基础教育、职业技术教育、成人继续教育和科技知识培训教育、道德素质教育、健康教育等组成的完整的农村教育体系。

（二）加大财政投入,在全省普及高中义务教育

党的十六大报告明确提出:"人民享受接受良好教育的机会,基本普及高中阶段教育,形成全民学习、终身学习的学习型社会,促进人的全面发展。"而根据本书前面的分析,浙江农业劳动者素质较低的一个重要表现就是高中学历的人力资源比重过低。

如表 9-1 所示,浙江在教育方面的支出呈现逐年增长的态势。因此,要提高新增农业劳动者的文化程度,需要浙江省人民政府尽快出台相关的政策、法规和改革措施,继续加大教育投入,努力改善办学条件,将义务教育逐步由九年制向十二年制过渡、由目前的中小学向高中阶段延伸,从而保证更多的浙江农村学生能够接受更好的文化教育。

表 9-1　1978—2020 年浙江一般预算总收入和总支出　　（单位:亿元）

年份	总收入	♯地方收入	总支出	♯一般公共服务支出	♯教育支出	♯城乡社区事务支出	♯农林水事务支出	♯农林水事务支出占比
2006	2568	1298.2	1471.86	272.88	310.77	127.37	114.03	7.747
2007	3240	1649.5	1806.79	328.91	383.89	154.63	142.15	7.868
2008	3730	1933.4	2208.58	372.46	453.99	193.95	177.42	8.033
2009	4122	2142.5	2653.35	397.69	519.33	224.61	236.08	8.897
2010	4895	2608.5	3207.88	434.29	606.54	272.3	290.37	9.052
2011	5925	3150.8	3842.59	471.55	751.42	338.43	373.32	9.715
2012	6408	3441.2	4161.88	503.61	877.86	307.82	408.2	9.808
2013	6908	3796.9	4730.47	538.88	950.07	332.93	513.03	10.845

续表

年份	总收入	#地方收入	总支出	#一般公共服务支出	#教育支出	#城乡社区事务支出	#农林水事务支出	#农林水事务支出占比
2014	7522	4122	5159.57	527.74	1030.99	389.01	524.59	10.167
2015	8549	4809.9	6645.98	584.45	1264.93	541.21	739.08	11.121
2016	9225	5302	6974.25	660.26	1300.03	788.93	722.41	10.358
2017	10301	5804.4	7530.32	765.03	1430.15	910.17	696.69	9.252
2018	11706	6598.2	8629.53	875.33	1572.47	1158.88	724.46	8.395
2019	12268	7048.6	10053	1009.96	1764.69	1627.68	744.24	7.403
2020	12421	7248.2	10082	1051.55	1881.09	1021.67	764.89	7.587

（三）扩大职业教育，着力培养专业技术型农民

从浙江农村劳动力科技文化素质的现状特征来看，当务之急是结合目前浙江农村经济发展所处的阶段，有重点有目的、有步骤地培养一大批懂科技、善经营，能从事专业化生产和产业化经营的新型知识农民。要实现农业现代化中的产品标准化、生产规范化和经营产业化，必然要求劳动生产知识化、专业化。因此，需要重点抓好浙江农民的文化教育和科技教育工作，创新农民科技教育培训体系。由传统的推广示范培训模式向实用技术系统学习转变，由单纯学历教育培训向教育与职业培训相结合转变，充分发挥职业技术学院、农业广播电视学校等教育资源，组织实施"农牧民科技文化素质工程""绿色证书工程""新型农民创业配置工程""跨世纪青年农民科技培训工程"，培训大批初级、中级和高级农牧民技术人员。

（四）加快农村劳动力转移，增强农民自我发展意识

随着农业科技更新周期的不断缩短和农业机械化程度的不断提高，浙江农村的剩余劳动力越来越多。因此，加快浙江农村剩余劳动力向非农产业转移的必然趋势与各行各业对劳动力的素质要求越来

越高的矛盾也日益突出。很久以前，劳动力整体素质的低下既制约了现代农业的发展，也影响了农村劳动力转移的规模、速度和层次的提高。但是，令人欣慰的是，每一次劳动力的转化，都不同程度地促进了劳动者素质的提高。这主要是因为在向非农产业或城镇的转移过程中，劳动者不得不主动地学习掌握相关的新知识、新技术，以不断适应新的工作岗位，从而在一定程度上促进农民文化素质的提高。因此，作为地方政府，浙江应该抓紧制定有利于加快农村城镇化建设的一系列政策，着力优化经济环境，推动二、三产业的迅速发展，更多地吸纳农村剩余劳动力。

（五）实施"示范工程"，使农民素质不断得到巩固和提高

在加强对农民科学文化培训的过程中，不能简单地照本宣科，搞空对空式的说教，应通过创建不同类型的科技示范基地，定期组织农民现场观摩。也就是说，浙江不仅要组织群众学，还要领着群众看，带着群众干，使农民看到实实在在的效果。一方面，要因地制宜选择具有地方特色、效益好、辐射面广的龙头项目和技术产业，加快示范基地建设，用事实说话，靠效果促动，使农民种养技能和科学素质得到全面提高；另一方面，要充分发挥"科技示范户"的带动作用。"科技示范户"是新形势下的农村经济大潮中涌现出来的先进典型，相比较而言，他们的文化科技素质较高，收入水平普遍高于当地农民，说服力和感召力很强。因此，要大力培养、扶持"科技示范户"当样板、作示范，传授技能，以收到一户带多户的效益。

三、合力培育高素质现代农民队伍

世界银行研究表明，教育对国民经济增长的贡献是巨大的。劳动力受教育的平均时间增加一年，国内生产总值就会增加 9％（杨雍哲，

2003）。日本农业单位面积产量远远高于世界水平，其重要原因是日本农民就学时间长，具有很高的农业技能。因此，需要重点抓好浙江农民的文化教育和科技教育工作，创新农民科技教育培训体系。由传统的推广示范培训模式向实用技术系统学习转变，由单纯学历教育培训向教育与职业培训相结合转变，充分发挥职业技术学院、农业广播电视学校等教育资源，组织实施"农牧民科技文化素质工程""绿色证书工程""新型农民创业配置工程""跨世纪青年农民科技培训工程"，培训大批初级、中级和高级农牧民技术人员。具体来说，可以采取以下办法：

一是加强学历提升与培训活动。组建省市县乡村振兴学院（校），健全农民教育培训体系。实施高素质农民培育计划和学历提升行动，重点培养家庭农场和农民合作社带头人。深化千万农民素质提升工程，重点面向从事适度规模经营的农民，分层分类开展全产业链培训，加强训后技术指导和跟踪服务。加强农村劳动力终身职业技能培训。深化农业职业教育改革，扩大中高等农业职业教育招收农民学员规模。

二是实施十万农创客培育工程。健全支持政策体系，创建农创园等平台，每年培育农创客2万名，市县两级联合会全覆盖。推广"千村千生"等做法，强化校地合作，积极引导组织大学生回乡参与村庄规划设计、村庄建设、村庄经营等工作。实施乡村振兴领军人才培育，引进具有国际视野的海内外农业科技和产业带头人、科研团队，选派一批公共管理、农业科技、产业创新、金融服务等领域领军人才入乡。实施乡村工匠培育，挖掘培育乡村手工业者、传统艺人，通过设立名师工作室、传统艺人工作站等方式，培养"田秀才""土专家"等乡土人才和乡村工匠、文化能人、手工艺人等能工巧匠。实施乡村服务业人才培育，加快建立健全农村电商人才、农家乐经营人才等培养载体及师资、标准、认证体系。强化创业创新指导服务。实施农村创业创新带头人培育,组建乡村创业创新导师队伍,完善乡村企业家培训体系,加快壮大新一代乡村企业家队伍和农村职业经理人。

三是健全城乡统筹的就业政策和服务体系,完善基层公共就业创业服务平台,促进农村劳动力转移就业和本地用工需求对接。培育壮大衢州保姆、云和师傅、缙云师傅等劳务输出品牌,提升农村劳动力转移就业竞争力。持续做好创业致富农民典型选树,激发"双新双创"积极性主动性创造性。扎实推进农民工入会工作,打造浙江网上职工之家。

第十章 结 语

　　本书运用国际经济学、产业经济学、农业经济学等学科的相关理论与方法,着眼于竞争力的产品与产业竞争力层次,构建了外向型农业竞争力的研究框架。然后,运用该理论框架,从比较优势角度对浙江外向型农产品的竞争力进行了分析;并建立了指标体系,对浙江外向型农业产业国际竞争力的现实情况进行了综合分析与评价。目的是从总体竞争力不强的浙江外向型农业中发掘优势并加以利用,找出劣势并加以改进,为提升浙江外向型农业的竞争力,进而为促进浙江农业的现代化、实现浙江农业的可持续发展做出贡献。在实证分析的基础上,本书以影响浙江外向型农业竞争力的主要因素为研究对象,提出了提升浙江外向型农业竞争力的对策。现将本书的基本结论、主要创新点及研究展望总结如下。

第一节　基本结论

　　竞争力研究是一个古老而又崭新的课题。自 20 世纪 70 年代以来,该项研究的进展非常迅速,已涉及国家、区域、产业、产品等众多领域。农业竞争力研究属于竞争力研究的中观层次,由于中国农业国际竞争主体的缺位,本书把着眼点集中于外向型农产品与外向型农业产业。外向型农业产业国际竞争力可界定为农业在国际竞争中保持持续增长并不断获利的能力,它集中反映在农业的生产能力、农业的国际化程度、农业持续增长的能力和农业的长期获利能力四个方面,同时又受到两个决定因素即农业科技推广和农业要素禀赋等的综合制约。在理论分析的基础上,本书既用比较优势指标体系采用国际比较的办法衡量了浙江外向型农产品的国际竞争力,又运用综合评价与横向比较的办法衡量了浙江外向型农业产业的国际竞争力。

总体来看,本书主要得到了以下结论。

第一,近年来浙江外向型农产品的 RCA 指数都大于1,说明浙江外向型农产品的比较优势较强,但2021年的 RCA 指数比2018年低,说明浙江外向型农产品的比较优势在减弱,需要引起重视。其中,茶叶、蔬菜、水产品和农产品加工制成品在国际市场上正面临着激烈的竞争。总体来看,由于浙江外向型农产品依然是按照传统的比较优势在参与国际分工,因此其土地密集型农产品已基本不具有国际竞争力;而劳动密集型农产品依然具有较强的国际竞争力,是浙江具有比较优势的农产品。

第二,通过选取黑龙江省、江苏省、山东省、河南省、海南省、广东省、陕西省、四川省和新疆维吾尔自治区作为比较对象,得知浙江外向型农业产业竞争力的综合评价值 ACI 为72.8326,在十个省(区)中排名第六,为中等水平,落后于山东省(80.6485)、黑龙江省(75.5552)、河南省(74.3956)、四川省(74.3830)、江苏省(74.0700),高于新疆维吾尔自治区(70.6579)、广东省(70.5597)、陕西省(66.9895)和海南省(65.1023)。浙江外向型农业的国际化程度和长期获利能力较强,科技推广能力中等,要素禀赋一般。

第三，造成浙江外向型农业竞争力低下的最直接原因是浙江外向型农业的生产能力和持续增长能力较弱，而深层次的原因则是浙江农业技术创新水平仍有待提高，农业结构有待进一步调整，农业劳动者素质有待提升。可知未来浙江应该加强农业"机器换人"以提高生产效率，促进农业技术创新，加强外向型农产品供给保障，提高农业劳动者素质，以增强浙江外向型农业的竞争力。

第二节　主要创新点

在总结、学习、吸收和借鉴前人研究成果的基础上，本书对浙江外向型农产品与外向型农业产业的竞争力进行了综合分析与系统评价，使人们能够比较客观地了解浙江外向型农业竞争力的现实情况。在此基础上，本书最后提出了增强浙江外向型农业竞争力的对策。具体来说，本书的创新点主要表现在以下几个方面：

第一，运用国际经济学的基本理论，构建了外向型农业竞争力研究的理论框架。在对国际竞争力理论进行必要梳理和参阅大量相关文献的基础上，本书把国际竞争力理论引入农业领域，构建了外向型农业竞争力的理论框架，为实证分析浙江外向型农业竞争力奠定了理论基础。本书对农业国际竞争力的理论内涵、影响因素等做了较为清晰的阐述。由于中国农业国际竞争主体的缺位，因此本书把研究对象定位于农产品和农业产业。这样，将国际竞争力理论行业化、特色化了，且较好地解决了国际竞争力理论研究的产品层次与产业层次的有机结合问题。

第二，构建了比较优势指标体系来评价浙江外向型农产品的国际竞争力，突破了以往对产品的竞争力只进行单一测定的局限。对于浙江农产品竞争力,本书在细致分析浙江农产品贸易现状的基础上,通过建立比较优势指标体系来评价浙江外向型农产品的国际竞争力,利用已被广泛认可的显性比较优势指数、相对出口优势指数、显性贸易优势指数、产业内贸易指数、显性竞争力指数、出口竞争力指数等,使得评价结果更为客观。而且,在此基础上测量整个外向型农业产业的国际竞争力,较好地将研究层次从产品引向了产业。

第三,建立了评价外向型农业产业竞争力的综合指标体系。本书在理论分析的基础上,根据中国农业的客观情况,利用层次分析法建立评价指标体系,将浙江农业产业竞争力细分为农业的生产能力、农业的国际化程度、农业的持续增长能力和农业的长期获利能力。为了便于比较,本书选取了主要的农业发达地区作为比较对象,对浙江外向型农业产业竞争力进行了比较客观的评价,为本书最后提出的建议与对策提供了依据。

第三节 研究展望

由于外向型农业国际竞争力研究是一项较新的课题,可遵循的理论和方法较少,笔者的理论素养、知识积累、研究能力和水平有限,加之受资料来源、研究经费和时间等方面的制约,本书尚有许多研究工作不够深入,因此给相关工作者留下了许多研究空间,主要表现在以下两个方面:

第一,实证研究时,受研究对象特性和所能取得的资料的限制,难以做到与理论部分一一对应,而只能部分地检验理论结论。例如,本书在第三章外向型农业竞争力理论中认为外向型农业竞争力的直接来源是农产品的国际竞争力,包括农产品的质量、结构、差异性与趣味性等，但在实际测定中缺乏农产品质量、结构与差异性方面的完整数据资料，而只能对之作定性说明。

第二，在对浙江外向型农业产业竞争力进行评价时，由于受资料来源、工作量和经费的限制，所选评价指标、评价对象依然较少，指标赋值的主观性较强。而且，由于需求因素涉及众多指标，且与消费者偏好相关，不易量化，故实证检验时排除了这一重要因素。此外，由于评价体系涉及的数据较多，因此个别数据并不是最新的，这也给本书留下了遗憾。

总之，本书还存在许多不足之处，准备在今后的研究中加以改进。因此，展望今后对于农业国际竞争力的研究，应该着重于产业整体的分析与评价，并尽可能使指标体系完整化，使指标赋值更加客观，使分析更具可信度。

参考文献

中文文献

[1] 安德森,速水,1996.农业保护的政治经济学[M].蔡昉,李周,等译.天津:天津人民出版社.

[2] 波特,1997.竞争优势[M].陈小悦,译.北京:华夏出版社.

[3] 波特,2001.竞争战略[M].郭武军,刘亮,译.北京:华夏出版社.

[4] 波特,2002.国家竞争优势[M].陈小悦,译.北京:华夏出版社.

[5] 蔡派,2002.贯彻落实棉花流通体制改革精神,促进我国棉花产业持续健康发展[J].中国棉花(6):2-5.

[6] 曹贯一,1989.中国农业经济史[M].北京:中国社会科学出版社.

[7] 曹宏成,2007.中国出口贸易流量研究:基于引力模型的实证[J].工业技术经济(1):120-122.

[8] 曹建良,2000.永恒的产业:21世纪中国农业的思考[M].北京:中国农业出版社.

[9] 曾玉荣,2001.台湾外销农产品产业内贸易指数分析[J].台湾农业探索(2):16-18.

[10] 常昕,韩若冰,胡继连,2013.中国棉花进口现状及应对策略分

析：以山东省为例[J]. 世界农业(9)：177-180.

[11] 陈芬森,2001. 国际农产品贸易自由化与中国农业市场竞争策略[M]. 北京：中国海关出版社.

[12] 陈国胜,2019. 乡村振兴温州样本：产业融合之路[M]. 北京：中国农业大学出版社.

[13] 陈国胜,2020. 乡村振兴温州样本强村之路[M]. 杭州：浙江大学出版社.

[14] 陈华山,1996. 当代美国农业经济研究[M]. 武汉：武汉大学出版社.

[15] 陈卫平,2005. 中国农业国际竞争力：理论、方法与实证研究[M]. 北京：中国人民大学出版社.

[16] 陈雯,2009. 中国—东盟自由贸易区的贸易效应研究：基于引力模型"单国模式"的实证分析[J]. 国际贸易问题(1)：61-66.

[17] 陈武,1997. 比较优势与中国农业经济国际化[M]. 北京：中国人民大学出版社.

[18] 陈叶盛,潘华斌,2016. 玉米产业供给侧结构性改革思路和方向[J]. 农业展望(8)：34-36,46.

[19] 陈永福,2001. 加入 WTO 对我国蔬菜贸易的影响[J]. 中国农村经济(1)：32-36.

[20] 程国强,1997. 加入 WTO 对中国农产品比较优势的影响[M]. 北京：中国农业出版社.

[21] 程国强,1999. 中国农产品贸易,格局与政策[J]. 管理世界(3)：176-183.

[22] 程国强,2001.WTO 农业规则与中国农业发展[M]. 北京：中国经济出版社.

[23] 程国强,白人朴,2014. 中国与其他主产国及周边国家大豆的比

较优势研究[J].农业技术经济(1):56-60

[24] 程国强,彭廷军,1999.中国非粮食农产品比较优势与进出口战略研究[M].北京:中国农业出版社.

[25] 崔光莲,2002.新疆棉花产业发展问题研究[M].乌鲁木齐:新疆人民出版社.

[26] 崔光莲,张文中,2005.政府推动型期货制度在新疆棉花产业中的应用[J].中国棉花(3):9-11.

[27] 戴俊生,2002.加入WTO后新疆棉花产业的机遇与优势分析[J].新疆农业科学(4):234-237.

[28] 丁珏,2009.比较优势与竞争优势:对浙江农产品出口竞争力的测度与分析[J].技术经济与管理研究(3):120-123.

[29] 丁孟春,2019.企业市场分析与竞争力研究:以东北地区饲料加工为例[M].北京:经济管理出版社.

[30] 丁泽霁,1987.国外农业经济[M].北京:中国人民大学出版社.

[31] 丁泽霁,陈宗德,1992.改造传统农业的国际经验[M].北京:中国人民大学出版社.

[32] 董晓波,常向阳,2016.转换成本对农产品成交价格的影响研究:基于1312个企业与水稻种植户交易数据的实证分析[J].农业技术经济(10):76-83.

[33] 董银果,黄俊闻,2018.SPS措施对出口农产品质量升级的影响:基于前沿距离模型的实证分析[J].国际贸易问题(10):45-57.

[34] 董银果,李良才,2011.SPS措施对浙江省农产品出口的影响分析:基于出口企业问卷调查的证据[J].西南农业大学学报(社会科学版)(9):23-27.

[35] 钭一土,郑文钟,2011.浙江省农业竞争力的总体评价与地区比较研究[J].农机化研究(6):9-13.

［36］端木斌,卫新,2001.加入 WTO 对浙江省农产品进出口影响［J］.中国农业资源与区划(5):60-62.

［37］段秀芳,2001.新疆棉花产业开拓国际市场的对策研究［J］.新疆农垦经济(6):11-13.

［38］樊纲,1998.论竞争力［J］.管理世界(3):10-15.

［39］范小建,2002.加入 WTO 以后的中国农业政策调整［M］.北京:中国农业出版社.

［40］冯海发,1992.中国农业的效率评估:理论、方法和实践［M］.北京:中国农业出版社.

［41］冯海发,1997.论世界贸易组织框架下我国农业发展的宏观对策［J］.经济研究(1):45-54.

［42］符正平,1998.比较优势与竞争优势的比较分析［J］.国际贸易问题(8):1-5.

［43］付明辉,祁春节,2016.中国与"一带一路"国家和地区农产品贸易现状与比较优势分析［J］.世界农业(8):180-185.

［44］高旺盛,2002.中国农业可持续发展理论与策略［M］.北京:中国农业出版社.

［45］高小蒙,向宁,1992.中国农业价格政策分析［M］.杭州:浙江人民出版社.

［46］高志刚,2003.加入 WTO 后新疆棉花生产可持续发展的探讨［J］.干旱地区农业研究(4):158-161.

［47］顾国达,张磊,2001.我国畜产品出口的比较优势分析［J］.中国农村经济(7):31-36.

［48］官梅,2004.怎样提高中国油菜产业的国际竞争力［J］.农业与技术(5):52-55.

［49］国风,2000.中国农村经济结构创新分析［M］.北京:中国财政经

济出版社.

[50] 国风,2001.农村经济创新分析[M].太原:山西经济出版社.

[51] 国家体改委经济体制改革研究院,中国人民大学,综合开发研究院联合研究组,1997.中国国际竞争力发展报告(1996)[M].北京:中国人民大学出版社.

[52] 国家体改委经济体制改革研究院,中国人民大学,综合开发研究院联合研究组,1998.中国国际竞争力发展报告(1997)[M].北京:中国人民大学出版社.

[53] 国家体改委经济体制改革研究院,中国人民大学,综合开发研究院联合研究组,1999.中国国际竞争力发展报告(1998)[M].北京:中国人民大学出版社.

[54] 国家统计局课题组,2002.2002年世界经济走势及其对我国经济的影响[J].统计研究(9):3-7.

[55] 韩金红,2013.东亚区域内最终产品需求的影响因素分析:基于面板数据的引力模型研究[J].世界经济研究(2):80-86.

[56] 韩敬敬,魏凤,2017.中哈农产品贸易比较优势、互补性和增长潜力分析[J].世界农业(2):134-141.

[57] 韩俊,姜春云,1999.中国农村经济结构的变革与国民经济发展:回顾与思考[J].经济研究参考(8):27-33.

[58] 豪克,1991.农产品贸易政策原理[M].马雨,译.北京:中国人民大学出版社.

[59] 何康,1988.中国农业的改革与发展[M].北京:中国展望出版社.

[60] 何曼青,2018.利用外资40年:特点、趋势与建议[J].中国外资(21):23-28.

[61] 何秀荣,2002.中国农产品贸易:最近20年的变化[J].中国农村经济(6):9-15.

［62］何秀荣,王秀清,李平,2000.非洲农产品市场与贸易［M］.北京：中国财政经济出版社.

［63］贺西安,2006.美国的棉花产业［J］.中国棉花(11)：5-7.

［64］洪跋曾,1999.高新农业应用技术［M］.北京：中国农业出版社.

［65］洪银兴,1997.从比较优势到竞争优势［J］.经济研究(6)：20-26.

［66］侯石安,2013.农业补贴的国际比较研究［M］.北京：中国财政经济出版社.

［67］胡小平,徐文涛,2003.中美两国小麦市场竞争力比较分析［J］.管理世界(9)：89-94.

［68］胡晓云,2021.中国农业品牌论［M］.杭州：浙江大学出版社.

［69］华元渝,陈舒泛,2003.农业中国［M］.长沙：湖南人民出版社.

［70］黄不凡,1999.中国农业发展强盛趋势与评估［M］.北京：中国农业出版社.

［71］黄季琨,胡瑞法,2003.中国农业科研投资：挑战与展望［M］.北京：中国财政经济出版社.

［72］黄季琨,马恒运,2000.中国主要农产品生产成本与主要国际竞争者的比较［J］.中国农村经济(5)：17-21.

［73］黄季琨,马恒运,2001.价格差异：我国主要农产品价格国际比较［J］.国际贸易(10)：20-24.

［74］黄泰岩,王检贵,2001.工业化新阶段农业基础地位的转变［J］.中国社会科学(3)：26-30.

［75］黄维梁,2000.论农产品差异化营销的意义及其策略讨论［J］.中国农村经济(8)：40-49.

［76］黄祖辉,2010.新型农业经营主体与政策研究［M］.杭州：浙江大学出版社.

［77］黄祖辉,蒋文华,2002.农业与农村发展的制度透视［M］.北京：中

国农业出版社.

[78] 贾伟,宫同瑶,秦富,2017.贸易成本对中国各地区农产品贸易增长的影响:基于可计算一般均衡模型的分析[J].中国农村经济(4):59-74.

[79] 江小涓,2002.中国的外资经济:对增长,结构升级和竞争力的贡献[M].北京:中国人民大学出版社.

[80] 姜怀宇,2002.WTO框架下提高我国农业竞争力的对策研究[J].黑龙江政法管理干部学院学报(4):105-106.

[81] 姜书竹,张旭昆,2003.东盟贸易效应的引力模型[J].数量经济技术经济研究(10):53-57.

[82] 蒋和平,2002.科技进步·结构调整·农民增收[M].北京:气象出版社.

[83] 蒋和平,2003.高新技术改造传统农业的思路与实践[M].北京:中国农业出版社.

[84] 蒋和平,崔凯,2009.农业科技园区:成效,模式与示范重点[J].农业经济问题(1):9-14.

[85] 蒋逸民,2001.入世对我国棉花进出口体制的影响[J].国际贸易与研究(6):11-15.

[86] 蒋逸民,2008.中国棉花产业国际竞争力形成机理研究[D].南京:南京农业大学.

[87] 蒋瑛,1997.中国农业技术经济学教程[M].北京:中国人民大学出版社.

[88] 金碚,1997.中国工业国际竞争力:理论、方法和实证研究[M].北京:经济管理出版社.

[89] 金碚,2003a.竞争力经济学[M].广州:广东经济出版社.

[90] 金碚,2003b.中国企业竞争力[M].北京:社会科学文献出版社.

［91］金哲松，2000.国际贸易结构与流向［M］.北京：中国计划出版社.

［92］康晓光，王毅，1993.农业与发展：中国农业若干问题研究［M］.北京：北京大学出版社.

［93］柯炳生，2003.提高农产品竞争力：理论、现状与政策建议［J］.农业经济问题（2）：34-39.

［94］兰海涛，2002.国际农业贸易制度解读政策应用［M］.北京：中国海关出版社.

［95］李秉龙，乔娟，2000.农产品贸易自由化与发达国家农业保护政策的改革［J］.调研世界（7）：15-19.

［96］李崇光，于爱芝，2004.农产品比较优势与对外贸易整合研究［M］.北京：中国农业出版社.

［97］李海燕，吴杰，2009.我国蜂蜜贸易国际竞争力的比较分析［J］.国际贸易问题（10）：26-31.

［98］李辉，2006a.新疆棉花提升国际竞争力的对策［J］.新疆农垦经济（4）：8-12.

［99］李辉，2006b.中国新疆棉花产业国际竞争力研究［D］.武汉：华中农业大学.

［100］李建平，张存根，2000.加入WTO对我国养猪业的影响及对策［J］.农业经济问题（4）：13-16.

［101］李勤昌，昌敏，2011.提升中国棉花产业国际竞争力的路径选择［J］.国际贸易问题（10）：34-47.

［102］李杏，施国庆，2004.提升农产品出口竞争力的对策分析［J］.山东社会科学（1）：80-83.

［103］李选才，2005.农产品竞争力评价指标体系的构建与方法［J］.江西农业大学学报（1）：72-75.

［104］李雪松，2018.分权、竞争与中国现代农业发展［M］.重庆：重庆

大学出版社.

[105] 李尧,2011. 中国农业利用 FDI 的制度变迁效应分析[J]. 农业经济(8):38-40.

[106] 厉为民,2004. 我国农业的国际竞争力[J]. 粮食经济研究(4):2-13.

[107] 林大燕,朱晶,吴国松,2014. 季节因素是否影响了我国大豆进口市场格局:基于拓展 H-O 模型的理论分析与实证检验[J]. 国际贸易问题(3):44-51.

[108] 林毅夫,1999. 比较优势与发展战略[J]. 中国社会科学(5):4-19.

[109] 林毅夫,2008. 制度,技术与中国农业发展[M]. 上海:格致出版社.

[110] 刘春香,2012. 扩展型贸易引力模型视角下中国水产品出口的影响因素与潜力测度[J]. 浙江万里学院学报(5):11-16.

[111] 刘春香,2014. 浙江省渔业竞争力比较研究[J]. 农业经济问题(3):102-109.

[112] 刘春香,2019. 浙江农业"机器换人"的成效、问题与对策研究[J]. 农业经济问题(3):11-18.

[113] 刘春香,蒋天颖,2020. 大宗农产品贸易的若干问题研究[M]. 北京:中国社会科学出版社.

[114] 刘春香,钱波,2009. 借鉴国际先进经验,发展我国外向型农业[J]. 农业经济问题(6):50-53.

[115] 刘春香,宋玉华,2004. 农产品比较优势与竞争力研究[J]. 中国农业大学学报(4):8-12.

[116] 刘春香,宋玉华,2005. 加大政府支农力度,提高我国农业国际竞争力[J]. 技术经济(2):18-20.

[117] 刘春香,闫国庆,2012.我国农业技术创新成效研究[J].农业经济问题(2):32-37.

[118] 刘春香,朱丽媛,2015.我国棉花进口贸易潜力分析[J].农业经济问题(5):91-97.

[119] 刘从九,2004.我国棉花产业国际竞争力评价指标体系的构建[J].中国科技论坛(5):130-133.

[120] 刘从九,张敏,2005.安徽省棉花产业区域竞争评价指标体系[J].安徽科技(10):31-33.

[121] 刘迪生,庞新,2006.构建现代棉花市场体系的思路与建议[J].宏观经济管理(12):35-38.

[122] 刘福垣,周海春,2001.市场经济理论与我国农村发展[M].北京:中共中央党校出版社.

[123] 刘惠宇,2002.经济全球化与中国农业发展[M].成都:四川人民出版社.

[124] 刘捷,2008.新疆棉花产业国际竞争力研究[D].乌鲁木齐:新疆财经大学.

[125] 刘力,蒙慧,2001.WTO与中国农业发展对策[M].北京:中共中央党校出版社.

[126] 刘乃郗,王萍萍,2018.FDI是否提高了中国农业企业全要素生产率?——来自99801家农业企业面板数据的证据[J].中国农村经济(4):90-105.

[127] 刘平青,宋玉智,陈广鹏,2017.现代农业竞争力:辽宁农产品出口产业竞争优势和企业成长[M].北京:经济科学出版社.

[128] 刘思华,2002.可持续农业经济发展论[M].北京:中国环境科学出版社.

[129] 刘涛,2009.出口贸易影响因素的实证研究[M].北京:经济管理

出版社.

[130] 刘晓松,2002.我国棉花产业竞争力综合分析[J].安徽农学通报
(6):3-5.

[131] 刘馨阳,韩昕儒,王晶晶,等,2014.中国加工农产品国际竞争力
及其敏感产品分析[J].世界农业(4):103-110.

[132] 刘兴强,2013.交易所不应该害怕国内外竞争[N].第一财经日
报 2013-12-04.

[133] 刘学忠,2008.山东省蔬菜出口竞争力之实证分析[J].国际贸易
问题(8):75-81.

[134] 刘占昌,贺耀敏,1994.跨世纪的农业:中国农业现代化探索
[M].北京:中共中央党校出版社.

[135] 刘志雄,2014.我国棉花国内支持政策对世界棉花市场影响研
究[J].农业经济问题(8):33-39,110-111.

[136] 刘中一,刘尧传,1986.中国农业结构研究[M].太原:山西人民
出版社.

[137] 卢锋,1997.比较优势与食物贸易结构:我国粮食贸易调整的第
三种选择[J].经济研究(2):3-11.

[138] 卢锋,雷蕾,2003.下降的比重[J].国际贸易(11):15-19.

[139] 卢锋,梅孝峰,2001.我国"入世"农业影响的省区分布估测[J].
经济研究(4):67-73.

[140] 陆国庆,2002.区域品牌:农产品品牌经营的新思路[J].中国农
村经济(8):40-49.

[141] 路伟,2006.谈新疆棉花市场的发展及竞争力[J].中国纤检(6):
6-7.

[142] 路阳明,2002.加入 WTO 与我国新疆棉区棉花生产应对措施
[J].干旱地区农业研究(4):125-128.

[143] 栾立明,郭庆海,2010.中国大豆产业国际竞争力现状与提升途径[J].农业经济问题(2):99-103.

[144] 罗婧,2017. 中国农业利用 FDI 研究[J]. 世界农业(2):177-183.

[145] 罗伟雄,1995.中国农业经济学教程[M].北京:中国人民大学出版社.

[146] 罗兴武,谭晶荣,杨兴武,2014.中国大宗农产品进口非关税措施的效应分析:以大豆、棉花、植物油、谷物、食糖为例[J].农业经济问题(3):62-67.

[147] 罗英姿 2002.中国棉花比较优势及国家竞争力的实证分析[J].中国农村经济(11):18-24.

[148] 罗余才,2002.我国农产品贸易中的产业内贸易[J].农村经济(9):10-12.

[149] 吕为为,1993.出口产业结构比较优势分析[J].国际贸易(3):20-24.

[150] 马述忠,陈亚平,刘梦恒,2017. 对外直接投资逆向技术溢出与全球农业价值链地位提升:基于 G20 国家的经验研究[J].国际商务研究(3):5-17.

[151] 马述忠,吕淼,2012.外商直接投资与农业产业安全:基于国内投资与就业挤出效应视角的实证研究[J].国际贸易问题(4):125-136.

[152] 马述忠,王军,2012. 我国粮食进口贸易是否存在"大国效应":基于大豆进口市场势力的分析[J].农业经济问题(9):24-32.

[153] 孟丽,乔娟,2004,中美小麦成本和价格比较及其原因分析[J].农业科技管理(4):6-10.

[154] 倪洪兴,2003.农产品贸易自由化进程中的非贸易关注问题

（上）[J].世界农业(1):12-14.

[155] 聂荣,2001.我国农产品贸易问题研究[J].农村经济(4):11-12.

[156] 聂亚珍,2002.经济全球化与农产品贸易[J].高等函授学报(哲
学社会科学版)(6):23-27.

[157] 牛宝俊,姚长春,刘克刚,1996.中国农产品对外贸易比较优势
变动及其政策取向[J].中国农村观察(6):56-63.

[158] 牛若峰,2000.农业与发展[M].杭州:浙江人民出版社.

[159] 潘伟光,2003.对我国农产品出口遭遇的技术性贸易壁垒的成
因及对策分析[J].国际贸易问题(7):24-27.

[160] 潘文卿,2000.面对WTO中国农产品外贸优势及战略选择[J].
农业经济问题(10):6-12.

[161] 彭廷军,2000.中国农产品的比较优势与国际竞争力[J].三农研
究参考(4):22-24.

[162] 彭廷军,程国强,1999.中国农产品国内资源成本的估计[J].中
国农村观察(1):9-15.

[163] 钱雪亚,张小蒂,苏海舟,2001.产业竞争优势及其度量体系研
究[J].统计研究(6):24-27.

[164] 强永昌,2002.产业内贸易论:国际贸易最新理论[M].上海:复
旦大学出版社.

[165] 乔娟,2000.中国主要家畜肉类产品国际竞争力变动分析[J].中
国农村经济(7):37-43.

[166] 乔娟,2001.中国主要新鲜水果国际竞争力变动分析[J].农业经
济问题(12):33-38.

[167] 乔娟,2002.中国主要肉类产品国际竞争力分析[D].北京:中国
农业大学.

[168] 乔娟,2006.中国农产品国际竞争力研究[M].北京:中国人民大

学出版社.

[169] 邵凡宇,曾尚梅,黄荣荣,等,2018.不同的有机农产基于供给侧的有机农产品的成本效益分析:以有机水稻为例[J].湖南农业科学(5):96-99.

[170] 盛斌,廖明忠,2004.中国的贸易流量与出口潜力:引力模型的研究[J].世界经济(2):3-12.

[171] 盛世豪,1999.产业竞争论[M].杭州:杭州出版社.

[172] 石明权,陈宏,2009.目前农业科技成果转化中存在的问题及其解决的对策[J].农业科技管理(2):84-85.

[173] 史忠良,2005.产业经济学[M].北京:经济管理出版社.

[174] 司伟,王秀清,2004.中国糖料生产成本差异及其原因分析[J].农业技术经济(2):54-57.

[175] 宋玉华,刘春香,2004.我国农业产业内贸易的实证研究[J].中国农村经济(2):30-37.

[176] 苏斌,2002.产业化经营是新疆棉花产业发展的必然选择[J].新疆社会科学(4):47-49.

[177] 苏德贵,2004.关于发展新疆棉花产业的认识与思考[J].实事求是(1):57-58.

[178] 苏树军,2001.新疆棉产业发展政府政策定位趋势选择与分析[J].中国棉花(8):2-5.

[179] 苏钟萍,2018.中国与美国谷物类农产品贸易的比较优势分析[J].南方农机(13):108,126.

[180] 速水,拉坦,2000.农业发展的国际分析[M].郭熙保,译.北京:中国社会科学出版社.

[181] 孙琛,谭向勇,2001.加入WTO对中国水产品贸易的影响[J].农业经济问题(7):48-51。

[182] 孙东升,2001.GMO:国际贸易争端与我国的对策[J].中国农村经济(1):24-27.

[183] 孙东升,吕春生,2001.加入WTO对我国粮食安全的影响与对策[J]农业经济问题(4):13-16.

[184] 孙立新,秦富,白人朴,2002.我国主要粮食作物比较优势研究[J].农业技术经济(5):23-28.

[185] 孙立新,秦富,白人朴,2003.中国与其他主产国及周边国家大豆的比较优势研究[J].农业技术经济(1):56-60.

[186] 孙烨,2001.对WTO框架下农产品贸易规则的政治经济学思考:兼论发展中国家和发达国家农业的特点和政策[J].农业经济(6):4-25.

[187] 孙中才,1998.理论农业经济学[M].北京:中国人民大学出版社.

[188] 孙中才,2003.世界农业发展与欧盟共同农业政策[M].北京:法律出版社.

[189] 谭华,刘学文,2009.新形势下我国农业科技成果转化政策建议[J].湖南农业科学(9):132-134,137.

[190] 谭晶荣,2007.棉花生产量,贸易量变动与国际棉价波动的实证分析:以棉花主产国和贸易国为例[J].国际贸易问题(7):31-37.

[191] 谭晶荣,2013.浙江省农产品贸易现状,结构特征及影响因素分析[J].农业经济与管理(3):34-40.

[192] 谭晶荣,蔡燕林,高颖,等,2015.中国对丝绸之路经济带沿线国家农产品出口贸易决定因素分析[J].农业经济问题(11):9-15.

[193] 谭晶荣,邓强,王瑞,2012.国际大宗商品期货价格与中国农产品批发市场价格关系研究[J].财贸经济(6):131-137.

[194] 谭晶荣,刘莉,叶婷婷,2013.中越农产品出口增长的二元边际分析[J].农业经济问题(10):56-62.

[195] 谭晶荣,罗兴武,2019,产品市场行为、贸易设限与转型升级问题研究[M].北京:经济科学出版社.

[196] 谭晶荣,潘华曦,2016a.贸易便利化对中国农产品出口的影响研究:基于丝绸之路沿线国家的实证分析[J].国际贸易问题(5):39-49.

[197] 谭晶荣,王丝丝,2016c.陈生杰"一带一路"背景下中国与中亚五国主要农产品贸易潜力研究[J].商业经济与管理(1):90-96.

[198] 谭晶荣,王真千,2008.中日韩3国农产品在美国市场的竞争关系分析[J].国际贸易问题(9):42-46.

[199] 谭晶荣,夏幸,2011.肯定列表制度对日本福利和中国农产品对日本出口的影响[J].中国农村经济(2):33-42.

[200] 谭涛,李道国,2012.全球视角下转基因生物安全监管政策对大豆出口贸易的影响分析[J].中国农村经济(7):84-92.

[201] 谭向勇,王秀清,1998.农业经济与管理[M].北京:经济科学出版社.

[202] 谭向勇,辛贤,2001.中国主要农产品市场分析[M].北京:中国农业出版社.

[203] 谭砚文,2005.中国棉花生产波动研究[M].北京:中国经济出版社.

[204] 唐正平,2002.世界农业问题研究[M].北京:中国农业出版社.

[205] 陶永红,2001.国内外棉花市场概况及发展趋势[J].新疆农业科学(2):100-101.

[206] 滕锡尧,常承国,1999.中国农业产业化及现代化发展道路[M].北京:中国农业出版社.

[207] 田晖,蒋辰春,2012.国家文化距离对中国对外贸易的影响:基于 31 个国家和地区贸易数据的引力模型分析[J].国际贸易问题(3):45-52.

[208] 田珍,2002.地区农业竞争力评价指标体系探讨[J].农业与技术(6):33-36.

[209] 佟光霁,石磊,2016.中俄农产品贸易及其比较优势、互补性演变趋势[J].华南农业大学学报(社会科学版)(5):110-122.

[210] 万素梅,王立祥,2006.发挥区域资源优势促进新疆棉花可持续发展[J].塔里木大学学报(1):98-101.

[211] 万舟,2004.提高中国农业国际竞争力的对策[J].天水行政学院学报(1):17-19.

[212] 汪斌,2001.国际区域产业结构分析导论[M].上海:上海三联书店,上海人民出版社.

[213] 汪斌,2002.中日贸易中工业制成品的比较优势及国际分工类型的实证分析[J].财经论丛(6):1-6.

[214] 汪泽宇,2004.关于新疆棉花产业化发展现状调查报告[J].江西棉花(1):8-10.

[215] 王斌,2015.浙江绍兴会稽山古香榧群[M].北京:中国农业出版社.

[216] 王福军,1999.国际竞争力的来源:波特的解释[J].南京社会科学(11):4-8.

[217] 王贵寰,舆德昌,1991.中国农村产业结构论[M].北京:人民出版社.

[218] 王济民,刘春芳,申秋红,等,2009.我国农业科技推广体系主要模式评价[J.农业经济问题(2):48-53,111.

[219] 王娟,2008.中国对外服务贸易的决定因素[M].北京:经济管理

出版社.

[220] 王娟,孔玉生,侯青,2013.中国对东盟投资与贸易的引力模型分析[J].经济问题(2):114-118.

[221] 王立权,1994.中国农业利用外资管理与政策研究[M].北京:北京农业大学出版社.

[222] 王丽丽,2018.河北省休闲农业产业竞争力研究[M].北京:中国社会科学出版社.

[223] 王铭欣,2013.中国私有企业出口产品价格的引力模型研究[M].北京:经济管理出版社.

[224] 王晓珊,2014.基于引力模型的我国入境旅游影响因素研究[M].北京:经济管理出版社.

[225] 王秀清,1999.中国粮食国际竞争力研究[J].农业技术经济(2):3-5.

[226] 王秀清,李德发,1998.生猪生产的国际环境与竞争力研究[J].中国农村经济(8):48-55.

[227] 王秀清,孙云锋,2002.我国食品市场上的质量信号问题[J].中国农村经济(5):15-18.

[228] 王永德,2009.中国农产品国际竞争力研究:基于中美比较视角[M].北京:中国农业出版社.

[229] 王永德,尚杰,赵志刚,2008.农产品国际竞争力比较研究综述[J].学术交流(3):36-39.

[230] 王咏梅,2011.绿色贸易壁垒对水产品出口的影响效应分析:以浙江省为例[J].国际贸易问题(4):65-73.

[231] 温铁军,2009."三农"问题与制度变迁[M].北京:中国经济出版社.

[232] 翁凌云,2010.基于生物质能源背景下我国玉米供需平衡分析

[M].北京:中国农业科学院.

[233] 吴方卫,2000.中国农业的增长与效率[M].上海:上海财经大学出版社.

[234] 吴宏,胡春叶,2009.中美农产品产业内贸易研究[J].宏观经济研究(6):6-31.

[235] 辛贤,谭向勇,2001.农产品价格的放大效应分析[J].中国农村经济(1):52-57.

[236] 信乃诠,2000.半个世纪的中国农业科技事业[M].北京:中国农业出版社.

[237] 徐艳,2018.中国与"丝绸之路经济带"沿线国家农产品贸易格局,结构及比较优势演化研究[J].当代经济(15):82-86.

[238] 徐志刚,2001.比较优势与中国农业生产结构调整[D].南京:南京农业大学.

[239] 徐志全,2001.在WTO框架内如何保护和支持农业发展[J].调研世界(4):9-12.

[240] 许经勇,1986.中国农业经济理论与实践[M].福州:福建人民出版社.

[241] 许为,陆文聪,2016.中国农产品比较优势的动态变化:1995—2013年[J].国际贸易问题(6):13-15.

[242] 许颖,张领,2009先.韩国农业国内支持水平与政策结构[J].世界农业(2):20-22.

[243] 许咏梅,2006.中国茶叶出口国际竞争力比较分析[J].世界农业(1):26-28.

[244] 薛亮,方瑜,1998.农业信息化[M].北京:京华出版社.

[245] 闫国庆,陈丽静,刘春香,2004.我国农产品比较优势和竞争力的实证分析[J].国际贸易问题(4):17-22.

[246] 闫永军,2020.中国农业利用外商直接投资的现状、问题及完善路径[J].对外经贸实务(2):81-84.

[247] 颜雨欣,阮氏清华,王晶,2016.中国玉米国际竞争力研究[J].北方经贸(10):14-16.

[248] 杨公朴,夏大慰,2002.产业经济学教程[M].上海:上海财经大学出版社.

[249] 杨小凯,2000.新兴古典经济学和超边际分析[M].北京:中国人民大学出版社.

[250] 杨艳涛,秦富,2015.中国玉米进口贸易与国际市场价格相关性分析[J].价格理论与实践(12):71-73.

[251] 杨雍哲,2001.WTO 与中国农村经济结构战略性调整[M].北京:中国农业出版社.

[252] 杨雍哲,2003.论提高农产品国际竞争力[M].北京:中国农业出版社.

[253] 姚於康,马康平,1999.农产品市场竞争力探讨[J].中国农村经济(11):43-46.

[254] 叶文辉,2003.农业产业结构调整与农民增收的深层思考[J].经济问题探索(9):19-23.

[255] 尹成杰,2001.农业产业化经营与农业结构调整[J].中国农村经济(5):4-8.

[256] 尹素琴,2007.美国棉花产业政策的思考与启示[J].新疆农垦经济(2):69-73.

[257] 游士兵,肖加元,2004.农业竞争力的测度方法与实证分析[J].中州学刊(5):546-56.

[258] 游士兵,肖加元,2005.农业竞争力的测度及实证研究[J].中国软科学(7):147-152.

[259] 于永维,2003.加入世贸组织与提升农业竞争力:海峡两岸农业高级论坛论文集[M].北京:中国农业出版社.

[260] 余国新,王凯,2008.我国水果产业及主要出口产品品目的国际竞争力分析[J].国际贸易问题(12):22-28.

[261] 余鸣,2002.WTO框架下我国畜牧业的比较优势与国际竞争力[J].经济纵横(3):31-32.

[262] 袁祥州,程国强,朱满德,2015.中加农产品贸易:结构特征、竞争优势及其互补性[J].国际商务(对外经济贸易大学学报)(2):5-16.

[263] 袁亚愚,1996.中国农业现代化的历史回顾与展望[M].成都:四川大学出版社.

[264] 曾国平,申海成,2008.中国农产品出口贸易影响因素研究:基于贸易引力模型的面板数据[J].重庆大学学报(社会科学版)(3):16-19.

[265] 张辰利,2013.中国棉花价格指数波动特征分析[J].农业技术经济(9):42-51.

[266] 张聪颖,畅倩,霍学喜,2018适度规模经营能够降低农产品生产成本吗——基于陕西661个苹果户的实证检验[J].农业技术经济(10):26-29.

[267] 张海森,2005.不同市场协整条件下取消MFA对中国棉花经济的影响[D].北京:中国农业大学.

[268] 张汉林,2001.WTO与农产品贸易争端[M].上海:上海人民出版社.

[269] 张汉林,王曙光,2003.农产品贸易争端案例[M].北京:经济日报出版社.

[270] 张红宇,1995.国民经济成长中的中国农业[M].北京:新华出版

社.

[271] 张华峰,2016.中国棉花产业国际竞争力及影响因素分析[D].泰安:山东农业大学.

[272] 张健,杜晓力,2004.产业国际竞争力研究及对我国农业的影响[J].国际经济合作(1):24-27.

[273] 张金昌,2001.用出口数据评价国际竞争力的方法研究[J].经济管理(20):17-25.

[274] 张金昌,2002.国际竞争力评价的理论和方法[M].北京:经济科学出版社.

[275] 张萍,吴宏,2010.浙江省农产品贸易模式的动态演变:基于动态产业内贸易指数的实证研究[J].农业经济问题(8):76-81.

[276] 张淑荣,李广,刘稳,2007.我国大豆产业的国际竞争力实证研究与影响因素分析[J].国际贸易问题(5):10-15.

[277] 张曙光,张燕生,1996.中国贸易自由化进程的理论思考[J].经济研究(11):30-38.

[278] 张思骞,张留征,1988.中国农业发展战略问题研究[M].北京:中国社会科学出版社.

[279] 张文学,彭介寿,齐德义,2003.入世与我国农产品贸易竞争力的提升[J].农村经济(3):16-17.

[280] 张玉娥,2008.我国棉花国际竞争力及其影响因素分析[D].南京:南京农业大学.

[281] 张昱,2004.农产品市场竞争力[M].广州:中山大学出版社.

[282] 张昱,黄祖辉,2002.产业竞争力的测评方法:指标与模型[J].浙江大学学报(4):146-152.

[283] 赵海燕,何忠伟,2013.中国大国农业竞争力问题研究[M].北京:中国农业出版社.

[284] 赵美玲,王述英,2005.农业国际竞争力评价指标体系与评价模型研究[J].南开经济研究(6):39-44.

[285] 浙江省农业厅,2018.浙江农业三新技术及其应用[M].北京:中国农业科学技术出版社.

[286] 郑军,史建民,2010.基于 AHP 法的生态农业竞争力评价指标体系构建[J].中国生态农业学报(5):1087-1092.

[287] 郑松伟,2015.中国对日韩农产品贸易比较优势及影响因素分析[D].长春:东北师范大学.

[288] 郑有贵,1997.中国传统农业向现代农业转变研究[M].北京:经济科学出版社.

[289] 郑有贵,1997.中国传统农业向现代农业转变研究[M].北京:经济科学出版社.

[290] 中国人民大学竞争力与评价研究中心研究组,1999.中国国际竞争力发展报告[M].北京:中国人民大学出版社出版.

[291] 中国社会科学院工业研究所,2002.中国工业发展报告(2002年)[M].北京:经济管理出版社.

[292] 钟甫宁,2003.进攻还是防御?——略论农业支持政策重点的战略选择[J].农业经济问题(1):55-59.

[293] 钟甫宁,胡雪梅,2008.中国棉花生产区域格局及影响因素研究[J].农业技术经济(1):4-9.

[294] 钟甫宁,邢鹂,2003.我国种植业生产结构调整与比较优势变动的实证分析[J].农业现代化研究(4):260-263.

[295] 钟甫宁,羊文辉,2000.中国对欧盟主要农产品比较优势变动分析[J].中国农村经济(2):68-73.

[296] 周孝味,1996.农产品国际竞争力研究[D].杭州:浙江农业大学.

[297] 周星,范燕平,2008.我国食品出口竞争力的实证分析[J].国际贸易问题(3):60-66.

[298] 周振正,2017.中国与丝绸之路经济带国家农产品贸易成本及影响因素[J].滁州学院学报(6):12-17.

[299] 朱道华,冯海发,1995.农村工业化问题探索[M].北京:中国农业出版社.

[300] 朱丕荣,1997.国际农业与中国农业对外交往[M].北京:农业出版社.

[301] 朱希刚,张社梅,赵芝俊,2007.我国棉花生产率变动分析[J].农业经济问题(4):9-13.

[302] 朱泽,1998.中国粮食安全问题:实证研究与政策选择[M].武汉:湖北科学技术出版社.

[303] 庄丽娟,2004.比较优势、竞争优势与农业国际竞争力分析框架[J].农业经济问题(6):19-23.

外文文献

[1] Abbott P,Bredahl M，1990. Competitiveness:definitions, useful concepts and issues [J]. Symposium on Competitiveness in International Food Market (4):302-322.

[2] Aiginger K，1997. Current contact information and listing of economic research of this author provided [R]. Working paper.

[3] Alan M R, Joseph R D, 1993. The double diamond model of international competitiveness: the Canadian experience [J]. Management International Review,33:32.

[4] Aldona Z, 2002. Potential, productivity and competitiveness of agriculture in the central and eastern European countries before

accession [J]. Series Economics (5):221-233.

[5] Anderson K, 1992. Changing comparative advantages in China effects on food, feed and fiber markets [Z]. OECD, Paris, France.

[6] Anderson K, 1995. Lobbying incentives and the pattern of protection in rich and poor countries[J]. Economic Development and Cultural Change(2):401-423.

[7] Anderson K, Hoekman B, StruttA, 1990. Agriculture and the WTO: next steps[R]. Paper to Be Presented at a CEPR/DBER Workshop on New Issues in the World Trading System.

[8] Arrow K J, Chenery H B, Minhas B S et al. ,1961, Capital-Labor Substitution and economic efficiency [J]. Review of Economics and Statistics,43:225-250.

[9] Azhar A, Elliott R, Liu J, 2008. On the measurement of product quality in Intra-Industry trade: an empirical test for China[J]. China Economic Review (2):336-344.

[10] Balassa B, Schydlowsky D M,1972. Domestic resource costs and effective protection once again[J]. Journal of Political Economy,80:63-69.

[11] Balassa, B, 1965. Trade liberalization and revealedcomparative advantage[J]. The Manchester School of Economic and Social Studies,33:99-123.

[12] Beadry C, Swann P, 2001. Growth in industrial cluster:a bird's eye view of the United Kingdom[R]. SIEPR Discussion Paper.

[13] Bergstrand J H, 1985. The gravity equation in international trade:some microeconomic foundations and empirical evidence

[J]. Review of Economics and Statistics, 67: 89-102.

[14] Blliana C, 1993. Sustainable development and integrate coastal management[J]. Ocean & Coastal Management (1-3): 11-43.

[15] Bradshaw A D, Chadwick M J, 2004. The restoration of land: the ecology and reclamation of derelict and degraded land[M]. Oakland: University of California Press.

[16] Breimyer, 1960. Agricultural reform in developing countries: reflections for Eastern Europe [J]. American Journal of Agricultural Economics, 72: 1243-1251.

[17] Brown T E, 2001. An operationalization of Stevenson's conceptualization of entrepreneurship, as Opportunity-Based firm behavior [J]. Strategic Management Journal (10): 953-968.

[18] Bruckmeier K, Larsen C H, 2008. Swedish coastal fisheries: from conflict mitigation to participatory management [J]. Marine Policy (2): 201-211.

[19] Bruno M, 1972. Domestic resource cost and effective protection: clarification and synthesis[J]. Journal of Political Economy (1): 16-33.

[20] Cairns J, 1980. The recovery process in damaged ecosystems [M]. Ann Arbor: Ann Arbor Science Publishers.

[21] Carrère C, 2006. Revisiting the effect of regional trade agreements on trade flows with proper specification of the gravity model[J]. European Economic Review (5): 223-247.

[22] Carter C A, Li X, 1999. Economic reform and the changing pattern of China's agricultural trade [R]. Department of

Agricultural & Resource Economics, UCD ARE Working Paper.

[23] Chen K Z, 2000. The changing pattern of China's agricultural trade [J]. Current Agriculture, Food & Resources Issues (4): 36-45.

[24] Chen K Z, Xu L, DuanY F, 2000. Expost competitiveness of China's export in Agri-Food products: 1980—1996 [J]. Agribusiness (3):281-294.

[25] Cho D, Moon H, 2000. From Adam Smith to Michael Porter evolution to competitiveness theory [M]. Singapore: World Scientific Publishing Co. Pte. Ltd.

[26] ChoD S, MoonH C, 2013, From Adam Smith to Michael Porter:evolution of competitiveness theory[M]. Beijing: World Scientific Publishing.

[27] Christy F T Jr, 1969. Session summary:fisheries goals and the rights of property[J]. Transactions of the American Fisheries Society (2):369-378.

[28] Cochrane K L, Fao R, 2002. The use of scientific information in the design of management strategies:management measures and their application[R]. Fisheries Technical Paper.

[29] Colgan C S, 2007. Measurement of the ocean and coastal economy:theory and methods[M]. Monterey: National Ocean Economies Program.

[30] Colgan C S, Adkins J, 2006. Hurricane damage to the ocean economy in the U. S. gulf region in 2005[J]. Monthly Labor Review (8):76-78.

［31］Cvetkovi ć M，Petrovi ć-Ran ć elovi ć M，2017. Chamber of foreign trade of Bosnia and Herzegovina：data base of exports and imports［M］. Sarajevo：Bosnia and Herzegovina Press.

［32］Deardorff W，1979. Laboratory observations of turbulent Penetrative-Convection planforms［J］. Journal of Geophysical Research,84：295-302.

［33］Diakosavvas，2002. How to measure the level of agricultural support：comparison of the methodologies applied by OECD and WTO［Z］. 中国加入 WTO 以后农业政策调整国际研讨会.

［34］Douvere F，Maes F，Vanhulle A et al. ，2007. The role of marine spatial planning in sea use management：the Belgian case ［J］. Marine Policy（2）：182-191.

［35］Dunning J H，1993. Internationalizing Porter's diamond［J］. Management International Review（2）：8-15.

［36］Egger P，2005. Alternative techniques for estimation of Cross-Section gravity models［J］. Review of International Economics （13）：881-892.

［37］Eng P，2004. Productivity and comparative advantage in rice agriculture in Southeast Asia since 1870［J］. Asian Economic Journal（4）：345-370.

［38］Fang C，2002. Estimating Crop-Specific production growth and sources in China［R］. Selected Paper，AAEA Annual Meeting.

［39］Fang C，Beghin J，1999. Food Self-Sufficiency，comparative advantage，and agricultural trade：a policy analysis matrix for Chinese agriculture［R］. CARD Working Paper.

［40］Fang C，Beghin J，1999. Food Self-Sufficiency，comparative

advantage, and agricultural trade: a policy analysis matrix for Chinese agriculture[R]. CARD Working Paper.

[41] Farrell M, 2004. Regional integration and cohesion-lessons from Spaniard Ireland in the EU [J]. Journal of Asian Economics (6):927-946.

[42] Fischer C, Schornberg S,2007. Assessing the competitiveness situation of EU food and drink manufacturing industries: an index-based approach[J]. Agricultural Economics & Resource Management (10):231-244.

[43] Gamer G L, 1997. The art of continuous change: linking complexity theory and Time-Paced evolution in relentlessly shifting organizations[J]. Administrative Science Quarterly, 42:1-34.

[44] Gehlhar M J, Pick D H, 2000. Food trade balances and unit values: what can they reveal about price competition? [J]. Agribusiness (1):61-79.

[45] Gezelius S S, 2008. Making fisheries management work[J]. Springer Netherlands (R-3):77-104.

[46] Gorto M, Danilowska A, Jarka S et al., 2001. The international competitiveness of Polish agriculture[J]. Post-Communist Economies (13):445-457.

[47] Gorton M, Zawojska A, 2000. The evolution of market price and budgetary support to Polish agriculture[C]//Majewski E, Dalton G. The strategic options for the Polish Agro-Food sector in the light of economic analysis. Warsaw: Warsaw Agricultural University.

[48] Gray M, Golob E, Markusen A, 1996. Big firms, long arms, wide shoulder: the "Hub-and-Spoke" industrial district in the Seattle region[J]. Regional Studies,30:651-666.

[49] Grubel H G, Lloyd P J, 1975. Intra-Industry trade: the theory and measurement ofinternational competitiveness of Polish agriculture international trade in differentiated products[M]. London: Macmillan.

[50] Hack M D, Groot N S P, Kleijn E H M et al. , 2000. The competitiveness monitor applied on the cut flower industry[J]. Acta Horticulture (4):169-176.

[51] Hall C M, 2001. Trends in ocean and coastal tourism: the end of the last frontier[J]. Ocean & Coastal Management (9-10):601-618.

[52] AlaviH, 1999. Regional coordinator for trade facilitation, MNSIF [Z]. World Bank.

[53] HAWKINS D E, 2004. A protected areas ecotourism competitive cluster approach to catalysis biodiversity conservation and economic growth in Bulgaria[J]. Journal of sustainable tourism (3):219-244.

[54] Hayenga M L, 1998. Global competitiveness of the U. S. pork sector[R]. ISU General Staff Papers.

[55] Hentrich S, Salomon M, 2001. Flexible management of fishing rights and a sustainable fisheries industry in Europe[J]. Marine Policy (6):712-720.

[56] Hobbs J E, 2017. Dimension of competitiveness:lessons of the Danish pork industry [J]. Current Agriculture, Food and

Resource (2):1-11.

[57] Hutchinson W K, 2005. "Linguistic Distance" as a determinant of bilateral trade[J]. Southern Economic Journal (1):1-15.

[58] Jayne T S, Mino N, 1989. Food security policy and the competitiveness of agriculture in the Sahel: a summary of the "beyond mindelo" seminar [R]. International Development Working Paper.

[59] Jayne T S, Minot N, 1989. Food security policy and the competitiveness of agriculture in the Sahel: a summary of the "Beyond Mindelo" seminar [R]. International Development Working Papers, Department of Agricultural Economics, Michigan State University.

[60] Jin D, Hoagland P, Dalton T M, 2003. Linking economics and ecological models for marine ecosystem [J]. Ecological Economics (3):367-385.

[61] Jin H J, Cho G, Koo W W, 2003. Third country effects on U. S. department of agribusiness and applied economics[J]. North Dakota State University-FARGO (12):201-218.

[62] Jin H J, Cho G, Koo W, 2003. Third country effects on U. S department of agribusiness and applied economics [D]. North Dakota State University.

[63] Kalaitzandonakes N G, Gehrke B, Bredahl M E, 1994. Competitive pressure, productivity growth and competitiveness, competitiveness in international food markets [M]. Boulder: Westview Press.

[64] Kalaitzandonakes N G, Gehrke B, Bredahl M E, 1994.

Competitive pressure, productivity growth and competitiveness in international food markets[M]. Boulder:Westview Press.

[65] Kannapiran C A, Fleming E M, 1999. Competitiveness and comparative advantage of tree crop smallholdings in Papua New Guinea[J]. Agricultural and Resource Economics (3):47-58.

[66] Kennedy P L, HarrisonRW, 1999. Competitiveness in the world sugar industry: a comparison ofthe EU and U. S. sugar sectors [C]. American Agricultural Economics Association Competitiveness in the world sugar industry.

[67] Klose A, Drexel A, 2016. Agricultural interest groups and the North American free trade agreement[R]. NBER Working Papers.

[68] Krugman P, 1979. A model of innovation, technology transfer, and the world distribution of income[J]. Journal of Political Economy (2):253-266.

[69] Kumari A K,2007, An introduction to marine pollution[R]. Bengaluru:GMR Infrastructure Ltd, EPC Division,.

[70] Kwak S J, Yoo S H, Chang J I, 2005. The role of the maritime industry in the Korean national economy: an input-output analysis[J]. Marine Policy(4):371-383.

[71] Lau L J, 1994. Technical progress, capital formation, and growth of productivity [M]. Boulder: Westview Press.

[72] Lee H C, McCarl B A, 2005. The dynamic competitiveness of U. S. agricultural and forest carbon sequestration [J]. Canadian Journal of Agricultural Economics (4):343-357.

[73] Leishman D, Menkhaus D J, Whipple G D,1999. Revealed

comparative advantage and the measurement of international competitiveness for woolexporters[R]. Working Paper.

[74] leson, 1995. Calculate the comparative advantage of agricultural production:domestic resource cost and social cost profit margin [J]. Journal of Agricultural Science (3):103-119.

[75] Lu W, 2001. Chinese agriculture after the WTO accession: competitiveness and policy [J]. Journal of International Agriculture (3):251-268.

[76] Maste, Nelson, 1995. Calculate the comparative advantage of agricultural production: domestic resource cost and social cost profit margin[J]. Journal of Agricultural Science (3):103-119.

[77] Matthee M, 2003. Challenges for the floriculture industry in a developing country: a South African Perspective [J]. Development Southern Africa (2):511-528.

[78] Meyer P, 1981. Comparative advantage among African coffee producers[J]. Journal of Agricultural Economics (16):145-153.

[79] Michael R, 1994. Advances in Backscattered-Electron Kikuchi patterns for crystallographic phase identification[A]. Proc. 52nd Annual Meeting, George University.

[80] Minot N, Baulch B, 2002. Poverty mapping with aggregate census data: what is the loss in precision? [R]. Mtid Discussion Papers.

[81] Moghaddam M, Ratha A, 2011. Turkey's trade potential and the EU's membership:evidence from a panel estimation of the gravity model [J]. Journal of International Business & Economics (3):128-133.

［82］Mohanty S，Fang C，Chaudhary J，2002. Assessing the competitiveness of India cotton production：a policy analysis matrix approach［R］. OECD.

［83］Mon A A，Kyi T，Kyaw D，2002. Comparative advantage of black gram and green gram in Myanmar［J］. Journal of Agricultural Forestry Livestock & Fishery Sciences（8）：201-219.

［84］Murphy K J，Pearce H G，1987. Habitat modification associated with freshwater angling［M］//Maitland P S，Turner A K. Angling and wildlife in fresh waters. Midlothian：Penicuik（UK）ITE.

［85］Nozik L，2016. Poential，productivity and competitiveness of agriculture in the central and eastern European countries before accession［J］. Series Economics（5）：83-96.

［86］Nuroglu E，Dreca N，2011. Analyzing bilateral trade flows of Bosnia and Herzegovina under the framework of gravity model［J］. Journal of Business & Economics（1）：30-50.

［87］Orden D，1994. Agricultural interest groups and the North American Free Trade Agreement［R］. NBER Working Papers.

［88］Pearson S R，1973. Net profitability，domestic resource costs，and effective rate of protection，food research institute［M］. Palo Alto：Stanford University Press.

［89］Pearson，Akrasanec，Nelson，1976. Comparative advantage in rise production：a methodological introduction［J］. Food Research Institution Studies（2）：127-138.

［90］Piercy R，1982. Managing price volatility in an open economy

environment:the case of edible oils and oilseeds in India[R].
Working Paper.

[91] Porter M E, 1990. The competitive advantage of nations [M].
New York: the Free Press.

[92] Porter M E, 1998, Clusters and the new economics of
competition[J]. Harvard Business Review (6):77-90.

[93] Ramey S, 2002. Food safety and international competitiveness
[J]. Journal of Nutrition Education & Behavior (5):275-286.

[94] Reiljan J, Kulu L, 2005. The development and competitiveness
of Estonian agriculture prior to joining the European Union [R].
University of Tartu Economics & Business Administration Working
Paper.

[95] Rosen D H, Rozelle S, Huang J, 2004. Roots of
competitiveness: China's evolving agriculture interests [J].
Policy Analyses in International Economics ,72:221-235.

[96] Rozelle S D, Sumner D A, 2003. Agricultural trade and policy
in China [M]. New York: Routledge Press.

[97] Schimidhuber, Lohmar, 2002. The possible impact of China's
accession to the WTO on the international competitiveness of
China's agriculture [J]. America Journal of Agricultural
Economics (21):135-152.

[98] Simmonds K, 1981. Strategic management accounting [J].
Management Accounting (4):26-29.

[99] Stiglitz, 1969. A new view of technological change [J].
Economic Journal,79:573-578.

[100] Strubenhoff M, 2018. Materialist method, agonistic

liberalism：revisiting Ralf Dahrendorf's political thought［J］. History of Political Thought（3）：156-179.

［101］Tavoletti E，Velde R T，2008. Cutting Porter's last diamond：competitive and comparative（d）isisadvantages in the Dutch flower cluster［J］. Transition Studies Review（2）：303-319.

［102］Tirole J，1990. The theory of industrial organization［M］. Cambridge：The MTT Press.

［103］USAID，2014. Current situation in subsectors fresh and processed fruits and vegetables in Bosnia and Herzegovina：the report on the basis of selected stakeholders feedback［R］. Project Regional Economic Growth-REG，SEGURA Consulting LLC，Report.

［104］van der Eng P，2004. Productivity and comparative advantage in rice agriculture in southeast Asia since 1870 ［J］. Asian Economic Journal（4）.

［105］Vollrath T L，1991. A theoretical evaluation of alternative trade intensity measures of revealed comparative advantage ［J］. Weltwirtschaftliches Archiv，130：265-279.

［106］Wang D，2002. China's grain marketing reforms：a case study of Zhejiang，Jiangsu and Guangdong Provinces［D］. Australian National University.

［107］Westcott P C，Price J M，2001. Analysis of the U. S. commodity loan program with marketing loan provisions ［R］. Agricultural Economic Report.

［108］World Economic Forum （WEF），1996. The global competitiveness report［Z］. Geneva，Switzerland.

[109] Yu R, Cai J, Leung P S, 2009. The normalized revealed comparative advantage index [J]. The Annals of Regional Science (1):221-232.

[110] Yu R, Cai J, Loke M K et al. , 2007. Assessing the comparative advantage of Hawaii's agricultural exports to the US mainland market[J]. The Annals of Regional Science (2): 105-119.

[111] Zawojska A, 2002. Potential, productivity and competitiveness of agriculture in the entral and eastern European countries before accession[J]. Series Economics (5):221-233.

[112] Zhang J T, Wong P K, 2007. Competitiveness and deindustrialization[J]. Asia Pacific Business Review (1):1-12.